追憶與冥想的誘惑

—— 中國現代文學論集

宋 炳 輝 著

現代文學研究叢刊

文史哲出版社印行

追憶與冥想的誘惑
—— 中國現代文學論集

目　　錄

縱論篇

現當代作家篇

縱 論 篇

"百花時代"的社會矛盾與
知識份子的精神探索

一、"百花時代"[1]的文化背景和知識份子的處境

　　"百花齊放，百家爭鳴"的方針，最早醞釀於 1956 年 4 月下旬中共中央政治局擴大會議上，在討論毛澤東《論十大關係》的報告時[2]，同年 5 月 2 日召開的最高國務會議上，毛澤東正式將這一方針公開提出，宣佈"在藝術方面百花齊放的方針，在學術方面的百家爭鳴的方針，是必要的"，"在中華人民共和國憲法範圍之內，各種學術思想，正確的、錯誤的，讓他們去說，不去干涉他們"[3]。5 月 26 日，在中共中央（中南海懷仁堂）召開的由北京知名科學家、文學家、藝術家參加的會議上，中宣部長陸定一在題爲《百花齊放，百家爭鳴》的報告中[4]對這一方針作了權威性的闡述，指出這一方針"是提倡在文學藝術工作和科學研究工作中有獨立思考的自由，有辯論的自由，有創作和批判的自由，

1　這裏沿用洪子誠先生術語，是指從 1956 年初"雙百方針"提出到"文化大革命"開始之前一段時期。參見洪子誠《中國當代文學史》，北京大學出版社 1999 年 5 月。
2　參見夏杏珍《"百花齊放，百家爭鳴"方針的形成過程的歷史回顧》，載《文藝報》1996 年 5 月 3 日。
3　同上。
4　報告載《人民日報》1956 年 6 月 13 日。

有發表自己意見、堅持自己意見和保留自己意見的自由＂，同時說明它的實施界限和範圍＂是人民內部的自由＂，＂這是一條政治界線：政治上必須分清敵我。＂陸定一的報告標誌了＂雙百方針＂正式實施的開始。

　　這一重大方針的提出，有著國內國際的具體歷史背景。從國內來看，對階級鬥爭狀況的估計，對中國面臨的經濟和文化建設任務的理解，以及對知識份子政治態度和思想狀況考察的變化，是＂雙百方針＂提出的重要依據和條件。1955 年的＂胡風事件＂和＂肅反＂運動所造成緊張的社會氣氛，隨著農業合作化＂高潮＂和對城市工商業社會主義改造的＂勝利＂而得到相當程度的緩解，這使最高決策者對政治形勢的估計也有了變化，毛澤東主席做出了大規模的階級鬥爭已基本結束的論斷，要求把全黨和全國工作的重點轉移到經濟建設上來[5]。這樣，發掘和動員建設資源，＂努力把黨內黨外、國內國外的一切積極因素，直接的、間接的積極因素，全部調動起來＂[6]就成為當務之急，而其中知識份子的積極性自然是至關重要的。當時，知識份子身上因＂胡風事件＂留下的心理陰影還沒有消散，在這種情況下，　中共中央在1956 年 1 月召開了知識份子問題會議，周恩來總理在會上所作的《關於知識份子問題的報告》，提出了改善知識份子工作條件（包括物質生活條件和精神環境的條件）的重要許諾，承認知識份子的絕大部分經過社會活動和政治鬥爭，經過新中國成立以來的思想改造，＂已經是工人階級的一部分＂，因而是可以信賴和依靠的對象。

---

5 見《〈中國農村的社會主義高潮〉序言》，《毛澤東選集》第五卷，人民出版社 1997 年版，第 223 頁。
6 見《論十大關係》，《毛澤東選集》第五卷，人民出版社 1997 年版，第 288頁。

就國際形勢看，50年代中期蘇聯和東歐發生了一系列重大政治事件，也是"雙百方針"政策得以產生的重要背景。特別是1956年2月蘇共二十大的召開，赫魯雪夫的秘密報告在世界範圍內引起了巨大的震動。隨之而來的匈牙利、波蘭等社會主義國家所發生的群眾性事件，進一步從正反兩個方面推動了中國決策者們強化了原有的衝破蘇聯模式的立場，加快了尋找中國式道路的探索，從而逐步形成了反對教條主義的思想束縛，以自由討論和獨立思考來繁榮科學和文化事業，用批評和自我批評的辦法來處理"人民內部矛盾"，以避免這種矛盾因處理不當而發展到對抗性地步的思路。具體到文學藝術領域，蘇聯文藝政策的調整和文藝思潮的變動對中國產生了直接影響。史達林時代結束後，"解凍文學"思潮隨之興起，一批在30年代以來受到迫害的作家被"平反"和恢復名譽，尤其是1954年召開的蘇聯第二次作家代表大會對文藝的行政命令、官僚主義，文學創作的模式化和"虛假"作風的質疑，顯示了蘇聯文壇的一種企圖"復活"近、現代文學另一種曾被掩埋、被忘卻的傳統的努力，這也激發了中國作家對五四新文學的啓蒙主義傳統的重新認識，它與國內政治形勢的社會變化一起，共同構成了"雙百方針"提出期間中國文壇的一個重要的思想和文化背景。

"雙百方針"的提出，體現了在人民共和國新體制下，在特殊的國際和國內背景下國家最高決策者對社會主義文化政策的一種新的嘗試，它顯然包含了對科技學術和文藝創作自由的宣導的努力。但是，它的表達方式卻又是"含混的詩意化"[7]的。它之所以不採取法律條文的形式來保證文藝和學術的自由，而要採用文

---

7 見洪子誠《1956：百花時代》，收"百年中國文學總系"叢書，山東教育出版社1998年版，第25頁。

學性的語彙來表達、採用政治宣傳的方式來展開，本身就包含了
政策制定者的曖昧、猶疑心態。具體表現在：一，"雙百方針"
從提出的一開始就包含了多種解釋和自我防禦的成份。例如，毛
澤東在提出這一方針之初，就規定了它的實施範圍："只有反革
命議論不讓發表，這是人民民主專政"[8]，陸定一的報告對此從正
面作了規定：即"雙百方針"是"人民內部的自由"，指出"這
是一條政治界線：政治上必須分清敵我"[9]。這就意味著，如果某
些人一旦被判定為"人民的敵人"，他不但失去了行使"雙百方
針"的權利，而且他們的言行也就會被認定為來自敵對陣營的
"倡狂進攻"，但確定敵我陣營界線的標準並沒有明確具體的法
律條文規定。二，事實上，從"雙百方針"宣導的一開始，對於
學術問題的具體爭論都是在最高決策者的干預和控制下進行的，
形勢的發展很快表明，並非所有的學術問題都是可以拿出來爭鳴
的，除最為敏感的政治問題外，學術領域中如經濟學、社會學、
人口學等方面問題的討論也顯得相當敏感。三，"雙百方針"的
落實過程一直處於搖擺不定之中。對知識份子而言，對胡風事件
仍記憶猶新使他們在這一方針提出之初，於興奮的同時仍有觀望
心理，費孝通的"知識份子的早春天氣"[10]這一形勢估計，反映
大部分知識份子的典型心態。同時，代表國家意志的輿論也一直
左右搖擺，特別是 1956 年底到 1957 年初的一段時間裏，情勢有
點讓人捉摸不定，1957 年 1 月，陳其通等人的《我們對目前文藝

8　同注 1。
9　同注 3。
10　費孝通在 1957 年 3 月 24 日《人民日報》發表的《知識份子的早春天氣》
　　中有這樣的文字："早春天氣，未免乍寒乍暖，這原是最難將息的時節。"，
　　"對百家爭鳴的方針不明白的人當然還有，怕是個圈套，搜集些思想情況，
　　等又來個運動時可以好好整一整。這種人不能說太多。比較更多些的是怕
　　出醜。"

工作的幾點意見》已經被人視作"收"的信號，但毛澤東否定了這種左的傾向，並進一步開展整風，結果使文藝界的挑戰聲擴展到整個知識界。但不管怎樣，這一方針的提出仍然極大地鼓舞了知識份子，使他們逐漸從胡風事件的陰霾和驚恐中擺脫出來。

儘管如此，在 1956 年初到 1957 年春夏之交的近一年半的時間內，"雙百方針"還是產生了重大而積極的影響，在它的提出和貫徹的過程中，主流意識形態的統制一時間似乎有所鬆動，與知識份子傳統間的緊張關係也有所緩和，知識份子的政治參與和社會批判的熱情也空前高漲起來。就文藝界來說，"雙百方針"的成果主要表現在三個方面：

第一、它鼓舞了一大批老作家的創作，在一定程度上彌補了自第一次全國文代會以來，在五四新文學傳統和戰爭文化規範下的解放區文學傳統間形成的無形隔閡。包括周作人、沈從文、汪靜之、徐玉諾、饒孟侃、陳夢家、孫大雨、穆旦、梁宗岱在內的許多跨時代的作家都相繼發表文章或作品，出版部門也推出（或計畫出版）了徐志摩、戴望舒、沈從文和廢名等作家的作品選，包括張友鸞、張恨水等現代通俗作家在內的許多老作家和袁可嘉等外國文學的翻譯研究者一道，都以不同的方式對中國當代文學傳統資源的相對狹隘提出了質疑和批評[11]。

第二、在文學理論中提出了反對教條主義，提倡現實主義的"廣闊道路論"，提倡文學寫人性，恢復人道主義傳統。圍繞"社會主義現實主義"概念及其內涵，何其芳、秦兆陽、周勃、劉紹棠、陳湧等人都做出了各自的思考，其中秦兆陽的題為《現實主義廣闊道路》[12]一文的影響最大也最有代表性，文章認為在堅持

---

11 見洪子誠《1956：百花時代》第 29-45 頁。
12 署名何直，刊發於《人民文學》1956 年第 9 期。

追求生活真實和藝術真實這一現實主義的總原則的前提下，沒有必要再對各種"現實主義"作時代的劃分。這既有蘇聯文學界對這一創作方法修正的國際背景，也反映了中國文學界對50年代以來的文藝政策所體現的越來越嚴重的教條主義傾向的質疑和反思。這些思考在對現實主義真實性、現實干預性、主體性的強調，在某種程度上都是胡風文藝理論的延續和展開。另一方面，錢谷融、巴人、王淑明等對文學中的人性和人道主義的闡發，又與有關典型、形象思維等問題的討論一起，從另一個角度對文學創作中的教條主義和公式化傾向提出了批評。

第三，出現了一批揭示社會主義社會內部矛盾的創作，這標誌著社會主義文學開始成熟。這部分文學創作主要是由一批年輕的新生代來承擔的。青年作家王蒙、劉賓雁、宗璞、李國文、陸文夫、從維熙等人的小說和流沙河、邵燕祥、公劉等人的詩歌是文學創作中最能顯示"雙百方針"巨大精神力量的成果，這是"五四"知識份子為民請命的啟蒙主義傳統在新時代的再生。他們或者以高度的社會責任感，大膽干預生活，深刻反映人民內部的複雜矛盾，揭露和批判了官僚主義和其他阻礙社會主義建設的消極現象，及其政治經濟體制上存在著的弊端，體現了同樣的現實戰鬥精神，或者涉及了以往的社會主義文學不敢輕易描寫的愛情生活題材，揭示了人物豐富的情感世界，從而折射出時代歷史的變遷。

如果深入分析的話，文藝界的這一新氣象的出現，一方面是來自對五四精神的復活，提倡現實主義的真實性和對現實生活的積極干預，提倡寫人性，都是來自"為人生的文學"、"人道主義文學"的五四新文學主題；另一方面，揭示社會主義矛盾的文學創作，和反對教條主義的理論鬥爭，雖然是由文學新生代提出，但依然是延安時代王實味、丁玲等一部分知識份子先知者反省和批判革命陣營內部不良傾向的思想延續。所以，既然提倡"百家爭鳴，百花齊放"，就不能不帶來作家們對 50 年來占主導地位的戰爭文化規範下的審美原則和教條主義的批評。

　　首先是對教條主義的直接聲討。姚雪垠在《打開窗戶說亮話》[13]一文中尖銳指出，文學創作中的公式化主要"應該歸罪於教條主義的猖獗"，而教條主義已成為一種"時代空氣"，只有清除教條主義的危害，才能使作家擺脫"戰戰兢兢，如臨深淵，如履薄冰"的心態。其次是對 50 年代初期文藝現狀和成果的反思與再評價。如鐘惦棐[14]對國產電影創作的批評，劉賓雁[15]對文藝創作、戲劇演出和書刊出版業的尖銳批評，並把創作的落後、公式化概念化的嚴重與文藝規範和文藝領導方式聯繫起來。而最為尖銳的話題，是如何正確認識《延安文藝座談會上的講話》在新體制下的指導作用，劉紹棠認為，文學創作公式化概念化的根源"就在於教條主義者機械地、守舊地、片面地、誇大地執行和闡發了毛主席指導當時（指抗日戰爭時期 —— 引者注）的文藝運動的策略性理論"[16]，其行為表現在要求文藝作品及時地為政策方針服務，以及片面強調普及為主等等。從這些發難中可以看出，挑戰性的作家來自各種不同的傳統，不僅有來自五四新文學傳統下的作家群，也有解放區來的作家，甚至還有新中國成長起來的新生代，這實際上是繼胡風之後，文藝界又一次對文藝創作和批評領

13 原載《文藝報》1957 年第 7 期（5 月 19 日出版）

14 鐘惦棐《電影的鑼鼓》初刊《文藝報》1956 年第 23 期，同年 12 月 21 日《文匯報》轉載。

15 見劉賓雁、陳伯鴻《上海在沉思中》，載《中國青年報》1957 年 5 月 13 日。

16 見劉紹棠《現實主義在社會主義時代的發展》載《北京文藝》1957 年第 4 期；《我對當前文藝問題的一些淺見》載《文藝學習》1957 年第 5 期。

域存在的教條主義和公式化現象的批判，這種批判某種意義上也是已被在政治上整肅了的胡風文藝觀點重申。

　　然而好景不長。到 1957 年夏季政治形勢發生了突然的逆轉，"百家爭鳴"一下子變成了資產階級與無產階級"兩家"的政治鬥爭，"雙百方針"竟然被曲解爲"引蛇出洞，聚而殲之"的政治鬥爭手段，一場反右風暴很快地結束了這一繁榮局面，全國有 55 萬人被定爲"右派"，其中極大部分都是知識份子，文藝界的一大批作家、批評家如丁玲、馮雪峰、艾青、秦兆陽、姚雪垠、吳祖光、穆旦、王蒙、劉賓雁、李國文、陸文夫、鐘惦棐等都在其列。上述在這一時期剛剛成長起來的青年作家，幾乎無一例外地被風暴所席捲，他們的作品被視爲"毒草"而遭到批判，作家本人則被打入生活的底層，不僅失去了創作自由，而且喪失了起碼的政治權利，直到二十多年之後，他們才作爲"重放的鮮花"而再次開放在中國文壇。

　　政治形勢的逆轉使剛剛有所糾正的極左路線得到進一步發展，隨後的 1958 年，在經濟建設領域出現了不顧實際的"大躍進"、"共產風"，反映在文學創作中便是"新民歌運動"，數以萬計的粗製濫造的"大躍進民歌"，絕大部分都是當時流行的"共產主義烏托邦"政治觀念的圖解，成爲當時"革命現實主義和革命浪漫主義相結合"的典型產物。到這時爲止，來自共產黨外的知識份子的批評力量幾乎喪失殆盡。60 年代的文藝界思想鬥爭，則主要體現爲主流文化內部的部分決策者（周恩來、陳毅、茅盾、邵荃麟等）對極左路線的反撥努力，但這種努力終究沒有發生實質性的成效。

　　不過，壓抑性的時代文化的並不能使知識份子停止思考，他們面對初露端倪的社會主義社會的矛盾，仍然以不同的方式，在各自層面上表達了自己的思考，而且，那些即使是微弱的聲音，也就尤其顯得難能可貴。

二、新的矛盾和困惑

在社會主義文化的這一體制化和調整過程中，作家們居於不同立場的選擇，在這一時期的文學創作中，體現了對現實矛盾的不同態度及其表現方式。其中除了郭沫若、何其芳、賀敬之、劉白羽、楊朔等人的頌歌型詩文，表現了他們與時代主流話語的認同外，還有幾種不同的表現形態。最引人注目的方式，就是在特定的時代歷史條件下，直接以文學爲武器或通過文學形象，積極參與現實政治、反映社會主義現實矛盾、干預現實生活的創作。劉賓雁的特寫《在橋樑工地上》和《本報內部消息》，王蒙的小說《組織部來了個年輕人》等作品是這一類創作的代表。

短篇小說《組織部新來的青年人》最初發表於《人民文學》1956 年 9 月號[17]。當時王蒙年僅 22 歲，卻已是八年黨齡的 "少年布爾什維克"，他身爲北京共青團市委幹部，在這篇作品中留下了個人特有的社會閱歷和思考的印跡，即在理想主義的陶醉中敏銳而朦朧地感受到一種潛藏在社會心臟部分的不和諧之音。

從當時特定的閱讀期待視野出發，人們一致認爲，這是一篇旨在揭露和批判社會主義條件下官僚主義作風的小說。小說講述

---

17 作者原稿題目爲《組織部來了個年輕人》，後由《人民文學》編輯部（秦兆陽）作了修改。參見《〈人民文學〉編輯部對〈組織部新來的青年人〉原稿的修改情況》，《人民日報》1957 年 5 月 9 日。因作者對修改有不同意見，故在《1956 年短篇小說選》（中國作家協會編，人民文學出版社 1957 年）、《文學作品選讀·建國以來短篇小說》（上海文藝出版社，1980 年）等版本中，又恢復了原稿的題目。但考慮到當時發生重要影響的還是發表於《人民文學》的版本，故本文的論述仍以此爲據。

了一個對事業抱著單純而真誠的信仰的青年人林震，來到中共北京市某區委會組織部工作後所遭遇的矛盾和困惑。作品圍繞組織部對通華麻袋廠黨支部事件的處理經過，相當成功地刻畫了一系列的人物形象，而在這些人物當中，劉世吾的形象的刻畫尤其受到重視和肯定。劉世吾的形象當時被認為是一個頗有深度的官僚主義的典型。他有一定的革命經歷，也有相當的工作能力和魄力，懂得“領導藝術”，知道如何去把握工作重點，只要一“下決心，就可以把工作做得很出色”。但他對工作缺乏積極主動的熱情，對那些有損於黨和人民利益的錯誤和缺點，有一種職業性的平靜甚至漠然。他自我解嘲是得了如炊事員厭食症一般的職業病，他對什麼都“習慣了，疲倦了”，一句“就那麼回事”成了他的口頭禪；此外新生官僚主義者韓常新和蛻化變質的王清泉等更是作者在小說中直接抨擊的對象。在這一種閱讀和分析的視野裏，相對於對劉世吾形象的重視和爭議而言，對作為小說敘述人和主要人物的林震形象，雖然也有大致準確的把握，但這一形象在小說敘述結構中的作用和與作品主題的關聯則明顯地存在被忽視的傾向。

　　從小說的文本實際來看，《組織部新來的青年人》雖然具有揭示官僚主義現象、“積極干預現實”的外部寫真傾向，但它更是一篇以個人體驗和感受為原發點，通過個人的理想激情與現實環境的衝突，表現敘述人心路歷程的成長小說。主人公從一個小學教師的崗位，帶著一種“節日的興奮”來到組織部這個新的工作環境，結果卻發現這裏的情形與自己的想像有著很大的差距，一些領導幹部的官僚主義作風、革命意志和工作熱情的衰退使他憤怒、疑惑，他為自己無法融合於這一環境而惶恐、傷感。與對外部衝突的再現相比，作者更注重對敘述人心理內部衝突的表現；甚至可以說，對心理衝突事件的精彩呈現，才是這篇作品的藝術獨特性所在；小說的主題和現實針對性也只有在對其內部視角的分析中獲得更切實的理解。

主人公林震是懷著一種成長的渴望和焦慮來到組織部的，二十二歲的"生命史上好像還是白紙，沒有功勳，沒有創造，沒有冒險，也沒有愛情"，組織部是他走向成熟，實現人生理想的新的環境，而小說也正是以林震的心理體驗為視角，在事業功勳和愛情體驗這兩條線索上，通過麻袋廠事件的始末，展開對理想與現實之衝突的敍述。作品的第一章，林震剛來組織部報到，就出現了兩個人物，一個是"蒼白而美麗的臉上，兩隻大眼睛閃著友善親切的光亮"的趙慧文；一個便是常務副部長劉世吾，而劉世吾對他的第一次談話，恰好涉及了工作與愛情這兩個話題，而這兩個方面相互交織、矛盾和衝突，對初涉人世的林震來說又都帶有"冒險"色彩。

從這個意義上說，劉世吾的形象在作品中有著特別重要的意義。如果說蘇聯小說《拖拉機站站長與總農藝師》裏的娜斯佳是林震理想中的人生偶像，那麼在他具體生活境遇中，劉世吾象徵了現實對理想的衝擊，或者是理想對現實的妥協。與對韓常新、王清泉兩個人物的簡單化、漫畫化的描寫相比，劉世吾在作品中是以林震的現實指導者的身份出場的，儘管他始終對劉世吾的處世態度、工作作風抱有審視和批判的意識，但他們之間有很深入的思想和情感交流。劉世吾身上所具備的許多東西，如處事不驚的沉著、觀察分析的冷靜理智、傳奇般的經歷、工作經驗和工作能力等等，都是林震並不反感甚至是欽佩的。和林震一樣，對於韓、王這樣的幹部，劉世吾在心裏也很反感，相反對林震則認為"你這個幹部好，比韓常新強"。如果說林震對韓、王兩人的態度是明顯的反感和對立，那麼他對劉世吾的態度是十分複雜的，其中既有疑惑、質疑和批判，也包含了理解、同情甚至欽佩的成分，他的內心衝突在很大程度上正是體現在這裏。林震對劉世吾的審視和批判，包含了作者的嚴肅思考；而對劉世吾的超越也是他走向成熟的開始。所以，劉世吾的形象並不是"官僚主義者"這一概念可以概括的。至少，從劉世吾這一形象可以看出，揭示現實生活中的官僚主義只是對《組織部來了個年輕人》外在衝突意義上的概括，並不能完整地體現這篇作品的思想和藝術特性。同樣，與趙慧文的交往是林震心理歷程中的另外一條線索。作者暗示了林震對趙慧文朦朧的愛情意識，即"兩個人交往過程中的感情的輕微的困惑與迅速的自制"，在作品所呈現的外在衝突中，他們是相互理解的同志，從某種意義上說，趙慧文是比林震先到一步的"組織部新來的年輕人"；而在林震的內心衝突中，他與趙慧文的情感漣漪也是一個重要的側面，在林震對現實的質疑、惶惑、孤立無援之時，有一雙憂鬱而美麗的眼睛注視著他，兩顆年輕的心來不及相互靠近，就爲幾乎是預設的"警告"所阻隔，林震在內心矛盾中對這份情感的克制，是愛情需要對事業需要的退讓，也是現實原則對內心欲求的勝利，最後所作的理智選擇同樣體現了他的成長。

50 年代中期，新中國的生活剛剛展現它的魅力，對年輕知識份子來說更是如此：周圍似乎瀰漫著早春的氣息，一切都充滿生機。但王蒙卻敏感地對此投出了懷疑的目光，他通過林震的內在視角，在兩條衝突線的交織中表現出：就在這一片生機裏，有一種可怕的惰性在蔓延，就在劉世吾那些據之有理的邏輯和成熟舉動的背後，有某種不可原諒、不能妥協的東西，他對之不滿甚至力圖反抗。儘管對於林震而言，鬥爭的對象似乎無處不在，鬥爭的過程中也不免要付出某種代價，但他偏偏以一種執拗的"幼稚"進行著力量懸殊的鬥爭，這種知其不可爲而爲之的精神，至今還散發著青春激情的芬芳，也超出了對官僚主義揭露與批判的具體性，而體現出理想與激情的永恆魅力和對現實的審視批判意義。

三、受難者的煉獄之歌

　　另一種創作則大多出自已經被嚴酷政治和思想鬥爭無情地置於敵對地位和社會底層的作家，如綠原、曾卓、張中曉等"胡風反革命集團案"的受難者。他們已經失去了爲新時代唱頌歌的權利，也喪失了借助文學來參與政治、干預現實的可能，因此，他們只能以地下創作或私人寫作的方式來表達對個人遭遇和時代命運的思考。如果說綠原的《又一個哥倫布》還是將個人的受難經歷賦予民族的象徵寓意，那麼，曾卓的《有贈》等詩作則更多地是從個人感受出發，表達一個社會畸零者對樸素愛情的真摯讚美。張中曉則更是在貧病交困的絕境中仍然以片段劄記的形式，記錄著他對現實和人生的嚴肅思考。

　　同爲"七月派"的詩人，綠原和曾卓有許多大體相似的經歷。他們都是湖北人（一個祖籍黃陂，另一個是武漢），又同於1922年出生，40年代起同在胡風的影響和提攜下開始詩歌創作，1955年又都因胡風案牽連而被逮捕入獄，在牢獄裏都沒有放棄詩歌寫作，經歷了二十多年的監禁和勞改生涯後，又差不多同時獲得平反，恢復自由後又都創作了一些頗有影響的詩作。在分別創作他們的代表作《又一名哥倫布》和《有贈》時，都已經歷了一段囚徒生涯，而且之後還有漫長的苦難在等待著他們，因而不約而同地採取了秘密寫作的方式，直到二十年之後才得以公開發表。當然兩人的性情、經歷和創作風格又各有不同，這也反映在上述他們的兩篇代表作裏。

《又一名哥倫布》創作於 1959 年的秦城監獄，綠原在被囚時的心境與曾卓對自己監獄生活的描述沒有什麼兩樣："當我發現自己是在鐵窗下時，我恍恍惚惚地以爲是處於一場噩夢中。難於相信這一切是真實的，難於接受強加與我的罪名，難於面對門上的小視窗獄卒窺探的目光，難於忍受孤獨的煎熬……我力圖使自己冷靜並鎮定下來，但還是無力從痛苦的重負下解脫。"[18]這種孤苦絕望的心境，也反映在題記所引用的法國思想家巴斯卡的一句話中："無限空間之永恆沉默使我顫慄"。詩人的詩思穿越五百年的中西時空，將自己想像成爲二十世紀的哥倫布。如同五百年前的那個哥倫布一樣，他也"告別了親人 /告別了人民，甚至／告別了人類"，所不同的是，五百年前的哥倫布能夠將自己的理想付諸行動，顯示出一種征服自然力的積極自由境界，而五百年後的綠原則被迫走上孤獨的長旅；哥倫布有著眾多的水手，而他是獨自一人；他的"聖瑪利亞"不是一條船，而是"四堵蒼黃的粉牆"；他不是航行在空間的海洋，而是在"永恆的時間的海洋上"，"再沒有聲音，再沒有顏色，再沒有運動"，在無邊無際的孤寂中，詩人只能憑藉想像力來穿透時空，以固執的理想來抵禦孤獨，反抗絕望。詩歌採用對照的方式，以巧妙的構思，樸素的語言，表現了現實的背謬和生存的苦難，瀰漫著莊嚴的苦澀和難言的隱痛，冷凝而蒼涼。

同是對自身經歷和體驗的藝術記錄和表現，與綠原的凝練和

---

18 曾卓《生命煉獄邊的小花》，見《曾卓文集》第一卷，長江文藝出版社 1994 年版，第 379 頁。

思辨不同，曾卓的《有贈》則飽含著強烈的情感色彩。詩人牛漢說過："他的詩即使是遍體傷痕，也給人帶來溫暖和美感。不論寫青春或愛情，還是寫寂寞與期待，寫遙遠的懷念，寫獲得第二次生命的重逢，讀起來都可以一唱三歎，可以反覆地吟詠，節奏與意象具有逼人的感染力，淒苦中帶有一些甜蜜，極易引起共鳴。他的詩句是溫潤的、流動的：像淚那樣濕潤，像血那樣流動。"[19]1957 年，經受了兩年牢獄之苦的曾卓因病保外就醫，又兩年後下放農村，直到 1961 年末他才回到原來的居住地，而一位平凡樸實的女性一直在等待著他的歸來。對一個在孤寂的沙漠中長途跋涉的人來說，這樣的重逢是刻骨銘心的，曾卓以濃厚的情感和生動的筆墨，記下了這感人的一幕："在一瞬間閃過了我的一生，這神聖的時刻是結束也是開始。一切過去的已經過去，終於過去了，你給了我力量、勇氣和信心。你的含淚的微笑是一座煉獄。你的晶瑩的淚光焚冶著我的靈魂。我將在彩雲般的烈焰中飛騰，口中噴出痛苦而又歡樂的歌聲。"曾卓並沒有從正面描述自己曾經的孤寂與苦難，而是竭力表現孤苦中的慰藉和溫馨，在孤苦無告的境地裏，平凡樸實的愛情就尤其顯得偉大神聖，成爲抒情主人公"生命的燈"和再生的"煉獄"，而詩人也特別珍視他在沉默時期的作品，將它們看作"閃耀在生命煉獄中的光點，開放在生命煉獄邊的小花"。

　　不論是綠原的《又一名哥倫布》還是曾卓的《有贈》，它們都是苦難時代生命的忠實記錄，寫作時根本沒想到發表，也根本沒有發表的可能，但唯其如此，更可以少受當時的主流話語的影響和統制，體現出詩歌話語的個人特性。當滅頂之災降臨時，他

---

19 引自牛漢《一個鍾情的人》，收《學詩手記》，北京三聯書店"今詩話叢書"，1986 年版，第 79 頁。

們作爲政治鬥爭和意識形態的受難者，他們不可能有王蒙、郭小川那樣的主人翁姿態來確立自己的抒情主體，對現實予以關注和干預，他們已被視爲社會的異類，在逼人的絕望和痛苦中，只能採取一種抵抗悲苦與絕望的低姿態抒情，而個人的傾訴便成爲最自然的表達方式，這是受難者對人性的權利和責任，對理想與信念的一種堅守。但在意識形態一統天下的時代裏，受難者個人命運的記錄和絕望中的思考本身，就是社會矛盾和社會悲劇的見證。

四、思想者的苦惱

但情況往往並不那麼截然分明，即使被時代潮流所摒棄的作家，也無法完全超越時代的共名，反過來也一樣，即使是那些在現實矛盾面前閉著眼睛高唱讚歌的人，內心也未必沒有惶惑和愧疚。更多的情況則是第三種，即面對時代共名，作家既想使自己作品回蕩著時代的主旋律，又要努力在時代的大合唱中發出個人的聲音，兩者之間的對峙，往往導致了知識份子的內心矛盾，這種矛盾也會在文學作品中留下它的印跡。

詩人郭小川則就是一個典型的例子，他的政治抒情詩《望星空》典型地體現了知識份子個人與時代歷史間的複雜關係。

該詩本是爲 1959 年人民大會堂的落成而作，寫於同年 4 到 10 月，歷時半年，三易其稿。從創作的最初萌動而言，它與當時流行的 "頌歌式" 政治抒情詩並沒有什麼兩樣，甚至與當時沸沸揚揚的 "大躍進民歌" 也有某種共同的情緒背景。詩歌抒寫了詩人站在北京街頭，向夜晚的星空眺望，面對無邊無際的宇宙，心中湧起了人生短暫的聯想，但是，當詩人把目光轉向壯麗的天安門廣場，想到了我們 "沸騰的戰鬥生活" ，想到了人類征服自然的豪邁氣概時，就感到自己"充溢著非凡的力量"，"我們要把廣漠的穹窿，變成繁華的天安門廣場"。在詩人的理性意識中，《望星空》是以比較曲折、形象的藝術手法，歌頌"人定勝天的偉大力量，歌頌人民在黨的領導下迎難而上，去建設美好、幸福的人間天堂"的時代主題，但在詩歌的具體展開中，卻明顯的體現了感受與理念、詩學與政治要求之間的矛盾。

全詩 230 多行，分為 4 章，從情感的起伏和內容的展開來看，明顯地分為前後兩個部分，前半部分敘寫作為革命戰士的"我"，面對浩瀚星空時所引發的有關人生、宇宙的超越時空的思緒，顯示了較為強烈的自我意識，並憑藉這一獨特的角度展開抒情，對人類的生命現象作了詩意的、隱含了某種憂鬱和痛苦的自我反省。在這種憂鬱與痛苦裏，既折射出五十年代後期違反客觀規律的大躍進造成的嚴峻後果的時代背景，表現了作者對歷史挫折的嚴肅思考和感應；同時，也寓意了在歷史的挫折面前，革命者對自身生命、意義、命運的重新思考。　詩的後半部分全力描寫了人民大會堂的燈火，她使得"天黑了，星小了，高空顯得暗淡無光"，而"當我懷著自豪的感情，再向星空瞭望，我的身子，充溢著非凡的力量"，詩人的幻想一經回到人間，便由衷地體察出人生的壯麗，並對前半部分的詩思提出了詰難，對人生的浩歎便轉而成為對人間建設事業和戰鬥者人格力量的一個鋪墊。可以看出，作者力圖在這一抑一揚，欲揚先抑之間，展示一個在當時顯得較為深刻、別致的思考角度和過程：不囿於現成流行的觀念，注意表述生活和個人的情感世界的複雜，努力思考現實的嚴峻與人性情感的廣博之間的矛盾統一關係，並嘗試以一種超越局部時空限制的視界，以達到當代詩歌未曾達到的深度。

不過，詩人對個人、歷史和恒常之間的矛盾和衝突的敏感，並不保證詩歌對此有完滿的表現。當抒情主人公從急湍的歷史時間之流中短暫地離開，抬頭向星空凝望時，他發現了一個超出個人、也超出具體歷史的博大存在，他站出了歷史給予的位置，進入了人與宇宙對話的情境。但詩人並沒有將此進一步引向生存圖景的形而上把握和個體生命的省思，相反在詩歌的後半部分把這種超越性的思緒當作"虛無主義"，讓它在人民大會堂的燈光下曝光。我們畢竟不能苛求處於那個時代中的作者，這畢竟是獻給新落成的人民大會堂的"頌歌"，是作者對時代潮流總體認同的一種表現，至少在理智上是如此，只是與同時代的其他頌歌相比，它體現了明顯的主體意識和個性色彩。

於是，真實的人生感受與理念間的矛盾使《望星空》出現了反諷的情景：前半部分循著實境與遐想展開描寫，後半部分卻企望以理念進行反撥，結果，不僅反撥沒有成功，反而顯出主觀理念的人為性；作者在主觀上企望矛盾能在"人定勝天"的主題下得以解決，但在客觀上，"星空"彷彿以它"異常的安詳"注視著大地與個人的無謂抗爭。難怪詩作發表後曾引起激烈的責難，認為此詩宣揚了人生渺小、宇宙永恆的意思，完全不符合馬克思主義的宇宙觀，而是一種資產階級、小資產階級的虛無主義，而與當時"大躍進"的時代精神相抵觸。可見，前半部分對生死存亡的重視和感慨與當時一片樂觀的時代氣氛是很不協調的，另一方面，在前半部分對望星空的超越性表現之後，後半部分的反撥確實顯得有點無力，前後的"矛盾"終究無法解決。《望星空》為我們提供了一個矛盾的文本，從這個文本中，可以折射出時代思潮的狀況和相當一部分知識份子的矛盾心態。

以"戰士"自許的郭小川，其五、六十年代的創作總體上始終沒有超出時代共名的範疇，他的組詩《致青年公民》與賀敬之的《放聲歌唱》齊名，也同樣是時代共名的典型體現。但與賀敬之不同的是，他並沒有滿足於傳達時代的聲音，讓主流話語完全吞沒自己的個性。雖然在理智上他仍不懷疑個體對於歷史潮流的服從和投入，但居於獨特的體驗和思考，他開始了對個人意識與歷史潮流的複雜的離合現象的考察。除上述分析的《望星空》外，抒情詩《致大海》和敍事詩《白雪的讚歌》、《深深的山谷》、《一個和八個》等作品都是以不同的方式表達了相似的主題：即都是通過短暫的個人感情與歷史洪流的矛盾、游離現象，表現個人與時代關係的複雜性。不過，面對個人與外在時空的對立和矛盾，作者主要表現的還是個人思想、性格和感情上的弱點，對個人的譴責或自我反省是詩人解決矛盾和對立的通常辦法，這種內在矛盾幾乎貫穿了郭小川的整個創作，這是詩學與政治、時代共名理念與個人人生感受相互矛盾、相互衝突的典型體現。

時代文化的壓力與文體規範的變異

——"潛在寫作"文體特徵的一種探討

　　"潛在寫作"是陳思和先生在其《中國當代文學史教程》[1]中為了說明當代文學創作的複雜性而提出一系列文學史概念之一，它指20世紀50至70年代許多被剝奪了正常寫作權力的作家在瘖聲的時代裏，依然保持著對文學的摯愛和創作熱情，寫下了在當時客觀環境下不能公開發表（後來才發表）的文學作品。這些作品包括胡風、牛漢、曾卓、綠原、穆旦、唐湜、彭燕嬌的詩，張中曉、豐子愷的散文，以及文革中的黃翔、食指、嶽重、多多的詩，趙振開的小說等等。潛在寫作既指一種寫作實踐，也指其寫作成果，它的相對概念是當時公開發表的文學作品。它與公開寫作一起構成了時代文學的整體，構成了時代多層面文學的具體內涵，從而使當代文學史的觀念得以改變。它與"多層面"、"民間隱形結構"和"無名與共名"等概念一起，構成了一套新的當代文學史敍述和闡釋話語，大大拓展了當代文學的歷史空間。當然也引起了一些不同看法，其中圍繞潛在寫作的爭論最多。

　　質疑者一般並不否認潛在寫作這一概念所指的文學現象本身，問題的焦點是怎樣將這種現象納入文學史的觀照，給予它怎

1　復旦大學出版社 1999 年 9 月第一版。關於"潛在寫作"的解釋見該書前言（第12頁），以及第一、五、七、八、九章。

樣的地位和評價。有論者認爲這些創作雖然值得同情和肯定，但畢竟在當時的文學空間中沒有超出那些公開發表的主流文學的影響程度，因而不能把它和那些主流創作放在對等的地位加以闡述[2]。確實，與當時處於主流地位的那些“大部頭”或者“大聲勢”作品相比，這些創作不僅在當時不爲人知，即使在發表後的今天，即使僅僅從形式上看來也確是“潰不成軍”。在被研究者所肯定的潛在寫作作品中，大多數都是“雜體”文本：它們大多規模小、篇幅短（張揚的《第二次握手》等極少數文本例外）；在表達上又多取個人化的思辨或者隱晦曲折的抒情方式，而大規模的敍述較少；它們大多採用邊緣化文體，主要以詩歌、散文爲主。詩歌類作品中還摻雜了大量的舊體詩詞。散文也不是那種“正宗”的抒情散文，而是一些通常被當作應用類的邊緣文體，包括書信、日記、隨筆、劄記、傳記等等。沒有戲劇和電影。有一些小說，但除個別短篇外，成就都有限。與主流文學的文本相比，這些潛在寫作在文體上就不是前者的對手。從審美的觀點看，文學是形式化了的語言藝術，而文體又是形式化的重要標誌，文體的完整性和規模性，在很大程度上決定了作品藝術性的高低，從而也決定了其在文學史上的地位和價值。但文體的整齊與雜亂與其在文學史上的地位和價值是否對等或者成正比關係呢？本文無意全面考察“潛在寫作”的文學史價值，只取文體角度，考察潛在寫作

2　見李揚著《當代文學史寫作：原則、方法與可能性 ── 從陳思和主編的〈中國當代文學史教程〉談起》，載《文學評論》2000 年第三期。李揚的觀點較有代表性，但這裏的概括只取其意，不是原話；另按李揚的理解，《教程》對“潛在寫作”與“民間意識”的認同是以對“主流文學”的否定爲前提的，它“一律以當時不占主導地位的文學作品作爲其時代的代表作，而當時的主流文學作品，一概進不了文學史”，對這些誤解的說明，見王光東、劉志榮《當代文學史寫作的新思路及其可行性 ── 對於兩個理論問題的再思考》，載《文學評論》2000 年第四期。

文本的文體特徵是怎樣形成的，並通過文體規範與文化語境之關
係的分析，探討文學史寫作應如何對待作家文體選擇的邊緣化和
變異現象，並給予歷史的恰當評價。

　　自 20 世紀 50 年代初開始，中國當代文學展示了新的歷史篇
章，它延續了自延安文藝座談會以來的解放區文學規範，並通過
一系列的引導和批判整肅，逐漸將這種規範給予固定化、具體化。
儘管這些批判運動總是以政治和意識形態的面目出現，同時也確
實更多地帶有政治和意識形態甚至宗派鬥爭的色彩，但也勢必通
過相應的形式化規範反映出來。這種規範化過程體現在正面宣導
和反面限制兩個方面。首先，時代文化語境通過政治化方式進行
正面規範，通過寫作“樣板”的確立加以規範引導。其在詩歌、
小說、戲劇等文體內部又有具體的顯現方式：它可以體現爲文體
亞類型地位之間興衰變遷，比如詩歌中的敍事詩和政治抒情詩在
五六十年代的興盛並相應的模式化，形成了李季、聞捷、張志民
和郭小川、賀敬之等爲代表的體式和風格；小說中形成了史詩性
多卷型長篇和即時性短篇兩種文類的興盛局面。它也可以體現爲
不同時期主導性文體的更替，比如文革之前長篇小說和敍述詩的
主導地位在 60 年代中期以後逐漸被戲劇（“革命樣板戲”）所代
替，戲劇成爲佔據時代文學中心的文體[3]。特別是在文革期間，經
過樣板戲（包括小說《虹南作戰史》等）的一系列標準化規範性
作品的出籠和推廣，在文學創作領域內，不僅有“三突出”這樣
超越所有文體的創作規範，而且在某一種文體內部，大到題材、
主題、情節、人物類型，小到細節的安排等，也都有許多具體的
規定。其次是以否定性的整肅所體現的規範力量。50 年代以後的

---

3 參見洪子誠著《當代文學概觀》第五章：創作狀況與總體分析，第 118-128
　頁。廣西教育出版社 2000 年 7 月。

每一次文藝批判運動，常常以政治鬥爭的極端化方式，一次又一次地限制和否定了某些文學創作多樣化、豐富性的可能：小說不可以"反黨"。戲劇舞臺必須清除"帝王將相、牛鬼蛇神"。詩歌同樣摒棄懷疑、傷感和模糊朦朧，代之以明晰堅定的頌歌體。以魯迅爲傳統的具有現實批判精神的雜文被從散文中剔除，"三家村"被批判整肅，楊朔、劉白羽的抒情模式日漸固定僵化。這樣，在時代文化特殊的語境中，文學不僅被規定了"寫什麼"，而且還規定了"怎麼寫"；不僅被規定了不可以寫什麼和怎樣寫，而且還規定了只能寫什麼和怎樣寫。而且，越是主流性的文體，文化規範就越是明確、具體、嚴厲。在這種日趨凝固僵化的規範之下，文學作爲主體自由創造的天性被一點點扼殺，作家的想像和創造空間變得越來越狹窄窒息，他們不可能在公開的文學空間裏自由從容地表達自己的思想、感受和體驗，充分地展示藝術才華。

在這樣的壓力下，許多戴著作家桂冠的人屈服於規範的力量，放棄了獨立思考，不時寫下許多順應"時代需要"的文字，以換取文壇的生存資格。但還有許多作家在公開的創作中繼續艱難地掙扎。而包括沈從文這樣的優秀作家則放棄了公開創作，退出了"文壇"。但是，對於作家來說，居於自己的生存體驗和感悟，借助於一定的文字形式加以表達，這是最自然不過的事了。所謂不平則鳴，發憤而作，所謂"詩言志"說，講的都是這個道理。因此，即使在這樣嚴厲的政治文化壓力之下，真正的知識份子並沒有放棄對時代和社會的思考，他們以各種方式進行著緊張的思索、嚴肅的批判、真誠的情感表達和認真的藝術探索。在他們當中，前一類作家往往在原有的主流文體中尋找縫隙，或者用隱蔽的、甚至貌似笨拙的方式爭得正常文學表達的一點點空間。

比如郭小川的詩歌《望星空》在頌歌體體式中表達的悵惘和追問，趙樹理則堅持以樸素的白描紀實手法表現勞動者的行狀，曲折地抵制時代流行的浮躁氣息[4]。而後一類作家的寫作就是 50 至 70 年代的"潛在寫作"，這種寫作活動大多不以發表（至少是當時發表）為目的，其中隱含了時代文化的壓力和作家個性化表達之間的緊張、衝突同時又是調和、對應的複雜關係，這種複雜關係在他們對文體的選擇中也有明顯的體現。

　　文體是一種形式，它是一種歷史地形成的對於文學文本的人為的區分，因此它又不僅僅是形式問題，它是文化體系在文本形式上的一種投射。"文學體裁不僅具有分類描述的功能，同時還具有規範功能，還程度不同地直接與一定時代的主導美學聯繫起來"，"文學體裁的分類，是一個等級關係，但這個等級體制從來不完整、從來不是一成不變的。體裁意味著小類別對高一級類別的臣服關係。"[5]從文體角度看，"潛在寫作"在時代主導美學壓力之下的文體選擇，也體現為自覺或者不自覺的策略、變異以及邊緣化努力，通過這種努力，顯示作家強烈的表達欲望，積極的探索和批判精神和對於文學藝術的信念。它體現為兩種情形：一種情形是類似於公開寫作中趙樹理、郭小川[6]那樣的體式內調整。即自覺地在詩歌、散文、小說這種主流文體（潛在寫作當然不可能涉足處於時代文藝或中心地位的戲劇文體）中進行表達方式的個性堅持或者變異探索，如文革期間老作家豐子愷寫的《緣緣堂續筆》，其從容、恬淡始終與"抒情散文"主流中的抒情表

4　分別參見《中國當代文學史教程》第 40-48 頁第二章第三節，第 101-104 頁第五章第三節。
5　引自米哈伊‧格羅文斯基《文學體裁》，見《問題與觀點 —— 20 世紀文學理論綜論》，第 98-99 頁，馬克‧昂熱諾等主編，史忠義、田慶生譯，百花文藝出版社 2000 年版。

達方式保持一種距離，不過它完全延續了現代時期《緣緣堂隨筆》的文體風格；又如食指的詩歌，雖然其意象的密集程度已經顯示了後來被稱爲朦朧詩的許多特徵，但在體式上仍與當時流行的抒情詩有某種相似性，而與趙振開、顧城等有著一定的區別。不過，這種"體式內"的掙扎並不必然意味著其創造性的局限，相反，這種"帶著鐐銬跳舞"的寫作，還可以催逼、凝聚出某種特殊的藝術形式因素：曾卓、牛漢等詩人不約而同地創造出"懸崖邊的樹"、"半棵樹"、"華南虎"等傷殘意象，還有比如蒼蠅、智慧之樹（穆旦）、野獸（黃翔）等意象，都是一種濃縮了詩人特殊人生體驗的符號化書寫，只是這種符號化書寫還沒有在更大的藝術規模上 ── 比如長篇小說的整體構思 ── 呈現出來。另一種情形是作家們在非常時期不自覺的寫作，如日記、書信、隨筆、劄記、傳記文學等。"中國自古以來對文學取寬泛的理解，書信表奏均爲文學。當作家不能進行正常的文學寫作時，他們的文學才情便不知不覺地熔鑄到日常性、實用性的文字之中，從而在不自覺中豐富了當代文學的品種"，"沈從文在 1949 年以後就絕筆於文學通行文體小說、散文等的創作，但他寫的家信卻是文情並茂，細膩地表達了他對時代、生活和文學的理解。相對於那時空虛的文風，這些書信不能不說是那個時代裏最有真情實感的文學作品之一[7]"。此外還有傅雷的家書、張中曉的讀書筆記、朱東潤的傳記文學[8]等等。這種向應用性文體的偏移，正是作家在時代文化壓力之下有意無意的一種選擇。文體選擇邊緣化傾向的還有一種表現，就是對於已經基本被五四以來的新文學排除在外的舊文

---

6 郭小川的在幹校期間寫的詩歌《團泊窪的秋天》則已經屬於潛在寫作範疇了。
7 引自陳思和《中國當代文學史教程·前言》，見該書第 12 頁。
8 見《傅雷家書》北京三聯書店 1995 年版。《無夢樓隨筆》、《李方舟傳》上海遠東出版社 1996 年版。

體的召回。比如胡風、聶紺弩、陳寅恪等人的舊體詩[9]就是潛在寫作中的重要成果。此外還有傳統民歌（包括知青之歌變調）、故事（《一隻繡花鞋》等對於官方人物的故事演義等）傳統文本也有流傳，雖然它們不像前者一樣，是作者有意識選擇的結果，但也是高壓時代民間社會情感和思想表達的一種傳統途徑。自古禮失然後求諸於野。這裏的"野"並不一定意味著與時代中心話語及其形式在政治上的直接對立（一與一的對立關係），而是體現為中心與邊緣、一與多的關係。

"王者之跡息而《詩》亡。《詩》亡而後《春秋》作"（《孟子·離婁》），文體之變不僅是時代之變，也是文人之變。金克木先生對中國古代文體演變的分析精闢獨到[10]：由《詩》而《春秋》（史）、而《樂府》歌謠、而賦、而……，都是由民而官、由荒野而宮廷的過程。文人"失志"而"言志"，只得另闢蹊徑。一種是創作"符號之書"，曲折隱諱地言志，或風雅（小雅）美刺，或春秋筆法，文王演《周易》、仲尼作《春秋》、司馬寫《史記》，皆發憤而作，所作都是"符號之書"。另一種就是要變出另外的文體如野史筆記了。兩千年的文體演變歷史，在 20 世紀 50 到 70 年代的 30 年裏，我們看到了隱約相似的演繹，也同樣看到了當代知識份子的兩種不同選擇：一是沿襲《大雅》和《頌》、朝廷《樂府》和科舉詩文的傳統，寫幾篇應世之作，做一個宮廷文人，為了獲取現實的好處，至少圖個表面輕鬆；另一種選擇是發憤而以符號之書"言志"。在體制的壓力下，既要言志，又要隱其志，解決的辦法就是符號化，於是創造出一批又一批的符號之書、藝

---

9 雖然五六十年代不時有毛澤東的詩詞以及與郭沫若等人的唱和之作的發表，但毛澤東明確地表示不提倡舊體詩寫作。
10 引自金克木《文體四邊形》，見《蝸角古今談》第 38-45 頁，遼寧教育出版社 1995 版。

術作品。符號之書隱諱，全憑讀者體會，去作多種解釋，體會作者的苦衷。這裏的多義晦澀不過是幌子，傳達言志才是目的，但若符號過於通行，象徵變爲公共，人人都知道是說什麼，一切又變得不言而喻了，於是又只得夾起尾巴，緘口不言，或者另外尋覓新的符號，這或許就是一種藝術創新的動力吧？不過，與漫長的中國古代文學相比，30 年的時間畢竟只是彈指一揮間，中國當代的“發憤而作”者根本來不及創造出像樣的符號之書來；或許是古代的文藝統制與當代那 30 年相比要寬鬆的多，潛在寫作者拚盡全力，只能爭得一點表達的狹小縫隙和隱蔽空間，勉強創造出一些符號化意象的短制殘篇；或許因爲在那個時代，傳統和外來文化都變得空前的片面狹隘（我不認爲是斷絕），中國作家在根本上缺少成就符號大書的外在資源；最後，或許中國的“發憤而作”者還沒有明確的創造“符號之書”努力意識，潛在寫作文體的邊緣化特色更多的是在壓力之下尋求表達的結果。因此，若是放在長時段的歷史中看來，這些作品或者不值給予多少贊許，但畢竟這些嚴肅的思考和認真的寫作實踐在如此嚴厲的文化壓力下曾經發生過，正是有這些作品的存在，顯示了中國作家在公開文化畸形年代裏的道德良知和藝術追求。

　　當然，從文體變異的角度看，30 年時間不一定體現爲主流文體的更替，那些邊緣性的“雜體”文類並沒有真正從邊緣走到中心。因爲這樣的主流文類更替的發生，除了作家的選擇之外，同時需要具備文學傳播方式、讀者接受方式和足夠的演變時間等多方面的因素。但這種文體選擇及其表達努力，除了形式化地顯示作家主體在壓力之下的感受和體驗之外，也爲寫作文體的豐富多樣帶來契機，爲文體之間的交融、借鑒帶來啓發。它可以體現爲邊緣文體對於主流文體內部變革的激發推動，也對一旦擺脫壓力之後文學表達方式自由拓展及其演變取向留下某種深深的烙印。
比如茹志鵑、王蒙、戴厚英等作家，在七八十年代之交發表的那
些帶有意識流意味的小說所採用多線索並行、時空交錯的結構方
式，正是 30 年時代文化壓力和表達限制下，作家積壓的社會經歷
和人生體驗一旦遇到釋放空間之後，有意識地尋求適當的表達方
式的結果[11]。

　　從時代文化壓力、作家的文體選擇和文體變異的關係角度分
析問題，也有助於更加充分地說明當代文學史中出現的其他文體
變化現象的歷史原因。"體裁屬於讀者所熟悉的一種文學傳統，
即求助於一定文化文學內部具有生命力的知識和習慣。然而，這
決不意味著體裁屬於一種保守性質的實體，要把文本導向已知，
導向社會公認的傳統，[12]"在特定的文化語境下，文體選擇和表
達方式的變革既可以作為衝擊意識形態限制的策略性武器，也可
以作為迂迴和躲避壓力的手段。比如，80 年代以對西方現代派文
學借鑒的方式出現的文體革新試驗浪潮的出現，除了作家們懷著
特有的新奇感和嘗試的衝動對外開放歷史條件下對外國現代文學
的引進借鑒的因素外，背後就有意識形態壓力的原因在，是一批
作家對現實主義主流表達方式的主動疏遠和回避，影響最大的朦
朧詩、現代派小說、尋根小說、實驗戲劇等都可以作如是觀。90
年代起普遍興起的與個人化立場相結合的獨創性表達方式的出現
（包括解構歷史、身體寫作等現象），也不是多元化時代環境下
個人選擇可以解釋得盡的，其中也包括了八九十年代之交時代文

---

11 如茹志鵑的《剪輯錯了的故事》、王蒙的《布禮》、戴厚英的《人啊，人》
　　等，以往有些評論往往將這種形勢探索歸結為西方意識流文學影響的結
　　果，但事實上當時國內對後者的譯介幾乎是空白。這種自發的藝術變革只
　　能從自身文化變革中尋找原因。同樣，前述詩歌創作中出現的傷殘意象、
　　化石意象、野獸意象等，也很難與西方象徵主義直接掛鈎。
12 同注 6，第 111 頁。

化語境的壓力因素。在這個意義上分析"潛在寫作"概念，也可以看出其對當代文學史寫作和文學史觀念提供新的啓示和挑戰。其意義不僅體現在對這部分具體文學現象和寫作文本的價值評判上[13]，而是突破了傳統文學史研究慣於主流文體創作分析的局限（這種局限在按若干文體爲線索的文學史中體現得更加明顯，但不否定其也是觀察和描述文學流變的一種方法）。

總之，文學文體及其特徵作爲一種歷史地形成的相對的話語形式體系，其内部的各個層次在不同的時代語境和表達要求下都會發生不同程度的調整和變異。對於作家來說，個人化的表達是他的天性使然，是敏感的個體對自我生存的反省，是知識份子對社會發言的一種最基本的方式。但在不同的民族文化傳統、不同的時代語境裏，由於特定的文化格局和文化規範方式的作用，對作家的個人化表達方式有著不同的規範要求，作家不得不在自己特有的環境中求得生存和發展，要麼在瘴煙毒霧中伸展畸枝病葉，要麼是在奢風淫雨中瘋生狂長，要麼是在和風細雨中盡情自由地開花結果，要麼在狂風暴雨中頑強地存活。從時代對於作家個體的壓力和規範來說，這似乎是一種難於逃脱的宿命，這一點似乎令人頗爲喪氣。但與此同時，作家個體也不是無所作爲，他相應地也有尋求表達個人願望的不同的途徑和方式的可能。偉大的作家正是在特定的時代壓力下，在與時代的對抗和批判中充分

---

13 陳思和先生主要從全面反映時代精神的多層次和豐富性角度立論，但同時也指出了其中的文體變異現象："80 年代陸續出版的一些作家的書信與劄記讓我們看到，知識份子的精神世界仍然是多層面的，五四以來的知識份子的精神傳統在受到衝擊之後並沒有自行消失，而是從公開出版的報刊書籍等公衆領域轉移到了處於邊緣、民間的私人領域，以書信、劄記、日記等私人話語的形式存在，可是對估量一個時代的精神成果來說，正是這些私人性的文獻顯示了那個時代人們精神追求的多樣性。"另見注 8 所引內容。引自《中國當代文學史教程·序言》。

磨礪自己的思想、施展自己的藝術才華，並形成自己特有的思想和藝術風格，這種表達的途徑和方式，包括言說的對象、言說的姿態和修辭方式等各個層面，而對文體的選擇、變革和創造也是其中一個相當重要的方面。

長篇小說在中國的土壤雛議

　　長篇小說在中國雖然具有悠久的歷史，最早可以追溯到明清的“四大奇書”，但是近代意義的小說卻還是在梁啓超宣導“新小說”之後，出現了一批譴責小說；直到五四運動之後，歐風美雨挾帶著新的小說觀念衝擊著古老的中華，經典的現實主義創作方法在中國開始發生影響，並首先在三、四十年代造就了茅盾、老舍、巴金等長篇小說作家。但從 19 世紀末起由於戰爭和後現代化所帶來的人與人、人與社會、人與自我的隔膜與分離，人的異化與孤獨的精神氛圍在中國還只是停留在個別傑出思想家藝術家的比較短小的文藝樣式（如魯迅的散文與雜文）當中，而未及用長篇小說的形式表現出來。正是由於長篇小說的創作比起中短篇來，要求作者有更深厚的生活感受、對社會對人類自我精神有更深刻探究和透視，對解構形式把握調遣創新有更嫻熟的技巧，對藝術創作的激情有更耐久的韌性，所以無論從作品生成的先後，還是從作品所體現的主體意識的更新和創作方法的演進看，長篇小說都要比中短篇小說及其他文學樣式慢上一拍。前者可以從新時期小說創作中短、中、長篇小說的相繼繁榮的事實中看出（其中長篇小說的繁榮正在或將要到來）；後者則有助於我們對近日予以足夠的重視和恰當的評價。

　　繼承了五四運動的傳統，80 年代的對外開放和中西文化的交流碰撞在經過對五四的短期復歸之後，很快轉向深入發展。和五四後的情形相似，首先是以 19 世紀歐洲現實主義經典著作為傳統的長篇小說不斷出現，如第一、二屆茅盾文學獎獲獎作品以及《改革者》、《新星》、《故土》等作品，它們和近期問世的《古船》、《皖南事變》等長篇小說一樣，雖然各有特色，卻大抵都以場景的宏大開闊，線索的複雜，人物的眾多（此條《芙蓉鎮》大約可以除外），性格的跌宕多姿的演進和時間跨度的長遠為特徵。它們在精神意蘊上是對五四思潮的復歸和張揚，在創作方法上是對歐洲現實主義和中國三、四十年代小說傳統的繼承發展。而最近問世的《活動變人形》和《金牧場》兩個長篇，無論是作家的主體意識還是藝術手法都似帶來新鮮的氣息。王蒙的《活動變人形》比起《李自成》、《新星》、《古船》等已經沒有那麼眾多的人物、曲折的情節、重大的事件和細緻的環境描繪，甚至人物的性格也並非清晰完整，更多的是對人物的情感矛盾狀態和精神歷程的冗長而撩人興味的敘寫。《活動變人形》對文化狀態著力描述和苦苦思索，反映了特定歷史階段中國知識份子對傳統和外來文化的比較與選擇的探求。對歷史的審視是為了解決現實的迷惘；文化的思考也反映了對現代化物質文明的估量。同樣，《金牧場》在創作手法上也淡化和簡化了時間的情節和人物的外部動作，而不厭其煩的敘述一個理想主義者的精神漫遊。主人公對生命力的讚頌，對草原生活的懷戀，和在都市生活中的孤獨、不安形成及其鮮明的對照，表現作者對現代化生產力和生產方式所帶來的人際關係和生存意識的轉變的擔憂和不滿。雖然這種情緒由於是以牧民的原始純樸的生活作為對照而在某種程度上顯得不合時宜和"史宜"（因為中國的生產力狀況還遠沒有達到現代化程度；也因為歷史的發展終將摒棄落後的儘管也是純樸的生活方式），但它畢竟和汪曾祺等作家的一些作品（如《受戒》）中所體現的從小農立場拒絕和逃避都是文明有明顯區別。因爲它與《活動變人形》一樣，都注入了對自我生存狀態的清醒和力圖清醒的主體意識，這種出於特定的歷史和現實狀況而帶有極大普遍性的自我審度，使我們看到在五四時期和三、四十年代還處在萌芽狀態的現代意識的閃光。觀念的更新必然伴隨著形式的更新，這裏似乎又看到 20 世紀歐美文學的影子。《活動變人形》、《金牧場》都在一定程度上擺脫了對人物外部世界的如實反映而集中筆力於人們的內部世界裏充分巡視。在這一點上，《古船》雖然也不乏對封建傳統文化的深刻批判和對現代化進程中的沉渣泛起的關注，但終因累於太複雜的情節線索和太多的人物故事而妨害了作家對人物內在世界作更多更深的開掘。

　　以上所述並非對"傳統小說"的貶低否定。對人物外部世界作細緻的描繪，通過外部世界於內部世界的因果對應來表現作家的主體意識的創作方法，同樣是人類藝術地反映世界的有效方法。歷史是最好的見證，《戰爭與和平》等優秀長篇小說都是這種寫作方法的典範。可見，無論是"傳統"的，還是"現代"的寫作方法，都可以寫出流傳於史的大作。而且在中國這塊土地上，"傳統"的方法更有其存在的歷史淵源和現實依據。中國文化中的實用理性精神源遠流長，於今不衰，所以文學在中國始終與政治難解難分，（《新星》能引起廣泛的喝彩聲在很大程度上是激起了人們的政治熱忱），而政治現實離不開形形色色的人與人、人與群體的糾葛；中華民族素來以直感長於玄思，以鍾情人際長於鍾情人與自然、自然與自然際，所以，情節 —— 它的曲折程度主要是人際關係的錯綜複雜及其演變，人物 —— 也重於人際關係而輕於人的個體，行動 —— 在人際關係網路中活動的描繪，在中國小說（尤其是長篇小說）中一直立於顯要地位，它具有與西方小說的重外在活動而終歸於內在活動的寫作方法有不同的內在依據。形式的意義不僅在於形式本身，結構的功能同樣不在於結構。這也就是"情節小說"在中國始終擁有眾多讀者的重要原因之一，而農民占中國人口的極大多數且他們大多文化水準偏低來概括它是膚淺的。

　　作為有志於在長篇小說領域一顯身手的作家，首先應該面對現實，對現實有深刻的認識和準確的估計。這不僅體現在對歷史的獨到見解，對人類精神的（具體化為歷史現實的芸芸個體）精闢的認識上，而且體現在對藝術形式的選取上。隨著現代化程度的日益提高，上述兩種寫作方法的長篇小說都將有一個繁榮局面。而在前現代化的今天，眾多的作家就在清醒地審視著它所引起的生活方式和生存觀念的得與失，其觀念的能動性和藝術手法的大膽引用，必將加速長篇小說繁榮局面的到來。

大眾文藝：傳統的與現代的

　　在寫下這個題目後，我應該對我所說的大眾文藝確定一個基本的外延。從字面意義看，大眾文藝應是爲大多數公民所享用的文藝。但它的所指仍然是朦朧模糊的。如果不在一個時空座標中將它加以分別，我便無法進一步談論它的屬性。因爲我國的大眾文藝在各個歷史階段具有不同的形態和本質特在。本世紀以來，尤其是近十多年來，隨著社會經濟形態的變化，它正日益以其廣泛性和強烈性而令人驚異和引人思索。在緩慢的演變中流傳至今的大眾文藝，即通常所說的民間文藝，在其滿足大眾的某些實用需要的同時，也擔負了承傳民族民間智慧，表達不用時代的大眾情感及寄託大眾生活理想的職能。它作爲一個區別於其他民族文化的特徵，一直存在於本民族的大眾文藝中。這裏當然已經包括了外來因素的吸收和融化，但相對於某一具體的時代而言，外來的與傳統的大眾文藝在大眾日常生活中的位置和存在方式是各不相同的。商品經濟的空前規模的發展從物質和精神的各個領域改變著社會大多數人的生活方式，大眾傳播媒介的普及日益增加外來大眾文藝在大眾日常生活中所占的比重，因而它對於傳統大眾文藝和其他社會生活領域的衝擊和排擠便成爲不可避免，於是純文藝作爲社會文藝生活的前衛對於大眾文藝的重新審視便成爲在所必然，而其審視的結果最終並不僅僅是部分知識份子"小眾"對於大眾文藝的事實承認和想像描述，它必定會反過來促使我們對於純文藝的本質的重新認識，從而引起社會文藝生活內部結構的進一步調整。

我在這裏指出這種區分只是出於這樣的考慮：對於大眾文藝的討論，許多職能在此前提下才能深入，才能更符合當前中國大眾文藝的實際。在都市化程度還很低的中國，傳統大眾文藝還在整個大眾文藝中佔有很大的比重。所以我們的考察眼光不能僅僅局限於都市大眾文藝上。儘管刺激我們今天討論大眾文藝的主要是現代都市化大眾文藝的衝擊。

對於大眾文藝審美品味的討論也將在這種區分下進行。大眾文藝有沒有審美品味？在絕對的意義上，既稱文藝，就必定具備某種文藝品格。但接下來的問題是，它是一種什麼樣的審美品味？即其存在方式是怎樣的？當現代大眾傳播媒介剛剛帶來現代歌舞音樂和影視書刊的大眾文藝時，它的確曾使各階層的人們為之耳目一新，這裏並不排除審美成分的存在。但因這種文藝成品本質上是商品經濟市場競爭和淘汰的結果，它所遵循的是鐵一樣嚴酷的商品經濟規律，因而其中的審美成分難免遭到破壞；又因大規模的機器複製，產品的雷同化又進一步扼殺了審美因素。因為審美絕對是在尊重個性和獨創前提下的產物。這種不斷"轟動"又不斷淘汰的過程的無數次重複，實已和對商品不同款式的即時趨求相差無幾了。而且這種不斷的花樣翻新，無所不在地充斥人們的感受活動，還必將扼殺人們原有的審美欲求和審美感受力，逼使人們無暇進行個性化的思考。

就傳統大眾文藝而言，一方面因為它深厚的民族歷史傳統、廣泛的覆蓋面和接收者文化層次的相對低下而於都市大眾文藝具

有相同的屬性；另一方面，它卻又是都市大眾文藝排擠和改造的
對象。都市化所造成的結果是：從大眾的角度看，民間文藝不是
被染上商品經濟的色彩 —— 甚至有的完全淪入機器複製的汪洋大
海，就是演化成都市生活中大型集會的裝飾點綴或傳統節日的禮
儀活動；而對於知識階層而言，傳統大眾文藝要麼完全接受純文
藝的改造 —— 甚至終於成爲一種 "博物館文藝" ，要麼作爲專業
知識者研究民族文化歷史的資料。無論哪一種演化方式，都在不
同程度上導致其審美意味的淡化。只有一種情況還可以促使傳統
大眾文藝在審美意義上的新生，那就是在純文藝工作者的現代意
識的激發下從中發掘新的審美意義，而這種激發與其說是發現，
還不如說是現代審美主體意識的籠罩和投射，它不可能從傳統大
眾文藝的內部（文本的或接收主體的）發生，這是問題的關鍵所
在。當然即便得出這樣的結論，我們還不能完全排除大眾文藝中
的某些審美因素，如其基本母題、意境，結構技巧和表現方式等
等，這些至少曾經是人類審美活動的經驗產物，它在其本來意義
上的審美價值還在較低文化層次的大眾中繼續發生作用。而它的
歸納總結和內部完善還是在大眾文藝層面提高其製作品質的必要
前提。

　　得出這種結論並不表明我對大眾文藝的價值判斷，我只是盡
可能爲對大眾文藝的研究提供某種啓示：首先我們必須兼顧我國
大眾文藝的兩種形態；其次，既然大眾文藝中的審美品味的相對
不高是由其大眾性所決定的，那麼作爲一種學術研究物件的大眾
文藝，如果要充分揭示其內涵特徵，是不是更應該在其他學科領
域揭示其非文藝的特徵。從社會學、文化學的角度審視大眾文藝
也許更能確切地把握其本質。相反，如果囿於文藝領域，即使和
純文藝形成對照，對於一些傳統命題 —— 如普及與提高等等問題

還將永遠糾纏下去。

區域性文學研究的開拓性工程
── 評《山東當代作家論》

　　洋洋六十幾萬言的《山東當代作家論》，爲我們展示了新中國文藝隊伍中實力雄厚、碩果纍纍、被稱作“魯軍”的一翼。該書由丁爾綱主編，被列爲山東省哲學社會科學“七五”規劃重點專案。這是我國新時期第一部區域性文學研究的專著。這裏不僅有“論”，而且有“史”，史論結合，系統地論述了分別代表五四新文學、解放區文學、新中國文學特別是社會主義新時期文學的歷史傳統與文壇走向的老中青三代作家，宏觀地概括了數十年來山東文學的歷史發展、時代內容、鄉土特色、文藝思潮、以及與全國文學、齊魯文化的淵源聯繫，尤其令人注目的是，本書以山東文學發展的軌跡爲著眼點，放眼全國文學發展的基本規律和經驗教訓。這樣，《山東當代作家論》不僅塡補了山東地區現當代文學研究的一項空白，而且對全國區域性文學的史論研究，乃至對全國半個多世紀以來文學發展規律的探尋都極有價值，這是一項宏大的工程，也是一次有益的嘗試。

　　對於地區性文學創作的研究，特別是結合區域文化傳統和地方社會、政治、經濟、倫理、風俗的鄉土文學的研究，近年來也有一些論者涉足，但是，還只表現在對單個作家的創作活動及其成果的具體論述中，然而，我們還很少見到有從中華民族大文化背景上，對區域文化的歷史淵源、發展演變、相互滲透交匯，以及其對文學創作產生的深刻影響等方面做出系統的理論闡述和歷史概括的論著，更幾乎還沒有文學批評家和文藝理論家對於一個地區的幾代作家去進行系統全面的分析和研究，因而，《山東當代作家論》的出版，哪怕它只是一種開拓性的嘗試，其意義也是不言而喻的。

《山東當代作家論》以山東現當代文學發展爲經線，以老中青三代作家的創作爲緯線，經緯相織，始終突出其區域文化特色，並以此爲構架，全面而歷史地展示了幾十年來山東地區作爲黃河文化發祥地的文學創作成果，這爲全國各地區域文學的研究和整體文學的研究提供了新鮮的經驗。從總體上看，這部論著具有以下一些特色：

首先，《山東當代作家論》把山東區域性文學放在全國的大文化背景上，從齊魯大地的地理環境、歷史文化傳統、現實社會生活等方面，全面地考察了山東文學的區城性特徵及其形成原因。這種考察是富於創造性的，縱觀全書，也是成功的。在文學發展的進程中，自然地理環境對作家作品的直接影響畢竟有限，但它對社會經濟、政治、文化的作用，並進而構成不同地區不同的人性特徵，以及歷史與現實生活的具體內容的影響卻是巨大的，這就必然間接地又是在更深刻的層面上影響著作家的創作個性和文學實踐活動。

在近現代的山東歷史上，德、日、英三個帝國主義國家連續入侵，義和團的扶清滅洋和"五四"運動的導火索均起自山東，相應地使山東具有持久的反帝傳統，現代史上的戰火幾乎不停炮地在山東土地上燃燒，而且具有特殊的殘酷性。因此，反對民族和階級敵人的武裝鬥爭成爲山東現當代文學十分集中的內容，革命英雄主義主題和革命英雄形象就成爲山東現當代文學最具時代性的特徵。另外，山東是農業大省，它固然有沿海地區的開放性，但也有魯中南等地農業地區的封閉性，厚重的儒家文化積澱和沉重的思想禁錮一起承襲至今。幾十年來我國農民的種種喜怒哀樂和農村改革大潮，在山東農村表現得格外集中，因而也給山東文學在內容和品格上帶來了較爲濃郁的農民性，樸實穩健，質直近史，而比較缺乏空靈之氣。基於這樣的認識，全面地考察山東地區的現當代文學創作，既有利於客觀地評述估價山東作家的文學創作，又反過來顯示出他們的創作所顯現的區域特色。

　　其次，《山東當代作家論》將山東當代作家分三批論述，即誕生於新舊時代交替的五四時期的第一代先驅作家；誕生於辛亥革命之後、抗戰爆發以前的第二代“戰士型”作家，和在新時期登上文壇的第三代作家。這種劃分既便於揭示不同時期作家創作的時代特色，又使論述具有史的連貫性。在對這三代作家的分別論述中，作者力求把他們的創作置於特定的歷史文化環境中；無論對文學史上已有定評的老作家，還是對初露鋒芒的青年作家，都從其創作實際出發，評功不掩疵，言過不略美，體現了論者在文學研究中的唯物辨證的科學態度。比如，對於第一代先驅作家所體現的強烈的愛國主義的參與意識和集體主義歸屬感，論者據於當時民族危亡的時勢，揭示其產生的歷史合理性和社會積極意義，同時又指出由於戰爭現實和孔孟儒學文化薰陶所產生的強烈的歸屬感，使他們的作品在高唱時代主旋律的同時又失於風格上的單調，並使文學的社會教化功能越來越強化而審美愉悅功能相應日益淡化，指出山東沒有出現“玩文藝”的作家是山東之幸，但沒有以張揚主體意識，注重情緒表現的浪漫主義或現代主義名世的作家出現，這未免使一部地方文學史顯得有點色彩單一。這同樣體現在對第二、第三代作家的論述評價中。

　　第三，作者在對三代山東作家創作的分析中，既注意"同中求異"，即他們具有的區域性特色，又注意"異中求同"，即他們與全國其他地區作家的共同性。這樣就使對山東作家的論述在與全國的政治、經濟、歷史、文化大環境的對照中，在對同時期其他作家的對比中，顯得較爲深刻，更具科學性與說服力。同中見異，則"異"越加分明；異中見同，則"同"更顯出其不可爭議的真理性。應該說，由於經濟、政治、歷史、文化多種因素的交互作用，山東地區在全國具有某種程度的典型性。因此，對山東現當代文學的歷史發展軌跡和區域特色的探尋，對於研究全國現當代文學的歷史及其經驗教訓，總結其發展規律，都具有啓迪借鑒意義。例如，論著對於山東作家審美意識共性特徵的概括是：他們具有積極入世、急功近利的現實主義追求，政治與道德相結合的雙重視角，對於陽剛之美的共同追求，和以"下里巴人"爲榮的大眾化、通俗化的審美態度等等，這些審美特徵在中國當代作家中，尤其是在五、六十年代的新中國文學是頗具代表性的，而在他們創作中所顯示的文學傳統的同源性、文藝方針的一致性和文學借鑒的封閉性、單一性等等，則更是這一時期中國文學所面臨的共同處境了。

　　第四，論著在體例結構上採用以論爲主，史論結合的方法，把對單個作家創作的具體評析闡述，置於山東文學的發展流程中，"緒論"、"綜論"和"總論"部分對文學史的風貌和發展軌跡的論述，成爲一條頗爲明晰的邏輯線索，點線的有機結合使論著既有空闊的視野，高屋建瓴，又有愼密的藝術剖析，精到入微。作爲一個地區的當代文學的總巡禮，這樣的體例既可以避免僅僅作爲歷史發展概述的綜合而易失之空洞浮泛，也可以避免單個作家論的細緻生動而易失之零碎片面。這不僅對地方文學史的研究和寫作是一種有效方法，而且對展示一個時期或一種流派，一種傾向的文學創作全貌也是一種成功的探索。

任何文學研究都不可能是對文學現象的純客觀的揭示，它總是研究者的某種審美觀念的呈示，成敗得失高下深淺，在很大程度下取決於研究者的審美意識是否既寬泛博納，又能夠真正凸現了文學的審美本質和規律。

《山東當代作家論》的作者，無論對於當代山東作家創作的評述，還是對於山東文學發展線索的梳理，都力圖既把論述對象置於相應的歷史環境，又以“時代尺度”對之作嚴格的權衡。用作者的話來說，也就是站在歷史和時代的“兩點論”的歷史唯物主義的立場上，來評價和剖析作為歷史文化現象的山東當代文學，可以說作者的論述較好地達到了預期的目標，也正因為如此，這部長達 66 萬字的論著才顯得既穩健厚重，又不乏新意創見。

然而，一部具有個性特色的論著總難免有某種缺憾、局限或偏頗。《山東當代作家論》在其所持的文學評判標準以及對具體作家作品及文藝思潮的態度上也有可以商榷之處。這裏提出三點和作者與同行們研討。

第一，作者在綜論第二代山東當代作家時，很為目前在“青年學生和青年讀者層中”對第二代作家的評價偏低而鳴不平。對於第二代作家的評價偏低，正如作者所指出的那樣，的確和一度流行的否定傳統的虛無主義思潮有關，也與第二代作家自身的弱點，如文化素質相對薄弱有關（當然其內部還有程度的差別），另外文學審美的逆反心理與所謂“代溝”或許也是其中的原因。但我們認為問題的關鍵則在於這或許是文學接受和批評中的審美意識的覺醒，審美愉悅功能在藝術評判中的地位的提高。當然，這並不意味著我們在客觀地評論文學作品時可以置文學的社會認識功能和道德教化功能於不顧。事實上，一大批清醒的文學讀者和研究者並沒有拋棄對第二代作家評判的歷史唯物主義態度。相反，他們是在充分認識其產生的歷史合理性和局限性之後，才以審美爲主視角，對其在當代文學史中的地位做出恰如其分的評價的。這一代作家大都在戰火紛飛的年代從事文學創作，他們的文化和文學素養大都是在創作實踐和戎馬倥傯的戰鬥中積累起來的，他們的創作活動是在極其艱難困苦的條件下進行的，他們以民族獨立、人民解放爲己任，積極順應時代大潮，寫下了一系列光輝的篇章，這是值得後人敬仰的。如果沒有他們含辛茹苦、艱難跋涉，中國當代文學史就不會是今天所顯現的面貌，文學就不可能在人民大眾中如此普及，人民群眾就不可能成爲文學作品中的主人，更不可能在文學史上留下如此可歌可泣的光輝篇章。但是話又說回來，文學作品一旦完成，便成爲一種相對獨立的系統，它無法回避讀者 —— 當時的和後來的讀者的評判，而不同時代的讀者總具有不同的審美傾向。所謂“文學史的角度和高度”只能依據文學的本質特徵來確立，而不同於政治思想和社會歷史的評價。歷史的和時代的“兩點論”並不是把過去已有的和現在流行的評價標準加以折衷，歷史（文學史）的和時代的評判只有超越傳統的準則，以審美原則爲靈魂，才能貼近文學的本質，有效地認識文學歷史和文學現象，這也才是真正的尊重歷史、尊重文學的態度。

　　第二，作者在文學觀念上的這種既力圖創新又未能完全擺脫舊觀念羈絆的二重性，導致論著在對某些作家作品和文藝思潮的論述評價中難於徹底地透過文學歷史現象而顯示其實質。還是以對第二代作家的評述爲例，論著一方面以鮮明的態度指出將文藝綁上過去的政治戰車是導致當代文學一度處於封閉性的生存環境和藝術總體水準低落的原因，這種論斷無疑是向藝術的本質特徵和發展規律的逼近，它也貫穿於論著的始終。但是另一方面，在對具體作家作品的論述中，卻又難於掙脫傳統文學觀念的範圍，使論述過多地徘徊於作家對歷史人物、畫面、事件的全面細緻生動的記錄，而將審美這一至關重要的準則程度不同地局限於對作品藝術特色的概括之中。這樣，論著在指出這一代作家的創作相對缺乏藝術個性的同時，卻沒有使論述本身跳脫出來，較好地顯示其藝術批評的鮮明個性。文學作為社會和自然的審美顯現，總是從藝術的品味中折射出歷史與現實，即使是極具歷史總體意識和社會責任感的作家，也總是只能採取獨特的視角，通過情感的糾葛，生命的感受，靈魂的碰撞去顯現歷史的宏偉魂魄和做出自己的道德評判。他總是只能從藝術出發去選擇歷史、選擇社會、選擇人生，並總是只能以美學原則去表現歷史、表現社會、表現人生。這樣，當我們批評作家作品時，其主要參照不應是歷史活動和事件與人物、畫面（並非置之不顧），而應該是看作品在何等廣闊的範圍內與深刻獨特的程度上凸現了歷史內容以及人的情感價值。審美原則的挽淡化對於一部總結幾十年山東文學發展史的煌煌巨著來說，不能不說是一個遺憾。

第三，作者在對現代主義文藝思潮在中國當代文學中的地位和發展前景的展望上，似乎也存在簡單化的偏頗。中國當然並不具有生存西方現代主義思潮的社會政治、經濟和文化土壤，但如果將現代主義的生存發展僅僅歸結於這樣的土壤，這只能說明論者對文化借鑒的理解過於褊狹而失之片面。文化的借鑒、文藝思潮的吸收只能是一種在文化心理結構和歷史處境相關相似前提下的撞擊、觸動和啟發、交融和滲透，它永遠不會和不可能是一種簡單的移植，更不是什麼"西化"。　且不說消除中國封建性殘餘及其在新時代的變種 — 極"左"思潮傾向是一個長期艱苦的過程，人役於物，人役於金錢，人役於人，人役於自我的現象將長期存在，即使在社會主義高度發達的時期，人類自我生存狀態中的諸如人與宇宙，生與死，信仰與自信等問題必將纏繞著人們，人生的壓抑、扭曲、荒謬、異化、沉浮等等也不可能隨著生產力的發展而歸於消失。不僅如此，而且隨著人類智力的發達和眼界的開闊，還會有許多令人難於預料的困惑等待著人類去解決、去抉擇。所以，我們既不能把對西方現代主義的借鑒僅僅局限於表面化的武器的利用。更難於得出現代主義文藝將隨著"局勢的好轉與發展"而逐漸失去其生存土壤的結論。正像我們對為中國新文學做出過重大貢獻的第二代作家所持的態度一樣，不管今人或後人對新時期對現代主義文藝的借鑒所取得的成果的評價如何，它已經也必將使中國新文學受益無窮。

現代翻譯文學：
一個未被重視的漢語寫作資源

　　漢語寫作作為一個問題被鄭重地提出，本身就表明當代一部分作家在漢語寫作的主體意識、資源意識和寫作實踐意識等方面的高度自覺，這應該是全球化時代的文學的民族文化特性的最重要的體現途徑，也是漢語寫作走向成熟和深入的一種標誌。

　　漢語寫作這一概念首先體現出來的是一種語言特性，但作為一個完整文學流程（它包括文學的寫作、欣賞、批評、研究和教學等在內的文學文化生活的各個層面）的一個最重要的環節，顯然遠不止於此。同時，它也不單是寫作者應該關注的問題，而是參與這個文學流程的所有人都值得關注和分享的。當然，對於寫作者而言，這種意識無須以明晰的、理性化的方式加以表現，而且，作為一個寫作實踐的個體，即便在這一方面有明確而強烈的意識，也必須與自己的寫作特點結合起來，更不能脫離自己具體的寫作對象。在這個意義上，作家可以對於一些理論、思潮、口號等等不予理睬，他（她）只管對付自己的“一畝三分田”就可以了，畢竟作家都需以自己的創作說話。當然，我不反對作家也來認真從理論角度考慮這個問題，能夠擁有兩種思考和說話的方式，駕馭兩種筆墨，畢竟是令人羨慕的事情，這種情況在中外文學大師當中也不鮮見。但這個問題對於以批評和研究爲志業的人來說，就有所不同，尤其是在面對漢語寫作的主體意識和資源問題的時候，就不僅有討論的必要，而且應該盡可能地考慮漢語寫作的歷史和現實的因素，不說一定要給出一個明確的答案，至少應該使這個問題在討論中得以推進，而不是也僅僅以"作家只管埋頭寫作，只有作品本身才有說服力"等等加以敷衍。

借用語言學的一個術語做一個比方，這是言語與語言兩個不同層面的問題。作家的寫作是個體的"言語"實踐，它是個人化的具體的實踐行爲和創造性活動；而對於漢語寫作主體意識和語言資源的理論思考則是"語言"問題，它在具體的漢語空間中帶有一定程度的普遍性，在某種意義上，還可以超出漢語的場域，借鑒其他語言場域中的寫作實踐，反過來，對於現代漢語寫作的一些理論思考，也可以爲不同語言寫作的某些普遍性問題提供新的資源和案例。前者更多地涉及個體寫作語言的創造性運用及其背後的意識和無意識成分，後者則更多地在較爲普遍的意義上思考寫作的語言資源以及相關的主體意識問題。

在這個意義上，漢語寫作的主體意識覺醒與現代漢語資源的清理是緊密相關的。主體意識的覺醒不是體現在愛國情緒和民族意識等等空泛的層面上，它必須與現代漢語的歷史及其現狀有著清醒的意識和不斷發掘、追問的努力，必須將現代漢語的體系加以歷史化的拷問，在具體的歷史演變中，尋找現代漢語背後的文化機制。因此，清理漢語的傳統和外來資源，考察漢語在現代化過程中對於這些資源的選擇和取捨，分析這種選擇背後的文化動因，都是題中應有之義。

現代漢語的形成有著獨特的歷史文化背景和複雜的歷史進

程。這不僅因為漢字是至今唯一尚存的象形文字，它在漫長的文化演進中，攜帶了極其豐富的漢語文化遺產的資訊，即使從現代白話文的興起開始考察，現代漢語形成的歷史文化背景也是相當複雜的，它是在傳統文化活力漸趨衰退，外來強勢文化（主要是西方文化）的有力衝擊下，經過短短的一個世紀而形成的。在民族命運叵測，傳統價值體系潰散的情景下，漢語在以西方語法規範為主宰的理論模式下加以改造，必然會在現代漢語中留下許多痕跡，也會把許多古代漢語的傳統資源排除在外。因此，要使當代漢語寫作避免某些平面化、單調化的傾向，重新煥發生動的創造力，發掘漢語的各種歷史資源，清理漢語現代化進程中的一系列重大選擇，就顯得極其必要。事實上，許多作家、批評家和包括語言學、文藝學在內的理論家都已經對這一課題展開各自的思考和探索。在文學批評界，就有郜元寶教授對於現代漢語與現代文學寫作的系統思考，王光東教授對於民間方言資源問題的探討，還有孫犁、汪曾祺、林近瀾等許多作家和批評家對於古漢語資源的重新發掘和利用等等，都從各自不同的角度，拓展了現代漢語的傳統資源，檢視漢語寫作歷史中的具體取捨的得失。除了以上幾種探討和實踐的角度外，我在這裏要特別提出的是現代漢語寫作的另一個重要資源，即現代翻譯文學中的語言資源。

　　在百年中國現代文學的歷史中，翻譯文學佔有特殊的地位。從翻譯作品的數量而言，它在漢語文學出版物中佔有相當大的比重（一半稍遜），其數量之多，當屬世界各國中屈指可數之列。在現代以來的歷史中，除了全面戰爭和大規模的政治運動時期之外，翻譯文學的生產和消費（接受）一直興盛不衰。同時，它在中國現代文學文化生活中的作用同樣有目共睹，這與中國近代以來的民族文化地位有關（美國出版物中翻譯只佔幾個百分點）。

同時，它對於中國現代漢語寫作的影響也不容迴避，單單林紓的翻譯小說對現代作家的影響就足以表明這一點。而且，許多現代作家往往同時就是著名的外國文學翻譯家，他們的翻譯活動，既為文學傳播作出了貢獻，同時也與他們的創作實踐形成程度不一的互動關係，比如魯迅、巴金之於俄蘇文學、郭沫若之於歌德、徐志摩之於哈代的詩歌、穆旦之於英美現代派詩歌等等。

更為重要的是，近現代翻譯文學的持續興盛，正是與現代漢語的形成同步，它與現代漢語寫作一樣，是現代漢語形成的另一重要實踐域，而當寫作主體與翻譯主體交叉重合的時候，對於外國文學的翻譯就已經是一種不折不扣地現代漢語實踐了。它相對於作家來說，就是除了寫作之外的另外一種表達手段。儘管翻譯的直接目的是為了轉述已經成形並獨立於寫作者的文學文本，翻譯者不可能像寫作一樣完全聽由自己創造力的驅使，但那種將翻譯看作是純粹工具性的轉換，顯然是一種狹隘的翻譯觀和語言觀。

因此，翻譯實踐正是兩種語言、兩種文學和文化系統的相遇、相爭的場所。用一種語言（母語）去陳述另一種語言的文學文本，本身就是一種冒險，特別是對於語言和文體形式感極強詩歌翻譯，更是常常言不盡意，甚至被認為是對原作的一種背叛、篡改和重寫，但從另一個角度來說，它又是對於母語的一種錘煉、考驗和磨礪。在這種跨語際的交往實踐中，母語與另一種語言在詞語、句式、表達、文體、結構，乃至風格等各個層面上的一一對應才得到歷史性的建立，比如“小說”之於 novel、story 或 fiction，“上帝”之於 God 等等，而這種對應過程的逐步建立，正是漢語現代化過程中的極為重要的內容。

在這個意義上，近現代以來的翻譯文學對於現代漢語的形成具有無法迴避的重要作用，從今天的立場看，這種歷史作用或許並不是值得一味肯定或者否定的，但作爲一種形成因素，應該加以重視，並應將具體的實踐放回中外文化和文學交往的歷史語境當中加以分析。它與這一百來的歷史過程中古代文言的漸次退場和在民間多元方言基礎上的普通話主流地位的建立，同樣是現代漢語形成歷史的重要場域。

民間的意義及其限度

── 兼論中國現代知識份子的價值取向

一、 "三分天下" 說

復旦大學的陳思和教授在 1994 年初發表的兩篇論述自抗戰至 20 世紀 90 年代大陸文學發展的長文中[1]，提出了一個 "民間文化" 的概念，這在新文學史的研究與當代文學批評領域內，引來了諸多關注的目光。關於民間的話題原本並不新鮮，只是在世紀末的今天重又提出來，卻有著特別的意義。

其實，關於民間文化在 20 世紀中國文化中的地位與意義，陳思和在早些時候的關於當代戰爭文化對文學的影響以及對新時期創作的具體評價中，就已潛伏了這一思路。現在從文學史研究的角度正式提出這一概念，是這一思路的進一步理論化。他對中國現代文化發展歷史作出這樣的歸納：自 19 世紀末葉以來，隨著西方文化的輸入，中國本土文化在廟堂與民間之間的封閉型自我循環系統在世紀之交被打破。中國的學術文化分裂爲三，即由國家權力支持的政治意識形態，以知識份子爲主體的西方外來文化形態，保存在中國民間社會的民間文化形態。在這 "三分天下"

---

1 見陳思和：《民間的沉浮》，載《上海文學》1994 年第 1 期。《民間的還原》，載《文藝爭鳴》1994 年第 1 期。

的理論背景下，陳思和對自抗戰至今的許多文學現象作出了新的
解釋。它的意義首先在於，爲現當代文學學科進入抗戰的文學史
研究提供了一個有效的切入點，儘管它肯定不是唯一的全能的方
式，但在今天對抗戰時期、十七年與“文革時期”文學相對不足
（如與“五四”及新時期相比）甚或嚴重匱乏（如對“文革時
期”）的研究現狀下，這種解釋的意義就愈益明顯了。另外，對
於文學史中民間文化的思考還可以顯示其在思想文化史上的意
義，它可以爲當代知識份子對中國現代文化及其自身的傳統，以
及知識份子在當代的價值取向的思考提供一種新的維度。

　　我認爲，即使在 19 世紀中葉以前中國文化相對封閉的循環
系統中，傳統文化中的三大因素（主流政治意識形態；知識份子
精英文化與民間文化）也同樣存在著，只是在歷代王朝的興衰更
替中，知識份子的道統連續不斷地或聚集寄託於政權，或流散隱
蓄於民間，而打破這一封閉系統的西方文化在百年來的大規模輸
入，是建立在強權壓迫和顯示本土文化落後與軟弱的基礎之上，
因此，這種外來文化從一開始就將中華民族趕上了民族現代化的
單行道，現代化便成爲不可逆轉的潮流。隨著末代皇朝的崩潰，
傳統文化結構分崩離析，中國歷史似乎被永遠拋出了“分久必
合、合久必分”的傳統軌道。這樣，傳統中國的現代化，便成爲
討論文化“三分天下”的巨大歷史背景。在這一背景下，以前人
未有的專注目光考察民間文化在現代的沉浮，其意義顯然就超出
（也應該超出）了文學史的範疇，（在對文學史的具體論述中，
陳思和一再提醒讀者，其民間的概念限於文學史內部）它使當代
知識份子對傳統的反思不再繼續囿於精英文化與政治意識形態的
對立和精英文化傳統內部，而是放寬眼界，在三種文化勢力的分
合演變與互動關係中，確立自身在當代文化結構中的角色地位及

其界限。這本是一個宏大的課題，決非我輩僅以一篇文章可以說得清楚，本文僅以"三分天下"的話題爲起點，對民間文化在現代的意義以及與知識份子的關係提出一點淺見，以期加入關於當代知識份子價值取向的討論，並供方家指正。

二、現代化背景下的三者互動

討論當代知識份子的價值取向，不能不基於百年來中國現代化的歷史背景。正是由於西方思潮的輸入，才在新的意義上對中國知識份子提出了價值取向問題；也正是近代以來中國文化所面臨的全新境況，使得這一問題在知識份子的自身傳統中無法找到有效的解決辦法，而將知識者推置於一個從未有過的尷尬境地。

如上所述，中國文化的三種因素在古代傳統中是始終存在的，三者間一直處於不斷對立、衝突和組合的關係之中。就知識份子與政治意識形態的關係而言，雖說在封建時代，中國傳統知識份子的道統具有相當程度的獨立性，甚至以道統的標準教育和改造君王，所謂"廟堂之上言理，則君子不得以勢相奪"，但如從另一角度看，這又是傳統知識份子從道統角度的一種歷史概括，或曰敍述。真正的以"道"統"政"，不過是孔子以來歷代知識份子的政治理想。其實，知識份子參與政治的真實處境，一直是"如履薄冰，如臨深淵"的。所以，道與政的對立與衝突從未在中國古代中斷過。另一方面，政治統治者既需要以道統作爲權力的支撐，又需要知識者作爲謀士直接參與政治運作；同時，又對知識份子予以嚴格控制，並始終置其於事實上的附庸地位，成爲其統治工具。在將知識份子工具化這一態度上，與對民間文化的態度並無二致，統治者既有從"采風"到"順天應命"的利用，又有從武裝鎮壓到招安降順的控制。

　　就知識份子與民間的關係而言，一方面，民間一直是知識份子文化的保護藪，在政治恐怖的時代，民間文化接納並孕育著被高壓政治擊潰的精英文化；在政治相對清明的時代，民間又作為知識份子藉以輔政議政的對象，他們往往借民間的反映表明對現實政治的態度；另一方面，民間又常常被知識者所鄙視，所謂"下里巴人"、"引車賣漿者流"是也。因此，在通常情況下，民間文化又多是沉默不語的，相對於前兩種文化勢力而言，"街談巷語"雖然從未有過中斷，但卻從來被視同"風吹草動"般的"天籟"。只有當社會綱常失系，政治腐敗，社會動亂之際，民間的聲音才又喧囂一時，而這種聲音又會很快被前兩者利用，或者自己落入早已設置好的套路之中，一段時間後很快又歸於"平靜"了。

　　這種一亂一治，一分一合的迴圈，到 19 世紀末終於被大量湧入的西方文化所打破，中國歷史被置於西方現代化的語境之下，這種處境被現代話語理論描述為歷史線性發展的時間觀和邊緣性的空間觀，中國文化被置於落後軟弱的地位並永遠安排在現代化的線性發展軌道上。傳統文化格局的分崩離析，中國社會進入了一個各種價值規範系統的大轉換時代。而作為這種文化離散狀態的始作俑者，中國現代的普羅米修士 —— 知識份子，一方面在對舊制度的破壞中使自己與舊政治脫離，開始成為現代型的知識份子；另一方面，他們從西方引進了五花八門的社會理論模式，一時主義紛飛，中國文化進入了一個空前多元化狀態。雖然民間文化在本世紀初的多元化狀態中也並未真正走向歷史的前臺，但隨著時間的推移，特別是抗戰爆發後，它就再也不沉默了。在民族獨立要求的壓力下，諸種主義紛紛被意識形態化，繼而紛紛付諸實踐化的努力，誰都相信自己的理論可以救國，並在各種社會勢力中尋找政治依託，於是民間的力量被再一次結合進諸種思想的理論化和實踐化的努力之中。

　　在新中國成立前半個多世紀的歷史裏，中華民族就處在這樣一種新舊意識形態轉換的時代裏。從文化大傳統的角度看，這一時期也是在現代化的時代課題下，中國社會由文化的多元狀態向一元狀態轉化的時期，而多元時代的諸種意識形態，從淵源上看又都與知識份子對西方文化的引進與改制有關；現代中國政治意識形態的最後確立，從動態的觀點看，也與知識份子將理想付諸現實的實踐化過程有關。因而，其間所發生的一系列知識份子與政治意識形態的對抗行爲，在很大程度上是一種“在野”與“在朝”的關係，這“一元”曾經也是作爲整體的多元化狀態中的一分子，也就是說，作爲整體的知識份子，是在與原來自身文化的一部分進行對抗。

　　從這裏可以看出，20世紀知識份子文化與政治意識形態的關係既有對抗的一面，又有相互依存的一面。以此考察民間文化的遭遇就會發現，不只是主流意識形態對民間的改造和利用，是視之爲工具；知識份子對民間文化的或肯定或批判，也會有將其工具化的可能，或者是爲了維護精英文化傳統，或者是爲了政治意識形態的需要。而無論是肯定還是否定，民間文化的意義呈現，都必定是消極的片面的。這時候，民間似乎是熱鬧的，它被人不斷地提及、談論；然而它又是沉寂的、默默無聲的。只有當社會歷史處於某種特殊狀態下，比如戰爭時期，當現實矛盾的尖銳遠非政治權力和知識權力所能左右和解決時，民間文化才會真正走向歷史前臺，才會體現出其輝煌的生命力。

三、民間的意義：第三者在場

在對 20 世紀中國文學史和文化史的研究中，從新的意義上肯定民間文化的作用，其意義是不容低估的。尤其在今天，面對經濟體制的轉型和人們的生活方式與社會心理的迅速變化，傳統的價值規範面臨著種種困窘。知識份子一面擔負著對意識形態的批判任務；一面對洶湧而至的商品大潮一時又不能從容應對，價值多元化與價值虛無化同時並存，知識份子一時感到失卻了安身立命之所。我們應該怎樣為社會提供合理的價值規範呢？

民間文化概念的提出，既可以成為知識份子藉以進行文化批判的合理依託；又是知識份子進行進一步自我反思的新的維度。正如文學批評界正開始意識到的那樣，自 20 世紀 80 年代中期起，許多作家開始從民間的立場上，展開對政治意識形態的審視與批判，對張煒、劉震雲、劉玉堂等作家的創作，就可作如是觀。在知識份子喟歎人文精神失落的時候，重新審察民間這一文化領域，就為當代知識份子的反思與批判引入了一個第三者。本來，知識份子對自身的反思，總是脫不開與政治的二元關係，從為政治服務，按政治意識形態的要求改造自身，以致喪失自我；到與政治意識形態相對抗，疏離以至逃避，總是將自身的價值使命，投射於政治這一對象上，把現實政治作為確立主體意識的唯一客體。這種反思，大大地限制了思路的深入與拓展。而民間文化的引進，就為知識份子的反思和社會批判確立了又一個客體，也就為知識份子的價值追尋提供了另一種參照。

這第三種參照的確認，並不能僅僅理解為在數量上多了一個自我觀照的物件物。民間視角的出現，還應把它看成是價值多元化的突破口及其象徵。二元的關係不是對立便是統一，而三元就是多元化的開始。何況，民間文化本來就是一個價值多元化的存在，儘管它常常處於被工具化的境地而默默無語，但民間文化卻有其相對的獨立性。它的自由自在的文化形態總會體現出獨特的審美意義。而每當知識份子的生命力衰退時，同樣又可以從民間這個豐富的價值資源中汲取養料。"民間傳統意味著人類原始生命力緊緊擁抱生活本身"，對生活的愛和憎、對人生的種種欲望，與這原始的生命力結合在一起，道德規範有時會扼殺人的生命力，而過分精緻化的知識份子文化同樣會妨害感性生命的張揚。

在 20 世紀的中國文化史上，知識份子始終面臨著一個難以迴避的悖論：一方面，一元化的政治意識形態對於汲取了西方民主與自由思想的他們來說，是有悖於初衷的。他們積極引進西方思想，鼓吹各種主義，就是爲了打碎傳統中國文化定於一尊的死氣沉沉的格局。而另一方面，救國的願望，民族獨立和現代化的課題又逼使他們紛紛將自己所信奉的主義付諸於實踐：教育興國、實業救國，無政府主義、三民主義、馬克思主義等等方略，其間有著種種的差別與對立，但在民族現代化的目標上是共同的。如果將理想與信仰僅僅停留在理論的狀態，民族的獨立與現代化就難以實現，這裏當然也包含了時代課題的急迫性所導致的急功近利的心理因素。但是，意識形態化過程，是作爲觀念形態的文化理論在實踐過程中必然要跨出的一步。從這一意義說，這一個悖論也是落後民族在現代化過程中的一種宿命。

這樣，在 20 世紀中國文化大轉型的時代，作爲整體的知識份子身份往往是雙重的，他們既是新的意識形態模式的提供者，又是與政權結合的政治意識形態的批判者。當他們以自身的文化傳統，用價值理性批判專制政治及其意識形態時，他們是在爲民請命，是在相當程度上護衛了民間生活的感性生命力。但當他們哪怕出於某種崇高的理想，將自己的信仰與理論意識形態化，並在實踐中強行推及他人時，他們實際上又以形而上學的理論戕害民間感性生命，剝奪民間多元化價值取向的權利，由此，作爲社會階層整體的知識份子便發生了一次次分化。

以民間文化的價值多元化作爲參照，來考察中國現代知識份子難以擺脫上述悖論和雙重身份的原因，就會有新的啓發。不難發現，20世紀上半葉的中國知識份子，雖然處於價值取向多元化的時代，但因囿於時代課題的外在逼迫，更囿於在價值取向的內在心理機制上缺乏多元並存的理性維度，在二元對立判斷之外不容第三種價值的存在，如對"第三種人"的批判就是這種心態的典型表現。因此，知識份子往往在雙重身份之間往返輪迴：剛剛從被迫害者的角色中解救出來，又立即會陷入另一種意義上的文化專制者的角色中。而民間在他們的眼裏，也就從被高舉著與專制抗爭的旗幟，變成被睥睨地丟棄的破衣爛衫，民間從來沒有被當作二元對壘陣營中的第三者而予以嚴肅認真地對待。

民間文化概念的提出，正是在上述意義上體現出它的價值，在這裏，文學藝術的天地尤其顯得廣闊。早在20世紀80年代初期，王蒙、張辛欣等就以紀實文學的形式，表現了價值多元化的現實文化空間，繼而有"尋根文學"的創作和近年來被冠以"新寫實"之名的創作，在這一線索的演化中，將民間文化作爲文藝創作題材與形象資源，似已成爲某種共識，而將其作爲多元化價值資源的創作，卻還方興未艾。從理論思維的層面來說，需待澄清的問題還有很多。民間文化既作爲多種信仰、多種價值規範、多種生活方式的集聚，要想將其中的積極因素納入文化的大傳統，就需要精英文化對其做出恰如其分的界說，而這又絕不是輕而易舉的事，絕對的存而不論與削足適履都不能使民間文化在文化新格局的構建中體現其真正的價值，由於民間的藏汙納垢的特點，區分甄別的任務就相當艱巨。如對民間文化形態中的宗教迷信、氣功、相術等現象，精英文化當何以處之？當理論的界說還很難做出時，文學藝術倒可以因其形象性和非功利等特徵而率先予以表現。

四、民間意義的限度

民間既是價值多元化的資源所在，亦是藏汙納垢之地。說它是藏汙納垢，即使作為一種價值判斷難以完全成立 ── 因為這種判斷，很可能被認為也很容易滑向出於主流意識形態的需要，或是知識份子精英文化的某種褊狹之見。它至少也應是一種現象的描述。這種描述可以提醒人們：雖然不能直接指出那些因素是完全有害的，因為在民間文化領域裏，價值多元化呈現與有害因素往往交錯雜陳，難以機械地割裂，但有一點可以肯定，即在守護民間文化的同時，利用人類至今依然還很有限的理性能力進行甄別是十分必要的，它是我們從民間獲取多元化價值資源的前提。

就民族文化傳承的意義來說，民間文化作為一個民族的文化小傳統，它要在當代顯現其意義，就必得與文化大傳統取得溝通。不論知識份子基於何種前提，對民間意義的發現過程，也就是將這一部分小傳統接納入大傳統的過程。民間文化是一種自在的文化現實，其自不言說，自不會抒情，不論是趙樹理、高曉聲、劉玉堂，還是張煒、張承志、劉震雲，不論他們與民間的關係如何，對民間採取何種態度，他們都是以知識份子的身份在對民間進行言說，並以言說的結果納入文化大傳統，至少在客觀上已至此。

也許他們的言說所取的價值標準既非來自政治意識形態，也非來自精英文化傳統，而是完全來自民間，姑且謂之 "民間標準"，而且它還是一種非模式化的標準，即始終以價值多元化為指歸，而非以一種標準去規範另一種標準，但既經言說，就已經不再是完全原始意義上的民間文化狀態了。我在這篇文章裏對民間的言說，自然也不能例外。

因此，在對民間的意義做出充分估計的同時，也應清醒地意識到它的自在自發性和消極性。民間文化作為一種自在自發的文化存在，它的積極意義主要是以自發的路徑獲得顯現的。正如陳思和所說，"在一個生命力普遍受到壓抑的文明社會裏"，民間文化會以其自由自在，充滿生命力的方式得以張揚，體現在 "文革" 時期文學創作中的 "民間隱形結構" 就是極好的例子。但問題的另外一面是，正由於民間文化與原始的生命力相結合，因而它往往又是盲目的、粗鄙的。

由於其盲目性，它就極容易被理性或非理性所操縱，而一旦被操縱，這種原始的生命力就常常會溢出理性的堤岸氾濫成災，以至難於收拾。"文革" 同樣又是一個很好的例子。正是民間普遍蘊藏著的原始欲望，以及民間宗教等因素，才輕而易舉地導致了 "文革" 中政治生活上的廣場短路，社會生活中的私欲橫流，精神生活裏的個人崇拜，而它恰恰是與文學中生動的民間美學因素同時出現的。同樣，如果不囿於文本的限制，民間文化的這種兩面性即使在近期某些作家的作品中，也有所體現。張承志對哲合忍耶教派的描繪是基於這樣的前提：這群人有同樣的信仰和對信仰的同樣程度的實踐化，必要時都可以以身殉教，事實上《心靈史》裏就是這樣描繪的。但是，如果其中有人僅僅不願意將信仰全部落實於實踐行為（猶如佛教徒中執 "佛祖心中留" 輩），群體將又何以處之？是強制其從眾，還是聽其自便？如果是前者，這種信仰就已經超越了信仰的邊界，不啻爲一種專制，而若再以民間標準解釋之，也就是放棄了人類價值規範的基本通約性，因爲被強制者同樣身處民間。設問，哲合忍耶群落中曾否發生類似的事件呢？如有，張承志將怎樣描述？他現在的描述是否已經做出了某種取捨？若沒有，他的"忠實"描述，顯然也不是爲了將這一信仰加之於我們，而只是提供一種價值精神的參照，是一種價值提醒。

這種由於民間文化的盲目性而帶來的後果，很容易導致另一種形態的專制，即群眾專制。即使在社會文化的大空間裏，它是以對抗主流政治意識形態的面目出現的，但在具體情景裏，它卻是以逼迫少數人自由的方式實現的。尤其當以農民爲主體的民間社會在商品化、都市化日益普遍的今天，逐漸被市民文化所取代時，民間文化的空間就日益被現代傳媒、商業廣告、衣食消費時尚所控制，現代文化專制的因素不斷增加。而當這種專制性結合了民間既存的消費心理和行爲中的誇耀攀比與感官享樂的極端化傾向時，民間就不只顯現出它的盲目，而且再加上一層粗鄙，這種粗鄙化的專制並不一定以強迫脅從，更多的倒是以目空一切，我行我素的姿態出現的。

因此，在確認民間文化作爲一種文化存在的意義的同時，意識到它的局限，其意義同樣是不容低估的。這使我們能夠在創導和建設一個價值多元化的現代文化空間時，對民間文化本身包含的和可能帶來的負面因素保持一種警惕。

五、結　語

從 20 世紀中國文化發展的背景上考察文化"三分天下"的歷史可以看出，無論是三者中的哪一方，都在具體的歷史文化境遇中對民族文化的現代化產生程度不一的作用，三者之間具有一種互動關係，其中以作為民族文化代表的知識份子文化的作用相對比較特殊，因而，對這一文化主體在現代文化史上的特殊境遇的考察，是探尋知識份子在當代的角色定位及其價值取向的起點。

在對自身傳統的反思過程中，重新認識民間文化在 20 世紀文化發展中的作用，充分意識其價值，有著極為重要的意義。民間的存在為知識份子自我價值的確認提供了新的思維向度，也是營建多元價值並存的文化新空間的價值資源。作為一種自由自在的現實文化空間，民間體現出豐富的價值內涵，它不是知識份子憑藉工具理性可以加以清理的，知識份子必須謹慎地守護民間這片廣袤富饒的大地，哪怕出於某種崇高的理想而對之加以肢解和踐踏，都會對其造成巨大的破壞，從而扼殺其生機，損害乃至取消民間文化對現代文化建設所可能具有的巨大作用。同時，民間文化的局限也提醒知識份子在反思傳統與探尋當代價值取向時，必須對民間所固有的盲目性與粗鄙性及其可能帶來的文化後果保持一種必要的警惕。知識份子作為建設文化新空間的主要擔當者之一，既應具備多元價值的胸襟與視野，肯定和守護民間的多元價值資源，同時又必須不放棄以至今依然有限的價值理性對其謹慎地甄別、選擇和批判。

以民間文化作為反思歷史與追尋當代價值取向的新參照，知識份子必須擺脫本世紀以來的文化雙重身份，跳出文化角色上的二極輪迴。而在引入民間作爲思維第二向度時，作爲個體的知識份子必須對自身的文化角色確立一種邊界意識。簡言之，從事社會科學與從事人文科學的知識份子，都應清醒地意識到各自在文化建構中與現實政治及其意識形態的位置關係，不論是側重於實踐化運作還是從事於價值批判，都必須在擁有多元價值並存的文化胸襟的前提下，堅執自己的理想操守，同時又不使自己的實踐行爲超越自己應有的文化角色邊界，無論是誰，越界築路的後果都是有害而無益的。

網路文化是一把雙刃劍

一

　　電腦與網路，作爲人類的創造物，看得見的是機器，它由晶片、電線、塑膠組成，還有看不見的神秘的虛擬空間，有著血肉之軀和神明之智的“萬物之長”，如今似乎與已經將大半個頭顱伸進了黑洞洞的螢屏，爲裏面的聲色犬馬所迷醉而樂不思歸。互聯網路和電子傳媒系統，正在改變人類的文化和生存狀態，改變人類幾千年來形成的以書寫文化爲中心的狀況，甚至導致視覺時代的重新到來。它將大大影響人們的生活方式，體驗方式和交往方式，包括文學活動在內的人的一切生活，都避不開數位化時代的衝擊。

　　隨著個人電腦的普及和互聯網路的推廣，網路文化給文學帶來了巨大的衝擊，這種衝擊還有不斷升級強化的趨勢，它給文學的寫作、傳播、接受、批評都已經並進一部造成不同程度的影響。人們特別關心的是，這種影響是傳統的紙面印刷時代文學的福音還是喪鐘？它給文學的發展帶來了什麼挑戰或者機遇？網路空間對文學會產生怎樣的影響？數位化時代的文學與今天會有什麼不同？網路文化普及給文學帶來的後果將是什麼？它會不會導致一種全新的、異質的“文學”？網路將會給傳統的文學運作方式帶來什麼樣的衝擊？從可以預期的狀況看來，有幾個後果似乎是顯而易見的：

第一個影響首先可能是紙質文學書籍的大量減少乃至有消失之虞。網路及其光碟技術可以將龐大的圖書館裝入輕便的塑膠薄片甚至是無形的互聯網系統，只要你擁有一台電腦並進入互聯網，就可以十分便利地自由選擇文學閱讀的物件，不分時代和國度，只要你想看和能看，就可以如願。這對傳統的紙面出版機制無疑形成巨大的衝擊。

其次，相應地造就越來越多的網路寫作者和網路文學的閱讀者，文學運營更多地在網路這個虛擬的電子空間中進行，在電腦終端的螢屏前進行。這對傳統的寫作方式、閱讀方式，對人的寫作和閱讀活動在心理和生理上都會帶來一系列的挑戰。

第三，人類幾千年來所形成的圍繞書寫文字的社會文化體系將會發生巨大的改變。在以書寫文化為中心的時代，作家始終承擔著社會文化精英的角色，所有的編輯、媒介都圍繞作家來建構文化體系。儘管在 20 世紀以來，文字書寫系統所蘊涵的權力機制被日益解秘化，但只有面臨互聯網的衝擊時，它才真正遇到了前所未有的對手。而在數位技術時代，人人都可以寫作，文化英雄的魅力可能被湮滅，權威可能失去，這似乎正是馬克思所描繪的共產主義時代的理想的文化狀態了，這個變化將給社會帶來什麼？

對於這些已經發生的和迫在眉睫的衝擊，一部分人對它寄予極高的希望，視之為"新文明的號角"，甚至認為紙面文學終結的時代就要到來，網路文學必將取而代之，並為之激動而歡呼；另一部分人則視之如文化的災難先兆，並把新興的網路文學看作是不值一提的"文字垃圾"，但至少有一點是共同的，認為一個文學的空前時代就要來了。

二

　　在互聯網日長夜大的今天，關心文學的人們談論的最多的話題就是"網路文學"，它的特徵，它的未來。在筆者看來，網路文學至少應該有兩個層面的意思，即廣義的網路文學和狹義的網路文學。

　　狹義的網路文學是指目前在網路中寫作與傳播的文學，它是隨著網路的出現而出現，並以網路為生存空間的文學，它天生帶有互聯網路的許多特徵，但它至今似乎仍抱著實驗者的謙遜態度，其中的佼佼者仍須借助於紙面文學的形式穩定下來如痞子蔡的《第一次親密接觸》就是。而廣義的網路文學則是指網路時代的文學，由於面臨互聯網的挑戰，對文學未來發展的形態目前還眾說紛紜，一片雲山霧罩，它的公認的定義一時還難以形成，比如它是否意味著新興的網路文學對傳統的紙面文學的全面替代？還是兩者的平分秋色？但它至少仍應包含網路文化發展普及後借助於網路而傳播的傳統文學內容，不過僅就這一點而言，它給傳統的以紙面印刷為主要傳媒手段的文學所帶來的衝擊就是難以估量的了。

　　在狹義意義上的網路文學，是指網人在網路上發表的供網人閱讀的文學。它應該包含三層意思：一是網路文學的主體必須是"網人"，即網路的使用者。二是網路文學的傳播管道（或者說主要的傳播管道）必須是網路。三，從作者的創作動機來說，必須是為網上受眾寫作的。這些都直接決定了網路文學特徵，雖然網路文學目前還剛剛起步，也有待進一步的發展、提高，許多特徵還沒有完全顯露出來，但仍然可以在一定程度上給予描述：如網路文學一般篇幅短小，少有長篇大作，這應該於網路閱讀的習慣有關；體裁多以雜文、散文為主，小說和詩歌相對較少，其他文學體裁更是少見；內容主要是講述生活隨感、愛情故事和各種時尚話題等；語言比較活潑隨意，幽默或辛辣，還夾雜許多網路語言和特殊群體的典故等等，這與目前線民中佔大多數的城市青少年群體的生活狀態有關。

它確實給傳統的文學寫作、傳播和接受，給文學批評等都帶來了空前的衝擊。可以顯見的是，隨著互聯網的日益發展普及，網路文學會更加普及，在社會文化生活中相應會佔據更多的地盤，對整個文學系統的影響也會越來越大。這或許正是今天我們必須考慮網路對文學衝擊的迫切原因，我們的擔心、憂慮、欣喜、歡呼都與它的日漸壯大有關。從網路文學（狹義）已經顯示的特徵和發展趨勢看，它已經給文學帶來了重大的挑戰資訊。而隨著網路和電子傳媒系統的普及，這些特徵和發展趨勢會逐漸體現為廣義的網路時代文學的特徵：

首先，紙質的書刊將被網路媒介所代替，從而實現作者與讀者之間雙向性溝通，即不再是傳統大眾媒介的那種單向度溝通，不再由作者對讀者施以單方面的“灌輸”，而是讓讀者與作者地位平等地行使回饋、反駁、批評或創作的權力，從而形成雙向溝通。這種新的雙向溝通方式有助於打破作者對讀者的霸權統治，為讀者帶來閱讀和寫作的自由度。

其次，這種雙向溝通具有超乎尋常的及時性和大量性。它具體體現在三個方面，一是對於文學創作而言，由於是網上寫作－傳播－接受－寫作－傳播－接受，以致迴圈無窮，所以作者與讀者之間的雙向溝通速度可以異常地快捷而方便，而相互之間生產和傳遞的資訊也就異常地數量眾多；二是這種雙向溝通導致更多文學本文的及時地或大量地生產，使文學產品迅速豐富；三是傳統文學借助與網路得到廣泛傳播，人們可以更便利地看到名著經典，閱讀選擇更趨多元化。

再次，這種網路溝通由於發生在人與人之間的日常網路交流中，同其日常生活本身並無多大區別，因而具有明顯的個人性和日常性，與現成文學寫作的社會性和精神性有所不同。或者還應該想到另一種相關情況。如果一篇網上小說訪問的人越來越多，就可能從“網路文學”家族抽身而出，搖身變成在圖書市場暢銷的“紙質文學”了。臺灣線民“痞子蔡”（蔡智恒）的《第一次的親密接觸》就是這樣成為所謂“網上第一部暢銷小說”的。它在臺灣熱銷近 60 萬、在大陸又迅速批銷數萬冊以致供不應求的輝煌業績，似乎正在向我們昭示“網路文學”在文學溝通之中佔據主導性權威的可能性（參見《中華讀書報》1999.12.29 第一版）。

不過，以上對網路文學這些特徵的描述，還都帶有一廂情願的色彩，它只看到了互聯網這一時代龐然大物光彩照人的一面，而相應地忽略或迴避了其陰暗醜陋的另一面。但在揭示它們之前，不妨先說說網路文學的好處。不管對它的特徵和發展趨勢作何評價，網路文學在當今和未來的文學創作和批評已經體現了多方面的啟示：

在寫作方式、傳播途徑、接受特徵等方面，網路文學已經顯示的嶄新的特徵，似乎預示著一種新的文學精神，而這一點也正是那些對網路文學抱樂觀態度者所一再強調的：比如自由平等的精神：網路文學的人人可以參與寫作，即時發表任何批評的事實，似乎不僅體現了寫作的自由和自由的寫作，而且表明網路不信權威，也沒有權威，每個人都有平等的表達自己的權利，因此在某種意義上說，網路文學之於未來文學的真正意義之一，就是使文學重回民間。另外，網路寫作特別是“互動式寫作”的沒有稿酬，沒有特定的寫作目的，又體現了寫作與閱讀的非功利，因爲寫作的目的似乎是純粹表達而沒有了經濟或名利的目的，因而寫作就有可能變得更加接近生活，情感也更加真實。（見李尋歡：《我的網路文學觀》）

新興的網路文學，至少在文學題材上爲文學提供了前所未有的人類生活狀態的體驗和描繪。網路將整個世界聯成一個整體，整個地球已經變成一個名副其實的地球村，它所具有的超越時空的神奇功效，使使用網路的人們沉浸在網路的虛擬空間裏，他們的這種虛擬的人生體驗，是傳統的傳媒時代所沒有的。而網路文學由此帶來的綜合性、變幻性也是之前的所有藝術仲介手段所望塵莫及的。

與此相關的是，這種特殊的網路生活體驗爲文學藝術提供了一種全新的隱喻世界，從而爲文學發展提供特殊的想像支點。互聯網在傳統的文學藝術與真實的世界之間構建起一個仿真的世界，它一方面大大地滿足了人們企圖通過想像擴展自己現實世界的欲望，另一方面，網路世界具有比傳統傳媒藝術更加可感的特性，它又滿足了人們潛意識中“夢想成真”意願。這樣不斷的模糊藝術（它在網路時代的氾濫化就是不斷腫脹的電腦遊戲）和現實邊界的結果，似乎應驗了 100 多年前歐洲唯美主義者對藝術的描述：不是藝術模仿生活，而是生活模仿了藝術。正如作家余華所說的那樣：“現在，網路給我們帶來一個虛擬的世界，與文學一樣，是一個沒有邊境的世界，它的空間取決於人們的想像力，有多少想像在出發，它就會有多少空間在出生；與文學不同的是，人們不需要在別人的故事裏去尋找自己的眼淚和歡樂，網路使人人都可以成爲虛擬世界的主人，點動滑鼠就可以建造一座夢想中的宮殿，加密之後就像有了門鎖和電網。如果說安娜·卡列尼娜的房間人人都可以進入，只要你買下或者讀過托爾斯泰的書，那麼網上的宮殿則永遠是自己的領地；雖然有時候駭客會大駕光臨，可是現實中的宮殿也會遭遇小偷和強盜，而且類似的經歷只會使這一切變得更加真實，當然也會更加激動人心"（《作家》2000年第 5 期）。

三

不過，網路生活的虛擬真實性為文學藝術提供新的想像支點，是必須在對於網路文化所具有的兩面性有著清醒認識為前提的。現在就說說網路文化籠罩下的文學所蘊涵的負面意義。

網路寫作的"交互性"特徵，既體現了自由寫作的精神，但網路同時也會孕育新的霸權。即在文化無政府主義瘋長的同時，軟體設計師和日益發達嚴密的網路監控的強權始終存在。文化的無政府主義是否會產生？是不是真的"一隻狗都可以在網路上發言"？隨著多媒體文學文本大量出現，文學工作者在那種超文本中的作用，可能只是很小的一部分，這在形式上與實驗性作家的探索很相像，都希望給讀者一個閱讀的自由和精神的自由，而數位技術所帶來的無窮無盡的"交互性"似乎創造了無限的自由。但本質上卻不同。因為儘管但同時它也設計了作品的框架，自由終究是有限度的，這種限度掌握在軟體設計師手中，他給了你巨大的新的空間，但又給了你新的界限，你永遠也走不出這個界限，並且很可能沉湎於虛擬的真實感中而難以自覺自拔。那個時候，民族的文化水準是上升還是下降呢？這是一個難以估計的問題，也許我們會看到資訊垃圾充斥網路。從這一點上說，人人參與的

便利未必一定是一件好事。網路過度的交互性使作者很難靜下心來進行嚴肅的創作

葛洛龐蒂在《數位化生存》裏所說：“我們已經進入了一個藝術表現方式得以更生動和更具參與性的新時代，我們將有機會以截然不同的方式，來傳播和體驗豐富的感官信號。儘管這種做法似乎把重要的藝術傷口全然世俗化了，但數位化使我們得以傳達藝術形成的過程，而不只是展現最後的成品。這一過程可以是單一心靈的迷狂幻想，許多人的集體想像或是革命團體的共同夢想。”但是，葛氏的這一數位化烏托邦除了再次重複了如托夫勒、奈比斯特等“高科技烏托邦預言家”的科技神話和樂觀主義之外，並無新意。（轉引孟繁華《E 文化批判》）

對文化批評而言同樣如此。網路文化似乎爲公眾參與批評帶來的平等的機會，但值得注意的是，它在拆解了現存評論家秩序的同時，又形成了另一種宰製。因爲，要在網路上張貼文本，或參與互動式寫作，必須首先有一台電腦，必須聯網，必須具備基礎的電腦使用能力。因創作介質的不同，使得網路創作形成了另一種限制，他們沒有可能進入那種所謂有“開放性”寫作過程；另外，網路寫作雖然是開放、互動的場域，但並不是所有的創作都可被選入“精華區”，版主或網路編輯同樣執行了印刷本文編輯的職能或權力，因此，所謂的集體想像或革命團體的共同夢想，即使在“數位化”時代仍不是隨心所欲的，這就是網路寫作的權力方式。更糟糕的是，由於網路的匿名寫作，它幾乎就成了一個“無責任的世界”，性、暴力、頹廢、死亡都可以沒有掩飾地得以宣洩，它成了一個貨真價實的新頹廢時代。

網路時代的文學寫作具有日常性、個人性的特徵，這種文學活動的日常性標誌著文學有可能從精神高空解放出來，成爲人們

日常生活過程的一部分，但這種日常雙向溝通往往難以避免成批生產空洞的情話、無聊的語言遊戲或流行文化的拙劣仿製品，形成新的卻遠遠超過紙質印刷物的網路廢品或語言垃圾。與此相關的是，網路資訊的即時性與大量性，在為讀者贏得文學閱讀的多元選擇的同時，接受極限並沒有出現同樣的突破，因為人的生理和心理機能與幾千年甚至幾萬年前相比，至今沒有什麼重大的變化。

四

　　曾有人樂觀地預言：網路文學必將取代紙面文學，紙面文學的時代即將過去，新興的網路文學代表了文學的未來，網路文學是未來文學發展的唯一途徑和存在方式；還有人甚至認為，網路文學的出現和普及，將使未來文學以完全不同以紙面文學的新質而出現。這兩種說法雖然並不完全在一個層面上下判斷，但我認為兩者有著共同的判斷前提，且都有著相當程度的盲目性。

　　除了上述所揭示的新興網路文學特徵意義的兩面性和虛幻性外，樂觀論者還面臨著許多不能跨越的障礙，而這些因素都是值得我們對這種新生的龐然大物保持警惕的理由：

　　首先，網路文學在本質上仍與傳統仲介的藝術相同。文學的本質性規定就是以文字符號作為傳輸的語言藝術，在文學的寫作和閱讀過程中，語言符號通過視覺、知覺、感覺、進入藝術想像空間。互聯網並沒有從根本上改變這一規定，網路文學仍然是以文字符號作為藝術仲介。而我們的討論一旦超出了這一本質的規定，比如說將網路中可能提供新技術如聲音、圖像等手段考慮進來，甚至以為正是這些因素為文學帶來的新質，我認為就超出了文學論說的範圍，因爲這種藝術上的綜合方式在戲劇、電影、電視中就已經出現過，但它們最終導致的是與文學並列的新的藝術樣式，而不是對文學的替代。而就傳統的紙面文學而言，它在進入網路以前，就已經定型爲一種文學傳統，只是借助於網路廣泛傳播，如果從傳統文學文本的相對獨立性而言，網路也並沒有給它帶來本質上的變化。

其次，網路的不斷發展，網路資訊的無限性與人體生理和心理極限的一系列悖論，是樂觀論者所忽視的。

閱讀的悖論。人體生理機制的限制，導致人的連續閱讀時間和持久性的限制。與網上閱讀相比，紙面文學所特有的優勢，網路很難替代，網路閱讀物件（電腦顯示幕）相對固定，從而使人體姿勢也相對固定，你能忍受連續幾個小時的網上閱讀？而書面文學則在空間和姿態要求上更自由，只要有足夠的光線就行。

寫作悖論，即網路寫作在理論上的廣泛參與性和社會分工合作趨勢的矛盾。互動式寫作的平面化趨勢，最終將文學導向通俗文學，而有礙文學的發展，表面看來，交互創作是激發了讀者的創造意識，但也使文學更趨於平面化，大眾化，使文學類似於口傳文學的性質特徵，這在某種程度上是文學的一種“返祖現象”。文學果然具有爲社會群體排泄壓抑情感的功能，但維繫文學發展的最主要的動力，畢竟是文學精神深度和藝術獨創性，而這些不可能靠人人參與可以獲取的。文學發展，文化綜合化趨勢與作家創作的專業化是一種辨證關係，網路文學在理論上允諾人人都可以參與寫作並即時發表，這似乎是一種對現存文化等級和權力機制的顛覆。我認爲，儘管互聯網肯定爲文學交流帶來的更加便利的變革，但完全擺脫權力機制畢竟是一種烏托邦，且不說權力機制在任何文化中都難以完全避免（現在的自由或許只是新舊機制轉換過程中的一個短暫空隙而已）即使撇開這個因素，個人創造力總是有限的，人類文化的越是發展，就越需要專業化的素養和積累，個個都是詩人的狂想 20 世紀的中國曾經出現過，現在儘管借助於強大達到網路工具而再現，也仍免不了破滅的命運。

交往悖論。文學的創作與接受是一種美學活動，一種情感的、藝術化的精神交往過程。互聯網作爲一種全新的資訊傳播工具，爲科技、日常生活資訊的傳遞帶來了根本性的幾何級數的變革，但人文資訊，特別是藝術資訊的傳遞與科技和日常生活資訊有著質的區別，它們的傳遞仲介（文字符號的功能）和傳遞方式都不一樣。文學的創作和接受並非日常資訊一樣，它是一個過程，需要一定的時間、心境、速度和持久性維持等等，作爲一種精神交往，它並非如商情資訊或新聞消息一樣，傳遞或獲得的信息量越大、越快、越即時，就越是有效，恰恰相反，就文學的接受和交往的深度、品質而言，資訊龐大繁雜，反而會使真正的深度交往日漸見少，精神日益趨於平面化。正如南帆所警示的：“速度的重要性眼下已經被暢銷書運作模式所誇大了，而速度恰恰是與文學發展的原則相悖的。文學對人類奧秘、生命及人性的思考必須是深刻的，它不能比速度，而它一旦進入商業網絡，它就身不由己，你寫得慢，作品就可能沒人購買，你的經濟狀況就會很糟糕，所有的傾向都在鼓勵速度。這種出現在印刷文化末期的現象，在數位技術時代是不是會被進一步誇大？這對文化的影響將是怎樣的？”

因此，我認爲，互聯網路在文學的寫作、出版、傳播、和接受等方面，都爲我們提供了新的便利，但在獲得更加高效的媒體幫助的同時，也體現了一種新的權力機制。很好地利用其便利，發揮其功能，仍然需要文學批評發揮作用，網路和網路文學並沒有一勞永逸地爲我們許諾一個理想的文學烏托邦。

網路時代的文學，必定是網路文學與紙面文學並存的文學，兩者間的關係好比今天的文學書籍雜誌與報紙副刊的關係，網路文學替代紙面文學的時代不會出現。退一步說，即使這種替代發生了，文學的本質也仍然沒有根本性的變化。因爲網路作爲文學的寫作和傳播途徑，它並沒有改變文學作爲以文字符號爲媒介的語言藝術的本質，儘管對文學的理解從來都是歷史性的，但這樣一個定義的底線還至今沒有被動搖過，所以，儘管網路一定會給文學帶來許多新的特徵，這些特徵在某些方面會促進文學的變革（同時也會帶來一些新的弊端），我甚至承認，它或許可以再一次激發一種新的文學思潮，或者一種大眾化的藝術樣式，但不可能成爲未來文學唯一的、統帥一切的形態，網路文學更不會成爲一種與今天的文學完全異質的存在。

人類對新工具的發明，往往傾注了過多的烏托邦理想，正如人類曾經對飛機、電話、電報、光纜等發明寄予無限的幻想一樣，但結果如何呢？雖然我們可以被這樣質疑"從來如此，便對麼？"，但人類也終究免不了以過去的經驗去推測和判斷未來。

媒質變化的衝擊與中國
當代文學轉型

　　中國當代文學在 20 世紀末期進入了一個媒質轉換的時代。所謂媒質的轉換，是指文學作品藉以固定、傳播的媒質的轉換，它包括媒質的種類、製作和傳播方式的變化等等。從起源至今近三千年的歷史中，文學先後經歷了口傳時期和書面時期。後者又根據書寫材料的差別，先後經過了甲骨、金石、絲帛、竹簡和紙張的書寫與傳播時期。而印刷術的發明和運用，又在書寫時期開闢了一個新的時代，它與近代以來的機械工業的發展相結合，使文學作品的傳播告別了手工抄錄的時代，大大加快了傳播的效率，推動了人類文明的發展。人類文化和文學的歷史表明，文學的媒質在其發展中並不僅僅體現爲工具作用，它還大大推進了文學的觀念、文學的接受者、文學的形式乃至文學語言的變化。當文學媒質處於相對穩定的時期中，它對文學流程的規範和限制往往作爲默認的前提被認可，甚至可以不被寫作和研究者所意識，而當媒質處於變革和轉換階段時，它對文學的變革作用就相對凸現出來，比如說書寫對於口傳文學（尤其是神話傳說）的影響，木版印刷對於近代小說影響等等。

　　而相對於當代中國文學來說，最近一次媒質的大規模轉換，最早開始於 80 年代中期，與所謂 "後新時期" 同步。這就是書刊

出版的市場化轉制及由此對文學流程的衝擊，影視藝術的大規模
發展對文學的衝擊，電腦及互聯網路給文學帶來的巨大衝擊，儘
管這三種媒質的轉換並非在一個層次上展開，時間上也有先後和
交叉，但它們對原有文學創作、傳播和接受的體制和規範則同時
產生了巨大影響，又都是伴隨我國經濟體制的重大變革而展開
的。這樣，藝術的媒介化和市場化的共同作用，孕育了世紀之交
的中國文學，也使 90 年代的中國文壇出現了一系列前所未有的現
象。從媒體的角度看文學的轉型，或許可以顯示出時代給文學帶
來的挑戰的另一面。

書刊策劃與 "媒體批評"

　　自 90 年代初開始，由於市場經濟全面佔領文化領域，市場
經濟的操作規範也就相應地影響了文學創作和文學批評，許多文
學現象都不同程度地與文學的市場化趨勢和傳媒的作用有著關
聯。

　　其具體表現是，在文學流程中，報刊記者、雜誌社的編輯、
出版社的策劃人對文學創作的影響越來越大。許多作品都是以根
據傳媒的策劃度身定做。報紙的欄目設置，雜誌的專輯編排，出
版社的叢書策劃等越來越成為許多作家寫作的選材方向，在某種
程度上，"主題先行" 在 90 年代以全新的方式重新再現於文壇。
許多作家成為報紙的專欄作家，許多在讀者中風靡一時的作品，
開始都是以報刊專欄的面目出現，如余秋雨的《文化苦旅》、《霜
冷長河》；李輝的《滄桑看雲》等，原本就是《收穫》雜誌的專
欄文章。許多頗有影響的文學叢書，如《布老虎叢書》、《紅蜘
蛛叢書》、《紅襪子叢書》等，都是經過出版商精心組織策劃並

因此產生廣泛影響的。文學作品的首發式、作家的簽名售書活動等等更是司空見慣。更有甚者，出版社爲了引起讀者的注意，獲得更好的經濟和社會效益，往往借助於各種傳媒，不惜大力製造種種事件，以事件本身而不是作品獲得轟動效應。如雲南人民出版社自 1999 年以來先後組織了四次作家遠距離考察活動，宣導所謂“用腳寫作”的“行走文學”，策劃編輯了“走進西藏”、“解讀雲南”、“遊牧新疆”等文學叢書，宣稱作家要走出書齋，最大限度地延伸自己的寫作，後者還以“四個第一”[1]爲宣傳口號，之後，又有許多出版社和群起效仿。文學似乎成爲可以實現策劃，可以通過類似物質商品的計畫的制定和實施、投入和產出的過程加以實現。

　　由於 90 年代中國的消費文化基本成型，在傳統的書面文學系統中，大眾文化成爲人們日常生活中最大量的文化需求，並基本上形成了一套工業形態的運作方式，文學寫作和文學作品的商品性質得到進一步確認和強化，並與發展著的文化市場和文化工業結合起來。這時期的文學創作，出現了作品自身與出版運作、廣告宣傳相配合而構成的“暢銷”熱點現象。如《王朔文集》的出版暢銷、《北京人在紐約》、《曼哈頓的中國女人》等移民文學的熱潮，賈平凹的《廢都》、陳忠實的《白鹿原》等小說出版的炒作方式以及所形成的“陝軍東征”等現象等，都說明文學作品的生產和存在，不再是作家個人的行爲，而已經成爲從寫作、出版到流通、接受等各個環節都受到市場選擇和媒體干預的集體

---

1 雲南人民出版社（昆明）稱，“遊牧新疆”散文叢書創中國寫作和出版史上的四個第一：中國出版界首次組織作家實施西部大開發，中國文學界第一次有組織地重走“絲綢之路”；“遊牧新疆大散文”叢書作爲“行走文化”在50 年中國出版史上的首創；作家自己動手拍攝一部電視連續劇，開寫作製作史之首。之後，有中國青年出版社的“走馬黃河”；香港鳳凰衛視策劃的“千禧之旅”和阿正策劃的“人文學者南極行”等等。

行為，社會行為。

　　文化潮流的淡化，思潮名不符實，更多的是出版機構的一種市場操作行為，從“新寫實”開始的許多“思潮”或創作現象，如“新狀態小說”、“新市民小說”等等背後，市場操作的成分遠遠大於文學創作本身的特徵性因素；長篇小說的文體經濟性（稿費多、影響大、便於改變成影視劇等）和散文隨筆對各種出版物的適應性（不管是報紙副刊、雜誌專欄還是作為書籍形式出版），導致 90 年代文學文體樣式中的長篇小說和散文的持續熱潮；事實上，90 年代的文壇經過傳媒的推波助瀾，顯得非常熱鬧，許多事件接連不斷，構成了一道道文壇景觀。從 90 年代上半葉的“新寫實小說大聯展”、“後現代”之爭，到下半葉“人文精神”、浩然《金光大道》事件、《馬橋詞典》之爭、王朔對經典作家的挑戰叫陣、葛洪兵的“悼詞”事件、余秋雨與余杰之爭，還有數不勝數的文壇侵權案等等，可謂口號林立、旗幟飛舞、爭論四起、官司不斷。

　　在這樣的市場化環境中，作家自身的市場意識也大大加強。賈平凹的長篇小說《廢都》的出版是作家與傳媒結合較早的成功例子。撇開小說在藝術上的價值不說，小說從問世前預告的高額稿酬、廣告宣傳，到作品所涉及的大量性描寫和“此處刪去 XX字”之類的賣關子手法，出版商的商業策略和作家的配合已經渾然一體。許多作家也常常願意利用傳媒或者願意被傳媒所利用，配合傳媒而為自己某一部作品的發行和傳播開道，雖然不同的作家在對待傳媒的態度上有所差別，有的比較嚴肅認真，有的則故作驚人之語，唯以引人注意為目的，而不惜片面偏執、誇大事實、佯裝作態，但幾乎沒有人再無視傳媒的作用，即使像張承志這樣憤世嫉俗、特立獨行的作家，也不得不借助傳媒表達自己的看法，更免不了成爲媒體的評說的對象。影響較大的例子還有，王朔的故意挑戰和貶低經典作家的做法，浩然對其創作的自我標榜等等。批評家南帆曾這樣概括媒體時代作家的“成名絕招”：消息遠比作品重要；在小報上亮相，在螢屏上露臉；大言不慚，故作狂傲，挑戰權威；邀打成名；製造一種富有票房價值的個性；記者出場，製造新聞熱點；表白自己不讀書，輕蔑文學，塑造天才形象；對媒體出版商恭敬有加，對同行大加鞭撻；隱私的肆意暴露等等，可以說是對 90 年代文壇商業化現象的諷刺性描述。

　　與此同時，文學批評的功能及其呈現方式發生較大的變化。傳統的出自專業批評家之手的批評方式和對於文學創作、文學接受的指導規範作用不再佔絕對地位。90 年代文學創作和傳播方式的密切聯繫，導致媒體機構的作用日漸增強，報刊、電視、新聞機構對作品的炒作宣傳，往往決定一部作品的銷售和接受的程度，批評的市場仲介功能日漸顯露。同時，傳播媒體以自己的尺度、運營規則和利益要求影響作家的創作，發揮著對文學作品的選擇、評判功能，並在很大程度上左右了作家作品在讀者中的命運，而這些功能，在 80 年代以來主要是由文學批評行使的。90 年代初《鍾山》雜誌社對“新狀態小說”的包裝、賈平凹的《廢都》的出版發行，都標誌著傳媒開始介入創作，它不再是一個被動的傳送機構，而在相當程度上替代了文學批評的傳統功能，具有某種主導文學潮流的文學組織者功能，更有甚者，刊物、出版社的運作方式還可以改變、左右或強化作家的創作風格。在文學作品的發表和出版過程中，廣告宣傳和文學批評已經融爲一體，或者說，出版商的廣告宣傳借助於文學批評的力量，批評不再是獨立地針對文學作品的學理化研究，而是整個文學生產和消費流程中的一部分。與此同時，文學批評更多地帶有文化批評傾向，並隨著文學生產、傳播方式的變化，文化立場日漸分化，批評往往不再僅僅重視作品的審美品質，更關注它如何被生產接受，甚至只對文學生產的市場化作出解釋。

電視傳媒與文學寫作

如上所述，報刊書籍的出版作為文學的傳媒，已經在新的體制下顯現了空前活躍的姿態，但它們還都是在書面印刷的意義上呈現的，與此相比，影視傳媒則在另一個層面上發揮著更大的社會文化功能，並以強大的趨勢衝擊著以書面印刷為主要傳播方式的文學流程。書面文學（文化）讀物的圖片化傾向的日益明顯，人稱"讀圖時代"的來臨，本身就是受影視圖像文化擠壓的結果。

自 70 年代末到 80 年代中後期，中國電視傳媒所體現的社會功能，主要還是主流意識形態的宣傳功能、知識份子的啟蒙精神以及純文學的審美功能的宣導。80 年代末開始，隨著市場經濟的全面鋪開，90 年代的電視傳媒發生了重大的變化，它在文化生活中的作用也越來越大。電視劇特別是電視連續劇的創作和播映形成空前的規模，成為中國電視產業中及其重要的一部分，也成為大眾文化生活中的重要內容，成為當代大眾文化的神話與象徵系統。電視藝術一方面自覺地融入政治一體化的機制，另一方面日益走向市場，在審美取向上更加傾向於普通民眾的日常生活和俗文化的趣味，除了體現政府部門的政治、文化取向的主旋律節目和作品外，更多的是反映大眾情趣的遊戲娛樂節目，而已經成為中國電視文化傳統的中央電視臺春節聯歡晚會的風格變化，正體現著這兩種取向並存、交融的過程。電視文化的多元化格局基本形成。

　　在電視文化興盛的同時，文學和電視傳媒的相互聯繫和相互
交融也日益加強，電視節目中除情節劇外，還有電視紀實片、電
視音樂、電視散文等豐富多彩的藝術樣式；而與文學關係最爲密
切的電視劇，尤其是電視連續劇的創作最爲突出。1990 年的電視
連續劇《渴望》的播映是一個標誌。之後，又有他所參與製作的
《編輯部的故事》、《愛你沒商量》等劇問世，引起了觀眾的普
遍好評。統計數字表明，90 年代中國大陸共製作和公演了 8000
多部集的電視劇。僅中央電視臺每年播映 5000 多部集，其中 2000
多部集爲首播，而其中除了 200 多部集屬央視的中國電視劇製作
中心提供外，其他都是由全國各地方電視臺和電視製作部門提
供。其中在數量上佔絕對優勢，影響最大的是電視連續劇。從取
材範圍內來看，不管是“戲說”類古裝歷史劇還是《三國演義》
類的再現型歷史劇，不管是《貧嘴張大民的幸福生活》那樣反映
普通民眾審美情趣現實題材，還是《和平年代》這樣的“主旋律”
作品，都以不同的方式獲得相當高的收視率。

　　90 年代另一種電視劇創作現象就是文學名著的改編。最有代
表性的是開始於 80 年代後期的“四大古典文學名著”的改編的
成功成爲 90 年代名著改編電視劇的範例。繼錢鍾書的長篇小說
《圍城》被搬上螢屏並取得轟動效應之後，一批現代文學名著的
改編作品也相繼出現，如曹禺的《雷雨》、《原野》，老舍的《四
世同堂》，茅盾的《霜葉紅似二月花》，艾蕪的《南行記》，李
劫人的《死水微瀾》，周而復的《上海的早晨》等等，至今爲止，
許多古典和現代文學名著幾乎都有了“電視劇版本”，而根據當
代小說改編的作品也不在少數，如梁曉聲的《雪城》、葉辛的《蹉
跎歲月》、《孽債》；劉震雲的《一地雞毛》、王曉玉的《紫藤
花園》等等。這些電視劇的成功，直接體現了電視劇藝術和小說

創作的密切關係。

　　在電視劇作品的製作和傳播運作中，作家對電視傳媒的參與也越來越深入頻繁。許多作家都開始參與電視劇的寫作，不僅知青作家中的梁曉聲、葉辛等在電視劇創作中獲得了比當年的“知青文學”更轟動的效應，就連 80 年代的先鋒作家如蘇童、莫言、葉兆言、余華、孫甘露等也紛紛“觸電”，通過電視劇的創作，他們獲得了先前在先鋒探索時期無法想像的社會知名度。這種參與的深入程度，也體現在電視製片人（導演）與作家的協作方式的變化中，一開始，是影視劇以作家的文學作品爲改編的底本，即導演在作家作品中物色物件，或者邀請作家參與經典名著的改編，這在一定程度上還借助於原作在文學上的成功和在讀者中的聲譽，文學的文本及其創作還具有很大的獨立自主性；但後來情況發生了變化，文學文本與電視劇製作之間的關係發生了扭轉，即常常是小說文本借助於影視而得以揚名，反過來推動小說地位的提高和發行的增加。最後，影視導演乾脆直接在作家中以招標的方式錄用影視劇本，然後進行大規模的廣告宣傳，待影視劇播映並產生廣泛的影響後，再將劇本（改編成小說的形式）出版，這樣，作爲文學文本的小說，便不再總是作家經過嚴格的醞釀構思的創作產物，而是整個電視商品製作過程中的一部分，甚至只是一種副產品而已。

網路文學：電子媒體的普及對文學的衝擊

　　90 年代初開始，互聯網在中國開始進入家庭，90 年代中期以後，以出乎意料的速度日漸成爲中國城市居民和經濟相對發達地區城鄉居民的日常生活用品和人際交往方式。特別是在城市青少年人群中迅速普及。據中國互聯網路資訊中心 2000 年的一次統計，中國大陸的線民已經超過 1700 萬，這個數字到 2001 年初已經上升至 2650 萬，其中 87%以上是 30 以下的青年人。因此，無論從作爲工具的網路傳媒，還是從它的使用主體而言，它都是一種特別年輕的媒體。

隨著家用電腦的普及和互聯網的飛速發展，網路媒介很快成爲一種新的文學媒介。而網路文學正是因互聯網（Internet）的產生而出現的一種文學空間和文學樣式。網路的出現不僅使傳統文學的傳播和接受發生了深刻的影響，而且對文學寫作方式、對文學語言、對文學觀念，也發生了巨大的刺激。與電視媒介（以直觀的呈現，是一種類比化的單向度資訊媒介）不同，網路媒體是一種數位化的互動式資訊媒介，其全新的技術特徵，決定了網路文學[2]的許多不同於傳統的書面文學和電視文學的新特點，而且隨著它的發展演變，許多新的特點還將繼續形成和被人發現。與傳統的書面文學和電視文學相比，它具有傳播快、信息量大、參與性廣泛的特點，並由此形成相應的文體和語言特徵；而網路的超文本和交互性特徵，則導致文本邊界的消失，寫作與接受的一體化等一系列特徵。現在，文學傳媒不再局限於報紙、雜誌和書籍的出版，也不再僅僅借助於影視圖像，而是在網路這一虛擬的時空中，實現著快速即時、超大信息量和高度的參與性、選擇自由性的創作、傳播和接受的互動流程。

正像電視媒體一樣，新興網路媒體對文學來說也是一把雙刃劍，它既給文學帶來了許多新的特點，提供了許多新的想像空間和發展，同時也帶了許多負面影響。僅從已經顯現的特徵就可以

---

2 關於網路文學分類和特徵分析，參見宋炳輝《網路給文學帶來了什麼？》，載文匯報（上海）2000 年 12 月 20 日。

看出其兩面性。比如，網路時代的寫作既是自由方便的，同時也難免造成大量的空洞的情話、無聊的語言遊戲或流行文化的拙劣仿製品，形成新的卻遠遠超過紙質印刷物的網路廢品或語言垃圾。網路寫作的交互性特徵，既激發了讀者的創造意識，參與精神，但人人參與，眾聲喧嘩，也不可避免地使文學趨於平面化、大眾化，使文學日益嚴重地帶上類似口傳文學的特徵；互聯網作為一種全新的資訊傳播工具，為科技、日常生活資訊的傳遞帶來了根本性的幾何級數的變革，文學的創作和接受並非日常資訊一樣，它是一個過程，需要一定的時間、心境、速度和持久性維持等等，作為一種精神交往，它並非如商情資訊或新聞消息一樣，傳遞或獲得的信息量越大、越快、越即時，就越是有效，恰恰相反，就文學的接受和交往的深度、品質而言，資訊龐大繁雜，反而會使真正的深度交往日漸見少，精神日益趨於平面化。

　　新的傳媒方式以其新的優勢，發揮著越來越重要的作用。隨著人們對互聯網特性的瞭解和熟悉，網路文學的概念也成為人們熟悉的名詞。在短短的幾年裏，文學網站、文學個人主頁和綜合性的網路文學板塊如雨後春筍般地出現。先後出現了北京的"網易"文學板塊、上海的"榕樹下"文學網站、橄欖樹、三九中國作家網和痞子蔡（蔡智恒）、安妮寶貝、李尋歡、甯財神、邢育森等網路作家及其作品。網路原創文學雖然十分年輕，但也引起了廣泛的關注。

　　另一方面，傳統文學作家對網路的介入也日益深入。經過一段時間的彷徨、猶疑之後，許多作家也相繼以電腦寫作，隨後又紛紛開始進入互聯網的交流，作家的"觸網"替代"觸電"已成為行業和新聞媒介中的一個新詞。上海作家陳村很早就主持"榕樹下"文學網站，女作家張辛欣則在"博庫"網站開設了專欄，之後，余華、余秋雨等作家也相繼出任網站的股東。“榕樹下”
與“網易”的網路原創文學評獎活動，都邀請成名作家的參與，
作家們在參與中進一步認識了網路的特性，同時也對新興的網路
原創文學表示了各自審慎的看法[3]。

　　由此看來，網路這一全新的媒體，一定會給文學這一古老的
藝術門類帶來許多新的因素、新的特徵，它們在某些方面會促進
文學的變革，同時也可能帶來一些新的弊端，它或許可以再一次
激發一種新的文學思潮，或者是一種大眾化的藝術樣式，但會不
會成為未來文學唯一的、統帥一切的形態？網路文學會不會成為
一種與今天的文學完全異質的存在？至少從發展至今的情況看不
會，但互聯網和網路文學都還處於發生時期，許多特點還沒有完
全展示出來。作為一種人類文化產品，它在以後的發展變化中，
各種人為的因素還會起到不同程度的影響，因此不論對於作家、
讀者或批評家，它都是一種新生的文學媒質和藝術樣式，需要積
極的參與，寬容的態度和審慎的批評。

媒質的轉換和文學的轉型

　　總之，文學媒介的大規模轉型，是這個時代文學所面臨的一
個重大變故。它既是一個世界性的文化語境，同時也與中國社會

---

3 在一次就網路文學的網上採訪中，王安憶認為，網路文學與傳統文學沒有什
　麼不同。畢淑敏承認網路是新的人際交流方式，認為“隨著全球一體化和互
　動的方式的增加，這些技術是沒有止境的。但工具不是最主要的，不能替代
　一切，最主要的還是真實的心靈交流。可在網路提供的虛擬空間裏，對方是
　人是狗都不知道，真真假假太傷人心。所以我歡迎網路，但它像脂肪、糖一
　樣，絕不是越多越好”。徐小斌也表示了相似的看法：“對網路我很審慎，
　儘管網路是大趨勢，就像一個寓言家所說的，在電子時代，惟獨代替不了的
　是小說和詩歌。”

的具體文化環境有著緊密的聯繫。從世界範圍來看，隨著現代科技的發展，新的傳播媒體已成為現代社會不可或缺的生存手段。現代科技的廣泛運用，在文化領域掀起了新科技革命的旋風，導致了新興文化形態的崛起和傳統文化形態的更新，文化傳播隨著現代大眾傳媒從紙媒質到電子媒質的轉變，經歷了一場深刻的媒體革命。廣播、電影、電視、錄影（包括磁帶錄影、光碟錄影）和電腦多媒體的相繼產生，創造了各種嶄新的文化工業，替代報刊圖書文化成為新興的主導文化產業，進而創造了電子報刊、互聯網路等電子資訊文化，引發了文化生產方式從手工業生產到大工業生產的深刻變革。這種變革不僅創造了大量嶄新的藝術樣式，還重新調整了文學在藝術和文化生活中的位置，也對文學本身提出了持續性的挑戰。因此，如果說 20 世紀初葉經歷的新文化運動實現了中國文化的新舊置換，是一場具有中國歷史意義的文化本體革命，那麼，以電子媒質為代表的現代大眾媒體的升級換代和創新發展，使人類具有了嶄新的現代文化，實現了文化本體的更新發展和創新擴容，是具有世界革命歷史意義的文化革命。

　　從中國範圍內來看，上述傳媒科技的發展正好與國內社會體制的變革相交融匯合，使中國當代文學的發展同時經受了多種媒體文化的衝擊。自上世紀 80 年代中期以後，中國社會經歷了經濟體制的全面轉型，市場經濟開始全面統治社會生活的各個領域，並以主流文化的身份參與文化和文學的生產、傳播和接受的整個流程。作家的生存方式以及作品的生產和流通方式，也隨著文學體制的改革，發生了重大的變化。作家個人、文學媒體原則上不再依靠國家資助，合同製作家出現，專業作家的工資和稿酬與社會其他階層相比，已經不像過去那樣優厚；文學刊物也紛紛掉入市場經濟的汪洋大海，進入市場化的流程而自負盈虧；出版機構也將生產利潤作爲經營發展的基本前提；這樣，作家的“下海”便成爲一種越來越普遍的現象，他們紛紛參與一些報酬豐厚的“亞文學”寫作，如影視劇作、記實文學、通俗小說、廣告文學等，而作爲新興藝術的影視製作，同樣匯入市場化的大潮。

　　不過，書刊策劃、影視和互聯網這三種媒體，雖然共生於一個時代，但從媒質的特性而言，特別是它們相對於文學藝術而言，並非處於同一個平面上。書刊策劃近 10 年來在文學出版流程中作用的凸顯以及對文學寫作和評價機制所取的作用，主要是一種運作機制的變化，是報刊書籍出版這一傳統媒體在新的生產和流通體制下的功能顯現，類似的情形無論在 19 世紀以來的西方還是在 30 年代的中國（包括 50 年代以後的台港）都曾不同程度地出現過，因此面對新的一輪印刷媒體的全面開花，我們還不至於驚慌失措。從這個角度說，中國的廣播媒體同樣如此。而電視傳媒則是相對較新的媒體，雖然與文學分屬於不同的藝術門類，但由於其廣泛的覆蓋面，圖像的生動直觀，在社會文化生活中很快佔據了重要地位，同時又採用了市場運作的機制和生產方式，因而對文學產生了重大影響。這兩種媒體雖然歷史長短不一，但還有傳統或外來的經驗與理論可以借鑒。互聯網路則是全新的數位式媒體，它在功能上幾乎包容了紙面媒質和廣播、電影和電視等傳統媒體（至少在理論上如此），但由於其所承載的信息量更大、速度更加快捷，又具有類比化的電視傳媒所不具備的高度參與性和交互性[4]，因而對文學更有著空前的衝擊，由於這種衝擊正在進行之中，它的最終後果，它對文學這一傳統藝術帶來的可能性目前

---

4 電視作爲類比式媒體，還是採取單向型的播放傳播方式，觀眾只能被動地觀看，無法選擇（僅有的頻道之間），更無法即時回饋和影響播出的內容和方式，這一點要到互聯網參與之後才得以實現，就是寬頻電視網路。

還都無法確定。因此，這三種文學藝術媒介在本質上不單是一種
疊加關係，而是一種累進關係，而這種累進是以幾何級數的方式
向前推進的，後者對前一種媒體在功能上有一種包容性，又有一
種性質上的跳躍，同時又不能完全替代和排斥前一種媒體。它們
對文學流程的衝擊和挑戰，也分別側重在不同的層次上。所以，
我們在面對由不同媒體給文學帶來的衝擊現象時，既要看到它們
性質上共通的一面，又不能以一個標準、一種方式來對待。

　　90 年代中國的文學藝術出現媒介化趨向，文學藝術的傳播越
來越受到媒體技術和傳媒體制的制約，傳媒技術和市場體制共同
參與和規範著文學藝術的流程。它是一把雙刃劍，給中國當代文
學的發展帶來了及其深刻的影響。一方面表現為，借助於日益先
進的傳媒技術，文學藝術傳播的速度比以往任何時候更快、傳播
的範圍更廣，傳播效率也更高，並隨著媒體種類與數量的急劇增
加，不斷強化了其對人類文化生活的左右，也相應消解了文學傳
統媒介的霸權力量，文學受眾有著更大的自主性、選擇性、能動
性。另一方面，傳播媒介介入了文學藝術的創作過程，不論是作
為一種新的傳播工具，還是作為一種與之相對應的傳播體制，都
在相當程度上成為藝術的一部分。前者給藝術帶來許多有別於傳
統文學藝術的新的體驗和形式，後者使現代商品生產和市場因素
對文化藝術的介入也越來越深，文學除了自身的規定性之外，市
場的規定性作用也越來越大，傳媒的作用 —— 包括廣告、宣傳、
市場炒作，品牌效應、事件效應等因素日益成為一部作品被接受
與否和接受程度的重要決定因素。這些傾向性特徵，可以說是三
種媒體給文學帶來的共同影響。但若仔細分辨，它們在其中又各
自發揮者性質各異、程度不同、潛力不等的影響作用，中國的人
文學者，尤其是文學研究者，應該以開放的心態，在科技的加速

發展中加強對普及性媒介的技術本質的瞭解，對其在社會生活中所產生或可能產生的影響保持一種敏感，對因此而給文學的形式和內容帶來的變化給予及時的分析研究，同時，又要對這種種技術進步及其後果的人文影響保持高度的警惕。

　　20 世紀末期的媒體轉換給文學帶來的挑戰是全方位的，給文學研究的啓示也是多方面的，從媒體的總體轉換角度對待文學的轉型，我們已經看到，一方面是圖像對文字的擠壓，所謂讀圖時代的來臨，另一方面是互聯網路使文字資訊的過量化、平面化等等一系列的問題，傳統的書面媒體體制下的文學經受著全方位的考驗。如果說，書面體制下的市場化制約和影視對文學的衝擊還有國外發達國家的應驗可以作爲某種參照，有包括馬克思在內的許多近代以來思想家的對書刊媒體的論述、有馬爾庫塞、德里達等對電影、電視時代媒介衝擊的論述可共借鑒 —— 後者甚至對單機個人電腦與文學寫作的關係多有精闢的見解，那麼，互聯網的衝擊則完全是全球化時代人類面對的共同問題。面對以鋪天蓋地而來，並以幾何級數升級換代的互聯網空間，中外理論家和作家們可以說處在同一個起跑線上，我們的探討和總結同樣對世界其他民族的文學研究具有參考價值。

　　可喜的是，中國的文學理論家和批評家群體，已經不再一味地排斥和貶低市場化的操作方式，而開始積極地嘗試以自己的身份和價值標準參與媒體的運作，借助於媒體的力量和管道表達專業知識分子自己的聲音。比如，2000 年，上海的一批評論家展開了關於 "媒體批評" 的討論，同年上海作家協會等組織發起的 "90 年代最有影響的 10 作品" 評選和討論活動；2001 年中國小說學會也組織了 "2000 年度中國小說排行榜" 活動等等，都是在與媒體的合作中表達批評家對 90 年代文學的看法的實踐。同時，對於電視文化和文學的特性和功能，對於新興網路文化的人文影響和網路文學的特性的研究，也已經在學術界展開，並取得了初步成果。但這種研究畢竟還剛剛開始，而且隨著傳播技術的難以預料的發展，還會隨時帶來新的變數，這些變數又將是文化和文學研究的新的挑戰。傳媒時代的文學轉型已經開始，但遠遠沒有結束。

現當代作家篇

志摩的人與《志摩的詩》

一、志摩其人：
跳著濺著不捨晝夜的一道生命水

　　徐志摩（1897～1931），浙江海甯硤石鎮人，原名章〈垿〉，字又申。父親是當地的富商，也是一位具有近代意識的開明實業家。志摩是徐家的長孫獨子，深得家人的寵愛。5 歲入私塾，打下了扎實的古文功底。1907 年入當地的新式小學讀書，1910 年考入杭州府中學，與郁達夫同班。中學畢業後，先後在上海浸信會學院（滬江大學前身）、天津北洋大學法科（預科）和北京大學讀書。

　　1915 年，由父母做主，徐志摩與上海寶山羅店巨富張潤之之女張幼儀成婚，這是他的第一次婚姻。1918 年經妻兄張君勱介紹，正式拜梁啓超爲師。同年 8 月離開北京，赴美國克拉克大學留學，按照父親和他自己的願望，期望成爲中國的政治兼金融家"漢密爾頓"。一年後轉入哥倫比亞大學研究院經濟系學習，1920年以論文《論中國婦女的地位》獲經濟學碩士學位。

　　正當其在通往既定目標的道路上順利前行，眼看博士學位即將到手之際，他卻厭倦了美國社會的功利色彩，受英國哲學家羅素的吸引，不顧家庭的反對，決然橫渡大西洋，去拜羅素爲師學習哲學。到英國後發現羅素不在國內，卻在中國講學，便只好先進入倫敦經濟學院準備攻讀博士學位。不久又由英國作家狄更生介紹，以隨意聽課又不受考試約束的特別生資格，進入劍橋大學國王學院，度過了一段隨意聽課、放鬆讀書和廣泛結交文化名流的時期。

在這段不到兩年的時間裏，青年徐志摩不僅充分領略了劍橋校園優美的自然風光，而且經受了一次刻骨銘心的愛情。當時，他與正隨父親林長民旅居英國的 16 歲的林徽因雙雙墜入愛河，但雙方家庭的壓力又使他們的情感難於有什麼結果，為了實現自己理想的愛情，徐志摩不惜與有孕在身的張幼儀提出離婚。但當他幾經周折離婚後，卻發現林徽因已迫於父親的壓力而悄然回國了。於是徐志摩只好獨自品嘗失戀的苦痛和來自父母的責難，在劍橋之夢的柔波里“享受”奇異的風和月了。正是這個時期，徐志摩在對愛與美，個性與自由的浪漫主義的理解和追求中，婚戀的變故，對自然的發現和沉醉，似乎一下子觸動了他創作的靈府之門，他感到“生命受了一種偉大的力量的震撼，什麼半成熟的未成熟的意念都在指顧間散作繽紛的花雨”，他的“詩情有些像是山洪暴發，不分方向的亂沖”，[1]從而開始了詩歌創作。

1922 年 8 月，徐志摩為追隨林徽因的足跡，中斷留學生活回到北京。但林徽因這時已經和梁啟超之子梁思成有了婚約，徐志摩的期望落空了。他只得以讀書、寫詩、作文、交友來排遣內心的苦痛。1923 年徐志摩參與發起了以英美留學生為主體，有北京的許多政界、實業界和交際名流參加的新月社，並作為其主將，把一個初期的聚餐會和戲劇票友聚會發展成組織和宣導文學創作

1　徐志摩：《猛虎集·序》，新月書店 1931 年 8 月出版。

的著名新文學社團。不久，徐志摩又與有夫之婦陸小曼一見鍾情，並開始了一段轟轟烈烈的、有違當時社會道德習俗的戀愛。經過不懈的努力，終於衝破重重阻力，於次年 10 月與陸小曼結爲夫婦。其間，徐志摩應邀主編《晨報副刊》，並從 1926 年 4 月起，與聞一多等一起於此開闢《詩鐫》，討論詩歌理論，提倡詩歌格律化，對當時的詩壇產生重大的影響。

　　但婚後的生活並不如想像的那樣浪漫美妙。不久，徐志摩因陸小曼的要求移居上海，而陸小曼對社交生活的迷戀和闊綽的開銷，使徐志摩日漸窘迫。在上海，徐志摩一面與胡適、邵洵美、余上沅、聞一多等一起，創辦了新月書店（1927），任書店總編輯，又參與主編《新月》雜誌（1928）、《詩刊》雜誌（1931）。另一方面，爲了維持日常的生計，他又先後在光華等幾個大校兼職任教，還兼任中華書局、大東書局的編輯。在夫妻關係日益不和諧的日子裏，徐志摩試圖以勤奮的寫作、翻譯和編輯工作來排遣和沖淡心中的鬱悶。1931 年初，在胡適的勸說下，他決計離開十里洋場，赴北京大學英文系任教，但陸小曼遲遲不願離開上海，他只得在京滬兩地來回奔波。1931 年 11 月 19 日中午時分，徐志摩在從南京搭乘郵政班機飛往北京的途中，在山東黨家莊開山山頂遭遇空難，年僅 35 歲。

　　徐志摩一生創作時間不長，從 20 年代英倫留學時算起，至 1931 年罹難爲止，不過短短十年。但十年的創作成果卻相當豐厚，不僅以詩歌蜚聲中外，而且散文創作也獨具一格，同時還涉獵小說和戲劇創作、文學批評和外國文學翻譯介紹等領域，即便是記錄其戀愛生活和交往活動的書信日記，也膾炙人口。不過，最爲卓著的還是其詩歌和散文創作，它所成就的華麗局面，在當時還無人企及。

　　徐志摩在世時共出版過三本詩集：《志摩的詩》（1925 年初版，1928 年再版）、《翡冷翠的一夜》（1927）、《猛虎集》（1931）；三本散文集：《落葉》（1926）、《巴黎的鱗爪》（1927）、《自剖》（1928）；以及小說《輪盤》（1930）和單篇散文《秋》（1931），此外還有其身後經親友人整理編印的詩集《雲遊》（1932）和書信、日記等。

　　從詩人整個創作歷程看，大致分爲三個階段： 1921-1922 年是其創作的“衝動期”，有作者留學英國期間所作的大量詩歌，但現存的僅 20 多首，大多散見於當時的報刊，未收入詩人的自選集，以《青年雜詠》、《康橋西野暮色》爲代表，情感熱烈奔放，藝術上則比較稚嫩；第二階段是 1922-1925 年的“蛻變期”，以《志摩的詩》爲標誌；1926-1931 年是“消沉期”，有《翡冷翠的一夜》、《猛虎集》和《雲遊》等。

　　《翡冷翠的一夜》是徐志摩的第二個詩集，是其 1925 至 1927 年部分詩歌創作的彙集。這時期徐志摩的思想和生活發生了一個較大的波折。即 1924 年 4 月，他在北京與陸小曼的相識相戀，招致了社會非議和家庭反對，儘管他倆全不顧這一切，可一時又難以解決。徐志摩在十分痛苦和矛盾的心情下，於 1925 年 3 月 11 日啓程出國歐遊，想暫時擺脫一下生活上的苦惱和困境。他在義大利的翡冷翠（即佛羅倫斯）住了一段時間，將他的傷悲，他的感觸，託付紙筆，寫了不少詩，因此，這部詩集就題名爲《翡冷翠的一夜》。這個詩集，除了有哈代、羅賽蒂等英國作家的譯詩外，還有像《西伯利亞》、《在哀克刹脫教堂前》那樣漫遊歐洲時異國他鄉生活的感受。更有像《翡冷翠的一夜》那樣的愛情詩篇，這正是當時他的熱烈感情和無法擺脫的痛苦的反映。

　　值得注意的是，其中還有一些反映當時重大政治事件的篇章。1925 年和 1926 年，中國革命運動蓬勃興起，"五卅"事件與"三·一八慘案"引起了他的"憤慨"和"悲切"。爲紀念"三·一八"而寫的《梅雪爭春》一詩，揭露了軍閥屠殺無辜，連 13 歲的兒童也慘遭殺害的事實。在《大帥》、《人變獸》等詩篇中，詩人暴露了軍閥活埋傷兵、殺死平民的血腥罪行。這些血淋淋的現實打破了他原來的人道主義理想，於是，思想起了"波折"，"流入懷疑和頹廢"，不少詩篇失去了樂觀調子，染上了憂鬱、失望、逃避現實的頹廢色彩。他詛咒生活，讚頌死亡，要辭別人間去殉戀愛。想像依然奇特，思想卻不免灰暗。不過，藝術上逐漸趨於成熟，形式技巧更加注意推敲，詩式也更多樣化了：有對話體，也有打夯歌、豆腐乾式詩；有敍事，也有抒情；還醉心於音節與格律的錘煉。

　　在《翡冷翠的一夜》之後，徐志摩還有兩本詩集，一是由他自己編選的《猛虎集》，一是其身後由他人編選的《雲遊》，其中收錄的多是徐志摩的後期作品。1927 年後，徐志摩的資產階級民主共和國的政治理想完全破滅，同時，對工農革命又有恐懼和抵觸，思想陷入深深的矛盾和絕望之中。於是，他不免"不知道風在那個方向吹"（《我不知道風在哪個方向吹》）；再加上其婚姻生活日漸顯露出浪漫背後的瑣碎平凡真相，於是他的筆下出現了這樣的句子："陰沉，黑暗，毒蛇似的蜿蜒，/生活逼成了一條甬道：/一度陷入，你只可向前，手捫索著冷壁的粘潮"（《生活》）·人生就如一列黑夜裏的火車，"長蟲似的一條"，"一死兒往暗裏闖"（《火車擒住軌》），充滿了悲觀厭世的"世紀末"情調。不過，思想的悲觀矛盾和情緒的低沉，並沒有完全拘縛他的詩歌才華，當他以特有的敏感抓住突然襲來的靈感時，就有"像是春光，火焰，像是熱情"的黃鸝鳥（《黃鸝》），有"翩翩的在空際雲遊"（《雲遊》）等意象呈現。抒寫自己"微妙的靈魂的秘密"，幾乎成爲詩人生命形象的寫照。特別是《再別康橋》一詩，巧妙地選取了夜幕降臨時的劍橋這一攝人心魄的戲劇性情景：康河的美景和離別的傷情、美和美的消逝之間形成了強烈的緊張和對照，而傍晚的朦朧暗淡色調又格外強化了惜別的氣氛，將"甜蜜的哀愁"推向極致。全詩纏綿低徊，柔情繾綣，既溫馨靜謐，又瀟灑飄逸，語言空靈含蓄，情景相融，音節頓挫抑揚，聲調迴環往復，詩行長短錯落有致，把性靈、意象、音樂和建築之美和諧地結合在一起，典型地代表了徐志摩詩歌的藝術才華和風格。

不過，從總體上看，《猛虎集》和《雲遊》中思想情感內容和形式的不平衡狀況還是比較明顯。除上述列舉的少數篇章外，大部詩歌的內容偏於空泛或者重複，而越來越追求形式的整飭和美觀，不論在詩行的排列，音韻的鏗鏘，節奏的明晰，用詞的推敲上，都較前兩個詩集有了變化和發展。這一點，茅盾早有恰當的評述："圓熟的外形，配著談到幾乎沒有的內容，而且這淡極了的內容也不外乎感傷的情緒 —— 輕煙似的微哀，神秘的象徵的依戀感唱追求：這些都是發展到最後一階段的現代布爾喬亞詩人的特色，而志摩是中國文壇上傑出的代表者"。[2]

二、《志摩的詩》：瀟灑空靈的追求者之歌

徐志摩的詩歌創作大致經歷了這樣一個變化過程，從形式上來說，早期的詩歌粗疏而活潑多樣，中後期則體現出對規範的追

---

2 茅盾：《徐志摩論》，原載《現代》第 2 卷第 4 期，現代書局 1933 年 2 月 1 日出版。

求並逐漸圓熟；從情感上說，早期激烈、熱情、奔放，中後期則漸趨頹喪、低沉。儘管徐志摩在《猛虎集》之後的創作在藝術形式上更趨於成熟[3]，並寫出了如《再別康橋》、《雲遊》那樣廣泛流傳的精美之作，但如果要從他的四本詩集中選擇其一，那麼，無論從題材的多樣性、情感的豐富真切程度，還是從發展的可能性角度說，其"蛻變期"的詩集《志摩的詩》更能體現徐志摩詩歌創作的個性特點，也更能反映其對中國新詩發展的貢獻。

作爲詩人的第一本詩集，《志摩的詩》先後有兩個版本，一是 1925 年 8 月的初版本，二是 1928 年新月書店的再版本。兩個版本都由作者親自編輯，所以都代表了詩人的觀點。同時，兩個版本之間的不同，也反映了作者對於自己詩歌創作的評價和詩藝追求的變化。初版爲作者自費出版的"聚珍仿宋版"線裝本，由北新書局印行，收入 1922 年至 1925 年創作的 55 首詩歌。詩集問世後，引起新詩界的積極反響，同爲新月派成員的詩人朱湘和陳西瀅相繼發表評論[4]。到第二版修訂時，徐志摩刪除了初版本中的 15 首詩以及《沙揚娜拉》18 節中的前 17 節，加入《戀愛到底是什麼一回事》1 首，共 41 首。

《志摩的詩》所體現的思想情感是豐富而複雜的，其中洋溢著作者活潑好動、瀟灑空靈的個性。他熱烈地追求"愛"、"自由"和"美"的理想（如《爲要尋一顆明星》、《嬰兒》），不遺餘力地謳歌愛情（如《雪花的快樂》、《我有一個戀愛》、《落葉小唱》），追求人與自然的和諧（如《自然與人生》、《鄉村

---

3 如朱湘和陳西瀅都肯定了徐志摩在體式上的嘗試，但也提出了許多（尤其在用韻方面）批評。《評徐君〈志摩的詩〉》載《小說月報》第 17 卷第 1 期，1926 年 1 月 10 日商務印書館出版。陳西瀅評《志摩的詩》的一則《閒話》，原載 1926 年《現代評論》第 3 卷第 72 期。
4 同上。

裏的音籟》），又激烈地揭露和批判傳統和現實的"殘毀""醜陋""罪惡""煩悶"和不公（如《這是一個懦怯的世界》、《毒藥》），也表達對於弱小平民的人道同情（如《太平景象》、《叫化活該》）。當這些情感和意蘊的表達，與詩人在體式、意象、結構、節奏和音韻的成功嘗試和諧結合時，就使其中的許多篇章顯現出徐志摩詩歌獨有的魅力。

　　創作於 1924 年末的《雪花的快樂》是一首情調溫柔瀟灑而又纏綿優美的詩歌，作者將它置於詩集的首篇，別有用意，也的確是最能體現作者個性的詩歌之一。詩人對愛情的熱烈追求、尋覓理想的執著、瀟灑和歡快的心情，借助"飛揚、飛揚、飛揚"的雪花的意象生動地傳達出來，寄託了作者對美好事物的嚮往。雪花是潔白、純潔的象徵，也是聖潔單純心靈的映照和化身。詩人將內心的詩情賦予雪花，將雪花人格化。這個快樂的精靈，一路在半空中翩翩、瀟灑又娟娟的飛舞，不去"冷寂"、"淒清"、"惆悵"的去所，而直飛往"清幽"的花園，"盈盈的，沾住她"、"貼近她"，融入"她柔波似的心胸"。這裏的"她"，是詩人想像中的情人，是一種昇華了的神聖純潔的理想愛情，更是一種精神力量和人格的理想化。詩歌反復運用疊字疊詞，既渲染了雪花的輕靈優美的情態，又強化了讚美之情，也增強了音樂感。清新的意象、流暢的詩句、優美自然的節奏，構築成一個幻美的藝術境界。

　　同樣是抒寫對理想的執著追求，《為要尋一顆明星》則顯示出一種悲劇性意味，表現出靈魂努力而悲涼的掙扎。詩中拐腿的瞎馬、騎手、明星、荒野、天空、黑暗等意象，全不指向實在的生活內容，但都具體、生動、澄明，並寓於多層次的象徵意味，"明星"是騎手至死追求的目標，是理想、美、信仰或者愛情的象徵，它與尋求者之間具有一種嚴峻的關係：黑綿綿的昏夜遮蔽了明星的光線，而執著的騎手卻尋求它的皦亮，中間隔著黑茫茫的荒野，騎手的胯下卻是匹拐腿的瞎馬。於是，在想往和可能之間構成了悲劇性的緊張關係。詩人還組織了一個線條明晰的情節作爲詩的悲劇結構：向著黑夜→沖入荒野→無望在荒野→倒斃在荒野。結尾寫得最爲出色，它像一幅震撼心靈的油畫：

> 這回天上透出了水晶似的光明，
>
> 荒野裏倒著一隻牲口，
>
> 黑夜裏躺著一具屍首。 ──
>
> 這回天上透出了水晶似的光明！

　　猶如基督受難圖一般，以無聲的安詳表達殉難的壯美、神聖和高貴。那“天上透出的水晶似的光明”，是對明星尋求者靜穆莊嚴的祭奠，也是徐志摩作爲浪漫主義詩人的標誌。詩人還採用了一種複遝變奏的曲譜式抒情手段；每段的展開方式大致相同，從一個意象出發、展開，又逆向回歸這個起點。但每一個回歸又同時是一種加強和新的展開。這樣，就使每一個意象都在“關係場”中得到了可能的功能性敞開，並讓我們的經驗和情感得到了充分的調動。

　　而作爲抒情短章的《沙揚娜拉 ── 贈日本女郎》，最能夠體現徐志摩的抒情魅力。在初版《志摩的詩》中，《沙揚娜拉》原是由 18 節短章組成的組詩，內容相聯而各自獨立。1924 年 5 月，徐志摩隨印度詩人泰戈爾遊歷日本，這組詩就是旅行期間的創作，而詩歌的體式也與泰戈爾式的短詩的啓發有關。詩集再版時，僅留下題獻爲“贈日本女郎”的最後一節，確實是其中的精美抒情小品：

> 最是那一低頭的溫柔，

　　像一朵水蓮花不勝涼風的嬌羞，

　　道一聲珍重，道一聲珍重，

　　那一聲珍重裏有蜜甜的憂愁——

　　沙揚娜拉！

　　"沙揚娜拉"是日語"再見"一詞的音譯，徐志摩的這一獨到翻譯，情韻並茂，已經在漢語中廣爲流傳。短詩以一個精巧的比喻，描摹了日本少女在送別瞬間嬌羞而含情脈脈的形象。溫柔的舉止、嬌羞的表情、微妙的心理活動："低頭的溫柔"與"水蓮花不勝涼風的嬌羞"，兩個並列的意象妥帖地重疊在一起，人與花，花與人，已難以分辨了，猶如一股朦朧的美感透徹肺腑，像吸進了水蓮花的香氣一樣。沉默之後，對方將欲離去，才又匆忙連聲道別，不舍之情被反復強調。而"甜蜜的憂愁"這一矛盾的修辭，拉大了柔情與感傷之間的情感張力。將兩者的奇特並置混合，再用一個"——"相聯，以"沙揚娜拉"作結——既是楊柳依依的揮手作別，又仿佛在呼喚那女郎溫柔的名字——組合成一首音調纏綿悱惻、節奏舒緩悠揚的抒情小曲，親切動人，令人回味不盡。

　　對於詩歌不同體式的大膽嘗試是《志摩的詩》的一個特色。在初版剛一問世時，朱湘與陳西瀅的評論，都同時在這一點上予以肯定和贊許。無論是初版還是再版，詩的形式都顯得變化多樣，有《卡爾佛裏》這樣70多行的長詩，也有《沙揚娜拉》這樣的短章；有《灰色的人生》這樣的自由詩，也有《毒藥》、《白旗》、《嬰兒》這樣的散文詩；有《一條金色的光痕》這樣對於方言土語入詩的嘗試，更多的是對西方的詩式進行試驗，比如對於十四行詩體的模仿（《天國的消息》）和其他西方詩歌韻體的嘗試等等。這一時期，是徐志摩詩式的試驗期，也是他詩歌技巧的磨練期，他是在摸索和試驗中顯露出詩人的才華和詩歌的獨特風格的。

三、徐志摩的文學成就及其影響

　　作爲出身於鉅賈名門的富家子弟，又在劍橋那樣貴族化的學校受到深刻薰陶的人，徐志摩的思想性格是一個複雜的矛盾體。五四新文化思潮的感召、對於西方文化的嚮往、深入頻繁的中西交往活動、活潑好動的個性和廣泛的社交生活，造就了徐志摩開闊的世界性文化視野。他的性格單純、熱情、衝動，思想駁雜、浮泛又多變化，既執著於對理想的追求又不免常常失望和痛苦，但始終不失快樂的基調。朱自清曾說，徐志摩“是跳著濺著不捨晝夜的一道生命水”[5]，他也形容自己的性格：“我的心靈的活動是衝動性的，簡直可以說痙攣性的”（《落葉》）。正由於徐志摩性格的單純、透明的特性，其矛盾、駁雜的思想在創作中都有不同程度的體現，而且，這種矛盾和駁雜還使他的詩作形成了一種多面體的結晶。

　　徐志摩具有強烈的民族意識和愛國熱情，在他的不少作品裏都滲進了反帝、反封建、反軍閥，爲被壓迫者呼號的內容。面對黑暗腐朽社會底層民眾的痛苦生活，詩人吶喊著，要開放“寬闊的粗暴的嗓音，唱一支野蠻的大膽的駭人的新歌”，鼓勵讀者“到民間去，聽衰老的，病痛的，貧苦的，殘毀的，受壓迫的，煩悶的，奴服的，懦怯的，醜陋的，罪惡的，自殺的”　“靈魂的呻吟”（《灰色的人生》）。但徐志摩在本質上是一個個人主義和人道主義者。他認爲，人類社會發展的根本原因，是在人們的性靈。他

---

5 朱自清：《中國新文學大系》詩集（第八集）導言，良友圖書公司 1936 年出版。

的理想是個人的性靈得到最大自由的發展，並宣稱是一個"不可教訓的個人主義者"，"只知道個人，只認得清個人，只信得過個人"，[6]並爲尋求自由、愛、美而不停地歌唱。

　　他對理想是狂熱而堅執的，但思想又常常是矛盾、混亂的。尤其當嚴酷的現實與玫瑰色的理想形成尖銳對峙時，他失望、憂憤、痛心疾首，更因理想的狂熱、愛的深沉，使隨之而來的失望的痛苦也就特別強烈。他卻找不到出路，不知道"風是在那一個方向吹"。他曾讚美列寧的精神，卻又聲稱"不希望他的主義傳佈。我怕他"；他曾歡呼冬宮的紅旗，稱那紅色是一個偉大的象徵，"代表人類史裏最偉大的一個時期"，"爲人類立下了一個勇敢嘗試的榜樣"（《落葉》），轉而又抨擊十月革命爲"人類史上最慘刻苦痛的一件事實"[7]。這使他在創作中總是同情多於批判，傷感多於憤怒，憂歎多於吶喊，頹唐多於昂奮，詩稿多呈"殘破的花樣"。

　　徐志摩複雜而認真的藝術實踐，創造了迷人的藝術奇觀。駁雜的主題表現、濃烈的情感抒發、多樣的形式嘗試、華麗的詞藻和靈動的韻律，是徐志摩詩歌創作的風格特色。在其十年創作歷程中，這種藝術風格又經歷了一個發展演變過程，其詩歌的情緒由早期的和諧、單純、昂揚、樂觀，到中期的複雜多元，失望、激憤與憂鬱日漸濃重，信心開始動搖，在希望與絕望的交戰中，矛盾與猶疑成爲這一時期的特色；再往後，詩人的理想、信心趨於崩潰，終於跌入消沉的深淵，淒涼、頹喪、孤獨、恐懼、自卑和危機感、宗教神秘以及宿命意識合成了寒氣逼人的氛圍。在尋找解脫的努力中，徐志摩實際上完成了其詩情由浪漫主義的生機

---

6 徐志摩：《列寧忌日 —— 談革命》，見《落葉》北新書局 1926 年出版。
7 同前注。

勃勃向西方“世紀末”乃至現代主義氣質的過渡。在這由暖而寒，由春色盎然到寒氣襲人的詩歌世界裏，惟一貫穿全部三個時期的主題是對美的禮贊。相對來說，展示自然美的詩歌多出於前兩個階段；情詩則大量集中在第三階段。同時，詩人的視野也隨著情緒的更替，經歷了由外而內的轉換，即從早期的朝向廣闊天地的眼光，轉變爲後期的自我內心的觀察和體味。從詩歌藝術的角度看，他經歷了從早期的“情感無關闌的氾濫”到中後期的對詩歌形式的嚴謹而多樣的探索嘗試，創作了如《沙揚娜拉》、《爲要尋一顆明星》、《再別康橋》和《雲遊》等一批融詩情、畫意、樂韻和建築形式美於一體的經典之作。

徐志摩對新文學的貢獻，還體現在其文學活動方面。作爲新月詩派的代表作家，作爲新月派的“盟主”，徐志摩的創作及其影響，總與新月派連在一起。新月派的形成直至消亡，都與他發生著密切的關係，他參與了新月派的整個活動，他的創作體現了新月流派鮮明特徵。

首先，從新月社成立到逐步形成一個文學流派 —— 新月派，歷時約十年，徐志摩始終在其中起著重要的核心作用。他是前期新月詩派的核心成員，更是後期新月派的主要旗幟。1923 年春，從英國回來不久的徐志摩就在北京辦起了新月俱樂部，俱樂部組織同仁舉行聚餐會，編戲演戲，吟詩作畫，逢年過節舉行年會、燈會。出於對印度詩人泰戈爾的崇敬，徐志摩借用其一本詩集名字，提議以“新月”二字爲社名，新月社便因此得名。不過，在1925 年以前，新月社仍屬沙龍性質的團體。1926 年《詩鐫》的創辦，以及其撰稿人努力於中國新格律詩的創作和詩藝的探討，標誌著新月詩派的形成。除第三、四兩期由聞一多編輯，第五期由饒孟侃編輯外，其全各期均由徐志摩主編，創刊和終刊時所發表的《詩刊弁言》和《詩刊放假》也是徐志摩執筆。1927年春，部分新月社成員因政局變化及其它種種原因，紛紛聚集上海。在徐志摩積極努力下，與聞一多、胡適、邵洵美、梁實秋、余上沅等作家一起，創辦了新月書店，新月派也進入了後期。1928年3月，徐志摩在光華、東吳、大夏大學等校任教的同時，又創辦了《新月》月刊。《新月》至1933年6月終刊，共出刊4卷43期，不僅刊出新月派成員的作品，也發表非新月派的郁達夫、巴金、丁玲、胡也頻等的作品。後期新月派的成員雖各有差異，但從事詩歌創作，研討新詩的傳統一直得以延續。1931年1月20日，徐志摩與陳夢家、邵洵美等又創辦了《詩刊》季刊，共出四期。同年9月，陳夢家從《詩鐫》、《新月》和《詩刊》選了18位詩人的80首新詩，編成《新月詩選》一書，從中大致見出新月詩派的基本面貌和特色。而在徐志摩因飛機失事去世後不到兩年，隨著《新月》的停刊，新月派的整個活動也就中止了。

其次，徐志摩不僅在理論上積極宣導，更在創作中努力實踐新月詩派的創作追求。自郭沫若的《女神》徹底衝決了傳統的詩詞形式，爲新詩的發展開闢道路之後，確立新的藝術形式和美學原則，是新詩走向“規範化”，“使詩的內容及形式雙方表現出美的力量，成爲一種完美的藝術”[8]的任務日漸迫切。於是，新月派詩人提出了“理性節制情感”的美學原則與詩歌形式格律化的主張。

1926年，聞一多借《詩鐫》提出了著名的新詩格律理論，包括“樂音的美（音節）”、“繪畫的美（詞藻）”和“建築的美（節的勻稱和句的均齊）”[9]，被公認爲新月派詩歌特色的一個標

---

8 于賡虞：《志摩的詩》，載《晨報·學園》1931年12月9日。
9 聞一多《詩的格律》，載《晨報副刊·詩鐫》第七號，1926年5月13日出版。

誌。徐志摩對聞一多十分尊崇，在《猛虎集·序文》裏，更是坦誠地告白世人："這五六年來，我們幾個寫詩的朋友多少都受到《死水》的作者的影響"，在《詩刊弁言》中也聲稱"完美的形體是完美的精神的唯一表現"，詩人應當爲新詩"搏造適當的軀殼"，尋找"詩文與各種美術的新格式與新音節"。同時，也對聞一多的格律化理論和創作上的偏向做出部分修正，認爲"一首詩的字句是身體的外形，音節是血脈，'詩感'或原動的詩意是心臟的跳動，有它才有血脈的流轉"，而"單講外表的結果只是無意義乃至無意識的形式主義"[10]，堅持形式與內容的完美統一。

　　在詩歌創作中，徐志摩一方面繼續《志摩的詩》已經開始的體式探索。在《大帥》、《罪與罰（二）》中，引入戲劇對話和獨白，採用合乎人物身份的土白方言，通過具有一定戲劇性的情節，表現人物的獨特命運與感情，由此反映軍閥統治下下層民眾的不幸。另一方面努力克制早期那種"像是山洪暴發，不分方向的亂沖"的情感，有意識地改變直抒胸臆的抒情方式，努力將情感的抒發與意象的營造、節奏的控制和音韻的選擇和諧地結合，創作出如《再別康橋》這樣近乎完美的抒情篇章。

　　朱自清曾說過："現代中國詩人須首推徐志摩和郭沫若"，[11]但正因爲徐志摩的詩名太大，往往使人們相對輕視了其散文成就。其實，同時代的不少作家如周作人、沈從文、梁實秋、楊振聲等，都對徐志摩的散文給予了高度評價。周作人在編選《中國新文學大系·散文卷》時，所收徐志摩的作品最多。他將徐志摩的散文歸於"流麗輕脆"的一類，"彷彿是鴨兒梨的樣子"，認爲

---

10 載《晨報副刊·詩鐫》第 1 號，1926 年 4 月 1 日出版。
11 朱自清：《中國新文學大系》詩集（第八集）導言，良友圖書公司 1936 年出版。

其特色是在白話的基礎上加入古文、方言和歐化成分，從而使引車賣漿之徒的話成為富有表現力的文章，僅就文體而言就是一個很大的貢獻。徐志摩散文的特色在於坦誠率真，在情感及其表達上沒有絲毫的做作和矯飾，哪怕按照習俗認為是丟臉的事，他也會在文章中直捷地說出；同時，其想像力的闊遠超脫、無羈無束，其詞藻的華麗秀逸，其音韻的富於節奏和旋律感，都在現代文壇上獨樹一幟。若按照內容來分，他的散文可分為寫景抒情、描述所崇拜的偶像及其創作、自我剖析、議論時政和懷悼親友等五類。這五類散文各具特色，而又尤以第一類最能體現其散文的特點。所有這些散體文字，在某種程度上都是其詩歌情感的另一種形式的表達。楊振聲描述徐志摩的散文特色道：“那用字，有多生動活潑！那顏色，真是‘濃得化不開’！那聯想的富麗，那生趣的充溢！尤其是他那態度與口吻，夠多輕清，多頑皮，多伶俐！而那氣力也真足，文章裏永遠看不出懈怠，老那樣像夏雲的層湧，春泉的潺湲！”。[12]

徐志摩短短的一生，為中國新文學留下了一份獨特的遺產。他以一顆單純到透明的童心，把對自然的執著愛戀，對自由、美和愛的熱烈追求，對生命的真摯崇拜，對人世悲歡的感慨，對性靈的讚美歌唱，用豐潤優美的詩的語言，嚴謹又多樣的詩的形式，幽遠含蓄的詩的意境，奇麗不羈的詩的想像，親切又灑脫地表達出來，喚取了幾代讀者的美的情感。儘管由於意外的早逝，徐志摩的詩藝還沒有來得及在整體上達到完美的境界，但其大膽多樣的探索精神，已經取得的詩藝成就，已經在中國現代新詩史上具有不可替代的地位。

---

12 楊振聲：《與志摩的最後一別》，載 1932 年 1 月《新月》第 4 卷第 5 期。

徐志摩早年日記的
發現及其價值

　　這裏所說的徐志摩的早年日記，是指他在 1911 年和 1919 年所記的日記。關於徐志摩早年日記的發現，自 80 年代之後一再被提及，但因爲至今沒有印行，再加上其他種種原因，便引出許多訛傳，甚至對有沒有這兩份早年日記、日記本身是否爲徐志摩所作也提出了疑問。筆者有幸看到這兩本日記的影印件，並對此做了整理，現在其即將出版之際[1]，對該日記從發現到整理、出版的經過作一介紹，也對這一新的公案加以澄清。

一、陳從周先生關於日記發現的說明

　　徐志摩早年日記的發現，最早要追溯到文化大革命後期。首先披露這一消息的，是著名古建築和園林專家、同濟大學的陳從周先生，陳先生既是徐志摩的表妹夫，又是最早編撰《徐志摩年譜》的人，此書 1949 年 8 月在上海自費印行，1981 年 11 月上海書店影印出版。50 年代後的台港和 80 年代以來的大陸學界，對

1　本人整理的徐志摩日記，本來由復旦大學出版社出版社，後來因爲種種原因而延遲。不久前，看到由北京圖書館出版社出版了由虞坤林先生整理的《徐志摩未刊日記》，就知道我整理的東西也沒有出版的必要了。但我寄給《新文學史料》的兩份稿件，一份是徐志摩 1919 年日記選的整理稿；一份是本文，則在兩年沒有消息之後發表了。

詩人徐志摩的生平和創作的研究都繞不開陳從周先生的這本薄薄的《徐志摩年譜》。陳先生在 80 年代初收到徐志摩之子寄來的日記影印件，"展卷之下，不禁悲歡交集，70 多年後居然猶在人間，天佑詩人，而我亦如賞重願，總算心誠求之，可安慰他於九泉了。"寫下了《徐志摩日記的發現》一文。後來，陳從周與趙家璧等應邀參與商務印書館香港分館的《徐志摩文集》（補編）的編輯工作，故將這兩份早年日記寄給香港商務印書館的關佩貞女士，關在接到"日記"後，也專門著文予以介紹。但之後四卷本《補編》出版時，其中卻沒有"日記"，這就引起了外界的一些猜測。最近，大陸作家韓石山的新著《徐志摩傳》中，也專門涉及此事，但因為種種原因，引出許多訛傳。現在日記本身公諸於世之際，一些問題也可以得到澄清了。

陳從周先生在《徐志摩日記的發現》一文中，不僅對"發現"的經過有扼要的介紹，其中包括日記在抗戰時期被日本隨軍記者岡崎國光劫去，後轉手於日本人松枝茂夫和齋藤秋男，最後回到詩人後代手中的傳奇經歷，並對日記（1911 年）本身的價值有精到的評判。但因為日記後來未能及時如願印行，之後的許多疑問都與此文有關。陳文交代了詩人的這兩本早年日記的傳奇經歷，並引述了其中幾個片段，結合陳先生對徐志摩的瞭解和理解，對其人生觀和藝術與文化素養的形成作了分析，肯定了日記本身的歷史價值和對於研究徐志摩的意義。其中引述了 5 月 3 日所記關於黃花岡之役一段：

"今閱報章，悉革命軍已敗，不禁為我義氣之同胞哭，為全國同胞悲，痛羽翼之已成，而中道摧阻，是天不使吾漢族伸氣也，夫何言，吾惟願有血性有義氣之同胞，奮其神武，滅其胡兒，則中國其庶幾乎有稱雄於世界之一日矣，同胞，同胞，曷聞吾言而興起乎。"

　　並稱 "少年時的志摩是意氣風發，有其愛國與革命的熱忱。" 此文作於 1987 年之前，先收入其散文集《簾青集》（同濟大學，1987），後收入《陳從周散文選》（同濟大學，2000）。如文中所言，在撰文當時，陳先生只看到其中的一冊，即辛亥年日記，1987 年所補記的 "徐積鍇近已將另一本日記寄給了我" 一語中，所指的另一本即是 1919 年的留美日記，但陳先生在看到後，對文章未做修改和補充，即沒有補充對於 1919 年日記的評價。之後，陳從周先生將這兩本日記寄給了商務印書館香港分館，他在《〈徐志摩年譜〉談往》中這樣寫道：

　　"1987 年 4 月 4 日清晨，我將徐志摩兒子積鍇侄從美國寄來他父親早年日記複印本，付郵寄給商務印書館香港分館，歸途在新村樹陰下休息一會，往往般般，一時湧上心頭，如夢如幻，我總算對得起這位作爲至親的大詩人了"。

二、因日記手稿得而復失而引起的訛誤

　　自陳從周先生發表《徐志摩日記的發現》以來，由於沒有及時將日記內容公開，於是在徐志摩研究界引起裏許多猜測和議論，相關論述中也因此出現裏許多訛誤。說起種種訛誤的由來，不得不先從關佩貞的一篇文章說起。1988 年 5 月，商務印書館香港分館的關佩貞女士在《明報月刊》發表了題爲《徐志摩日記失而復得》的文章，從文章的內容看，她顯然已經收到了陳從周寄去的日記印影本。但這篇短短的介紹文章中出現了不小的錯誤。她將徐志摩的早年日記分成三個時期：

　　"徐志摩 1911 年就讀杭州府中，1917 年漫遊美國，以及 1919

年在美國攻讀碩士學位之時"。

　　這裏，所謂"1917年漫遊美國"則明顯與事實不符，文章後面的注釋爲：

　　"這段日記錄在 1911 年中學日記之後，無明確年月。今按陳從周編《徐志摩年譜》中謂徐志摩於 1917 年漫遊美國日本而訂出年份。"

　　看了這段注釋我才知道，她所依據的是陳從周先生的《徐志摩年譜》，要是有錯，似乎也錯在陳從周先生那裏，與關佩貞無關。但翻開《徐志摩年譜》，上面明明寫著，徐志摩 1917 年在北京讀書，1918 才赴美留學，而且還提及他赴美時乘船過太平洋時所寫的《啓文》，其中激情洋溢地抒發他報效祖國的雄心壯志，這已經爲許多徐志摩研究者在各種傳記中一再引用，對詩人徐志摩生平稍微瞭解一點的讀者，都熟悉這段文字，關氏想來也不會不知道。其實關女士只要稍稍作一些推理，就不會輕易得出這樣的結論來。試想，要是徐志摩在 1917 年就已經"漫遊"過美國日本，他還能有 1918 年《啓文》中這樣的激情和新鮮感嗎？再說，任何其他資料都表明 1917 年他是在北京讀書呀？就是在陳著《年譜》中，從頭到尾也並無徐志摩"1917 年漫遊美國日本"的文字。

　　關於這段"遊記"文字到底怎樣看待，留待下文分析，筆者可以肯定的是，它至少不是徐志摩的其親見歷聞的記述。這裏先說關氏文章中的錯誤結論到底怎麼得出的。仔細對照陳從周著《徐志摩年譜》，發現在相應的地方，倒有關於徐志摩的老師梁啓超在 1917 年漫遊美國、日本的記載。看來，錯不在陳從周先生，而在關佩貞，關女士自己看錯了《年譜》的文字不說，還輕易得出結論，又把它"歸功"於陳從周先生，並由此推斷這段"附在 1911 年之後"的日記爲詩人在 1917 年在美國的遊記了。不僅如

此，關文在最後一節還進而分析這部分"遊歷日記"，並引述了
其中一段關於尼亞加拉瀑布的文字，用於佐證徐志摩迷醉自然之
美的浪漫主義氣質，更與泰戈爾的影響和其老師梁啓超"文辭優
美，情感奔放、又不拘束呆板"的"新民體"聯繫起來，真是旁
徵博引，洋洋灑灑。只是這樣的引申是建立在沙丘之上，不僅禁
不起推敲，而且還容易使人上當。韓石山就是上當者中的一個。

　　韓石山的《徐志摩傳》（十月文藝，北京，2001）是最新的
關於詩人徐志摩研究的論著了，韓著在敍述體例上的嘗試，也值
得徐志摩研究者和其他傳記作家的注意。但令人遺憾的是，書中
有關徐志摩早年日記的一節，也有不少錯誤。本來，在 40 多萬字
的著作中，難保會有一些失誤，只是韓石山的有些推測，直接關
係到徐志摩早年日記的真僞，這裏不能不作一番考辨。韓著中的
過失，有的可能是筆誤或者疏忽，如第 36 頁提到陳從周先生，說
他是"復旦大學教授"，陳先生生前家居離復旦大學不遠，但從
未在復旦大學任教過，解放後一直在同濟大學任教。有的則是過
於輕信所引的某些文字了。如第 38 頁所引香港《大公報》（1999
年 7 月 16 日）柴草《滬上訪尋與徐志摩有關的人事》一文中關於
陳子善（華東師範大學教授，現代文史專家）與徐志摩之子徐積
鍇交往的文字，說到 1997 年清明節前徐積鍇攜其子善曾（即徐善
曾 —— 引者注）來上海，要陳子善陪他們去看看徐志摩在上海的
幾處故居，文中轉述陳子善先生的話說：

　　途中閒聊時，徐積鍇主動跟我提起關於《府中日記》這件事。
說是原來寄給了陳從周，後來再問他要，陳從周卻寄錯了，寄了
兩個下冊給他。徐積鍇對此有點介意。

　　這裏，柴文所述這一細節已與事實不符。事實上，在陳從周
和徐積鍇間郵寄徐志摩日記手稿影印件的過程中，確實發生過

"寄了兩個下冊"之誤,但錯寄的不是陳從周,而是徐積鍇自己。這一點在上文所引陳從周先生的《徐志摩日記的發現》一文中已經提及。其實,在韓石山緊接著所引的 1999 年秋徐積鍇給他(指韓石山)的復函中,徐實際上已經澄清了這一事實,只是韓石山沒有意識到而已:

"《府中日記》當初寄陳從周先生時,誤寄了兩份一樣的半本,後來他發現後即將另外半本寄給他,他也沒有將多餘的半本還我。1997 年我帶子女四人前往硤石掃墓,同時因我年老,以後不便再去,帶他們看看這個老鄉,並率小兒去看望陳從周先生一次,希望能找到那半本《府中日記》,想不到他已言語支吾,雖由他女兒幫同找,亦無結果,只好掃興而歸。"(轉引自韓石山著《徐志摩傳》第 39 頁)

信中說得明明白白,是徐積鍇寄出時,可能因為手頭複製了不止一份,故而誤將兩個"上半本"(這裏的指稱有誤,其實日記本就是兩本,故確切地說不是"半本",而是其中的一本,所謂上半本,即 1911 年日記 —— 筆者著)寄給國內的陳從周先生,陳先生收到這份歷經 70 多年風雨的詩人日記後,感慨不已,當即披覽,並寫下了前引《徐志摩日記的發現》一文,文中對誤寄之事作了說明,故而徐積鍇信中有"他發現後即將另外半本寄給他"的話,原來陳先生發現徐積鍇誤寄後隨即去書詢問,不久徐又寄來"下半本"即 1919 年日記,並希望陳將重複的"上半本"寄還給他,但陳先生可能因故沒寄,這才有上引柴草一文中的"徐積鍇對此事有點介意"之事。但韓著中隨即做出的一些推測就過於大膽了,他竟說:

找不見了不能出版,這只是一種情況。還有一種情況也不能不考慮到,那就是,這部《府中日記》不是徐志摩的,所以不收了，徐家人也不提了。

　　韓石山的理由是：

　　據看到日記全文的關佩貞先生說，日記後面還附有作者 1917 年漫遊美國的日記，且有 1919 年五四爆發時的記載。這不能不令人疑心這部日記非徐志摩所記了。據關佩貞文章後面的附注說，1917 年漫遊美國的時間，是根據一本徐志摩的傳記勘定的，尚可存而不論。1919 年徐在美國留學，絕不會看到國內 "警局門前人聚如蟻"，則是鐵定的事實。

　　這裏，韓石山顯然對幾種看起來矛盾的說法發生了疑慮。但奇怪的是，他寧願懷疑徐志摩日記存在的事實，卻沒有對關佩貞女士文章中的說法產生懷疑。原因當然因爲關是 "看到日記全文" 的，但之前有那麼多人同樣看到過全文，其中至少包括劫走日記的岡崎國光、保存日記多年的中國文學研究會的松枝茂夫及齋藤秋男三個日本人，還有徐志摩之子徐積鍇和徐志摩研究專家陳從周等等，後者不僅是詩人的表妹夫，是第一本《徐志摩年譜》的編定者，對詩人的身世及其熟悉，在讀了 1911 年日記影印件後還專門著文發表。對於這些人，韓石山怎麼就輕易懷疑起來了呢？而且，韓著對於 "1917 年漫遊美國的時間" 所說的 "根據一本徐志摩的傳記" 也與關氏一文中的原注內容（見前引）不符。如上所引，該書不是 "傳記"，而是 "年譜"，如果核對一下陳從周編《徐志摩年譜》，就會發現關文明顯的錯誤，也就不會輕易掉頭懷疑日記的存在了。

　　至於韓石山所說 "1919 年徐在美國留學，絕不會看到國內……" 云云，並以此 "鐵定的事實" 懷疑日記的存在，就更顯輕率了。有關 "警局門前人聚如蟻" 這一段日記，陳從周先生的《徐志摩日記的發現》一文中曾有摘引，韓石山既然沒有看到日

記全文，所述也是針對陳從周先生所引這一段。但即使僅僅面對
陳從周先生的轉述，若稍作分析，就不會得出上述 "鐵定" 的結
論來，陳從周的原文是：

5 月 6 日："警局門前人聚若蟻，詢之人雲，米價太貴（至
百文一升），意欲索拘去之人⋯⋯"此記中可見到當時米之市價
與清政府暴政情況，對近代史提供點滴可靠資料。

在所引日記的日期之前雖然沒有標明年份，但後面的 "清政
府"、"近代史" 等字眼，明白無誤地表明所說乃民國之前的事，
也即 1911 年，而不是 1919 年。

三、日記手稿的失而復得的經過

徐志摩的這兩本早年日記，如果從其所記時算起，至今已經
將近 90 年，從被日本侵略軍從詩人的海甯老家擄走算起，也已歷
經 60 年的風風雨雨，上世紀 80 年代又由失而復得，得而復失，
如今終於可以面世了，真有滄海桑田之感。概括起來說，其曲折
的遭遇是這樣的。

本來，徐志摩將他的日記放在其硤石老家。儘管他的其他日
記和書信相繼公開了，但可能是這兩本日記中的內容，無關他後
來的浪漫情感歷程，因而在他生前一直沒有發表，也就一直保存
在海寧寓所。

抗戰爆發後，日本侵略軍佔領浙江，詩人的老家海寧也被佔
領。時由日軍辦的偽《浙江日報》記者岡崎國光，是一個文化人，
一定知道著名詩人徐志摩和他的日記的史料價值，從徐志摩老家
抄走了這兩本日記。二次大戰後，岡崎國光回到日本，這兩本日
記也被帶走。後來，岡崎把它送給他的朋友松枝茂夫，松枝茂夫

是日本中國文學研究會成員，1960 年松枝茂夫又將其送給了日本專修大學教授齋藤秋男。15 年後，中日邦交正常化，1975 年，齋藤秋男隨同日本社會科學家友好訪華團訪華，任副團長。他便將日記原件印影了一份，來華時作爲禮物，將日記送還給中國人民對外友好協會，對外友協將其轉交文化部所屬的文物管理局外事處，外事處本交由中國革命歷史博物館收藏，但當時徐志摩被認爲是“資產階級反動文人”，其日記自然不屬革命歷史文物，於是又轉交還旅居美國的徐志摩之子徐積鍇（估計爲郵寄）。到 80 年代中期，徐志摩在中國大陸的評價已經有了很大的轉變，徐志摩的親友包括趙家璧、陳從周等，籌畫在香港商務印書館編輯出版《徐志摩全集補編》，徐積鍇獲悉後，便將兩本日記的印影件複製（至少有兩份）後，寄給陳從周先生。因其誤將兩份 1911 年日記寄出，陳從周先只收到 1911 年日記，待發現後去信指出（同時發表了《徐志摩日記的發現》一文），徐積鍇於是再將 1919 年日記印影件寄出。陳從周收到兩本日記後，便寄往香港商務引書館，時關佩貞女士爲編輯負責《補編》編輯工作，本來，參與編輯的陸耀東先生曾建議將原件印影出版，但出版社認爲許多地方字跡不清，而因日已多爲文言（特別是 1911 年日記），且沒有標點，一時又無法整理出來，也許還有其他種種原因，反正最後沒有編入四卷本的《補編》。後來，許多學者都與香港商務印書館聯繫，希望能看到或複製這兩本珍貴的日記，但據說出版社也已將原稿遺失，之後又因關佩貞離開商務印書館，“日記”便又無從尋找了。

　　筆者從 20 世紀 90 年代初起，忝列徐志摩研究者之間，也曾寫過詩人的評傳（《新月下的夜鶯》上海文藝 1994，臺灣業強 1994，香港花千樹 2001），在寫作之前和之中，曾受到陳從周先生的多次熱情指點和幫助。2000 年，陳從周先生不幸病故。之後的一天，陳先生的女兒陳勝吾女士忽然給我打來電話，說是在整理陳先生的遺物時發現了兩份徐志摩早年日記的影印件，要我過去看看。我一看，正是陳先生文章中所說的那兩本日記。但這到底是陳先生當年在寄往香港商務印書館之前複印的呢，還是關佩貞因不能將其收入《補編》而寄還給陳先生的呢？現在已經無法證實了。但有一點可以肯定，後來有些研究者曾向陳先生問及日記的下落，但當時陳先生年事已高，且身患中風，不能說話，於是在陳先生生前，日記影印件便始終沒有下落。之前，除了陳先生自己和關佩貞女士（也許還有徐積鍇）曾通覽全部，以及個別研究者匆匆翻閱過之外，就沒有人具體知道其中的詳情了，儘管談論它的人很多，一時成了類似於同徐志摩的“八寶箱”一樣神秘的東西。

四、日記的概貌及其價值

從已經整理出來的兩本日記看，此次發現的徐志摩早年日記，主要包括三個部分。一是 1911 年詩人在杭州府中學讀書時的日記，自寫於日記扉頁（1 月 31 日之前）的“預記”起，至當年 7 月 17 日止，歷時半年。二是 1919 年徐志摩在哥倫比亞大學讀書時的留學日記，自 1 月 26 日至 12 月 19 日止，歷時一年。因此，將這次發現的徐志摩日記稱爲“府中日記”（如韓石山書中那樣）是不確切的，它至多可以指陳其中第一部分，即 1911 年的日記，較爲恰當的稱呼還是“早年日記”。至於被關佩貞女士誤認爲“1917 年漫遊美國日記”的那一部分內容，據筆者考證，絕不是徐志摩對其所見所聞的記述，而很可能是其早期的翻譯文字。

　　這部分內容，寫於 1911 年（上半年）那本日記本後面的空頁中，但沒有標明日期（其他所有日記的日期，本也就是特製日記本頁面所有，而非作者所加）。而且，與其他日記內容相比，在形式和內容上有許多差別：首先，這些文字，字跡工整統一，前後一律以正楷書寫，幾乎沒有筆誤、改動痕跡；其次，語氣連貫，所記內容似經過精心謀劃，明顯是幾篇（或是一篇的幾個章節）完整的遊記散文；第三，日記跨頁書寫，所記頁碼從 "1911 年 8 月 8 日" 一頁起，至 10 月 11 日一頁止，可能為一篇遊記的四個章節（或片段），其中第一段無標題，可能已經有散佚；第四，其中沒有夾雜日常生活細節，更沒有在 "氣候"、"預記事項"、"授課細目" 和 "自修課程" 等規定欄目中填入任何事項，這也與徐志摩平日日記習慣不符；第五，在錄於 "8 月 29 日" 一頁有 "錄謙本圖 仙都 加利佛尼亞" 的標題；又同年 3 月 18 日的日記中還記有 "看謙本圖數頁" 一句，可以參證。據於上述五點理由，筆者推測，其很可能為徐志摩早年所翻譯某外國（英美）作家的遊記，但這位 "謙本圖" 到底是誰，是否是英國作家卡本特（Capenter），尚待考。其實，陳從周先生在看到 1911 年日記的時候，可能也已經注意到了這一點，他在《徐志摩日記的發現》一文中，就提及其中有詩人 "抄錄心悅詩文"，可以參證。

　　如果真是這樣的話，此可能為至今發現的徐志摩最早的一段譯文了。而在 "錄謙本圖仙都加利佛尼亞" 一節中，徐志摩在描寫加利佛尼亞的古樹時，穿插了 "見喬木而知國古。然世界之古國莫如我，而秦漢松柏久已不存，蓋民生久蒙兵革之禍，行省早有人滿之象，故大樹也有飄零之感也" 一段議論，亦可以見出晚清譯風遺響。由此我們至少還可以確定，此段所記都非徐志摩的親見。其記錄時間在 1911 年下半年之後，但肯定在其 1918 年出國之前，而照常理推測，很可能就在 1911 年下半年譯錄了這些文字。因爲這年秋天，因辛亥革命風潮，杭州府中停辦，這期間徐志摩一直閒居在家，至第二年春天學校重新開辦，更名爲浙江第一中學校。不管實際情況到底如何，從這些文字中，我們至少可以看出他少年時代文筆的老練優美，還可以看出他當時對美國新大陸國家的關心和嚮往，或許也可以看作他後來赴美留學的一個遠因。

　　徐志摩早年日記的發現，無疑對徐志摩研究有著重要的意義。它有助於進一步瞭解詩人早年時期的日常生活、文化習得、早年試作和性情愛好等狀況，特別可以看出他在辛亥革命、五四運動這兩次重大歷史事件中的見聞和心裏反映，從中可以窺見徐志摩與時代歷史的感應，同時，日記也留下了早年與徐志摩有所交往的著名歷史人物活動的一些珍貴記載。對於 1911 年的日記，陳從周先生的文章已經有所列舉分析，這裏想補充一點的是，徐志摩在 1919 年日記的開始部分，抄錄了一些其所喜愛的舊詩詞，有的已經標明所錄由來，有的則不然，而其中也有若干處，筆者疑心是詩人早年的習作。如果能夠確證這一點，那麼，詩人最早詩作的記錄或許會被改寫，這裏特地表出，以供同行進一步考證，比如，1911 年 2 月 6 日所記：

> 偶游江濱，見甲午年湘人吳君憤時投江處讀亭中碑記，為之愴然。同遊某君吊以詩，因依韻和之。
> 橫流滄海幾經春，未吊孤忠跡未論，廿載光陰同水逝，一亭草色逐年新，
> 哀時雪涕渾無補，避世桃源未有津，蹈海而今多烈士，祗將肝膽付波臣。

　　又，5 曰 26 日所記：

晴。今聞世界大演說家安狄先生來杭。

河滿子：半夜一聲風笛，天涯萬里檣烏，我在客中還送客，酒闌夢境模糊。柳綠最經攀折，春歸曾不躊躇。 豈為看山入剡，先拼采藥歸吳，屈指關山明月影，隨君作伴征途，此日怯歌南蒲，他時同訪西湖。

　　而在 1919 年的日記中，作者對於留學生活的方方面面都有生動的記述。如 5 月 2 日所記：

　　"晨報（一日）突揭青島已定由日本承襲，將來由日本歸還中國。麥根拿聲言日本決不背約，絕無永遠佔據之野心。其餘一切密約均由兩國自行協定。換言之，即中國在和平席所有要求希望均已完全打消，日人完全勝利。於此不能不疑此為中日先行協商之結果，而英、法、美認可之。則益世報所謂協議云云，不為無據。然則主議者誰也？必有負責任者在，但此間報紙從未提及，而國報又未讀到，一團悶氣憤憤何似！"，

6 月 22 日又記：

　　"五月四日以來，全國蜂起情事，國內學生已結有極堅固極緻密之全國學生聯合國，專誠援盾外交，鼓吹民氣，一面提倡國貨，抵制敵貨。吾屬在美同學要當有所表示，此職所在，不容含糊過去也。"

　　這都是其對國內五四運動的積極反映。另外，日記中還有徐志摩對其專業課程的學習，對美國自然和人文景觀點記錄，對留學生之間的社交往來和留學生團體集會活動的記載等等。其中，涉及到的重要歷史人物有：董任堅、李濟（考古學家）、張君勱、吳宓、蔣廷黻、汪懋祖、鄭毓秀（曾與汪精衛共謀炸攝政王，後流亡印度復赴美），甚至還有有關楊蔭榆（時任留美中國學生會

書記、中國教育研究會成員）的生動描述，後來曾因爲在北京女師大鎭壓學生運動而爲魯迅所斥罵，所以一般史載常常以漫畫化的形象出現，而對其生平往往語焉不詳，但在徐志摩的筆下，則是一個生動的轉變時期的知識女性形象，若撇開對其政治評價不說，徐志摩的記載，或許倒是還其一個歷史本來面目。當然，以上僅爲簡單的列舉，相信日記的整理出版，還會引起徐志摩研究和現代文史研究者的注意。

懷舊的姿態與悖論

── 由電視劇《人間四月天》談起

　　自以詩人徐志摩的生平爲題材的電視連續劇《人間四月天》在大陸播出以來，一股來自台港的“摩風”席捲而至，徐志摩和他的情感生活便再一次成爲人們的談資，由此再度引發了一股懷舊情緒。這是中國大陸繼 80 年代初期以後的又一次“徐志摩熱”，而由於借助電視傳媒，此熱甚於彼熱多矣。與此同時，對於《人間四月天》一劇本身的評價又頗多爭議，所圍繞的問題包括：該劇在多大程度上再現了詩人徐志摩的性格氣質？如何看待徐志摩的婚變？由此引出當代影視劇作如何再現現代歷史生活？如何再現五四一代知識份子的情感生活？當代言情文化在這裏面臨這樣的困境？

《人間四月天》的尷尬

　　對於《人間四月天》一劇的評價，筆者認爲它的風靡一時，首先是浪漫情感對處於現代都市物化生活中人所具有的永久魅力的體現。對浪漫情感的懷戀，本也是人類生活中天性的一部分，它的純情，它對現實的超越，包括對自然的嚮往之情，正是那些爲現實生活所累的人們所神往，並企圖藉以棲息的想像之域，這種對超越現實之情感的嚮往迷戀，應是人性的永恆因數。

　　但具體到對人物性格和氣質的再現和對歷史文化現象的把握，該劇雖然也體現了編導的一些探索努力，但總體效果不佳，整劇顯得沉悶、拖遝，特別是沒有較好地體現出徐志摩作爲浪漫詩人的情感（包括愛情和詩情）勃發的一面，難以想像一個“一團火”似的詩人會這般溫吞，黏糊，倒更像一個才情平平又故作纏綿的“奶油小生”。

　　這與該劇用“三女一男”的言情框架來結構全劇有很大的關係。果然，再現徐志摩這樣的浪漫詩人的生平，“言情”是無可迴避的，這也是編導們選擇這一題材的主要原因，因爲在言情的背後，蘊涵著巨大的市場潛力，如果能夠較好地處理好藝術表現和市場效果之間的關係，這樣的選擇本也無可非厚，但言情必得以基本忠實於歷史人物和歷史文化現象爲前提，若是以放棄後者，扭曲後者爲代價，則將流於“戲說”一流，甚至反倒沒有“戲說”一類影視作品的敍述自由，因爲一旦戲說歷史作爲前提，聰明的編導可以方便地借虛構的故事和人物性格針砭當代生活。

　　這樣，《人間四月天》一劇便陷於一種尷尬的境地：一方面以寫實的面目出現，擺出一付爲浪漫詩人徐志摩做傳的架勢，卻又以一個淺薄的言情框架和基調來處理劇情和人物，所以，就沒有那些“戲說”劇的輕鬆、幽默和有可能對現實處境的諷刺針砭，因爲它有一個沉重的敍述包袱；另一方面，作爲一個人物傳記劇，它又爲“三女一男”的言情框架所圍，在相當程度上表現出與人物所處的時代文化背景的隔膜，並即便在此框架之內，也沒有較好地傳達五四一代激情迸發的知識份子的精神面貌。因此，就《人間四月天》本身而言，無論從那一個角度看，它都不是一部成功的作品，充其量不過是大眾心理現實和當代文化的一個矛盾拼合體。

當代"言情"的悖論處境

這裏筆者無意對《人間四月天》一劇進一步展開具體分析，但該劇的得失引發了一個帶有普遍性的問題，即應該如何處置當代言情的文化背景和敍述物件的文化背景之間的關係？在世紀之交的今天，我們面臨著這樣的文化悖論？

自 90 年代以來的文化現實是，一股來自知識界各個領域的反對激進、提倡本土化、提倡文化的保守主義的傾向日漸形成，懷舊便不僅成爲知識界的一種普遍傾向，而且也在大眾傳媒中廣爲流傳，並與影視、書刊等大眾文化的主導傳媒相互呼應，從而相繼出現了某些以懷舊爲特徵的"熱點"題材，如"30 年代的舊上海題材"等，《人間四月天》一劇可以看作是這一風尙的延續。

作爲人類生活的一種心理補償機制，懷舊本有著無可非議的功能，它是貫穿人類文化始終的一種傾向，與反叛傳統、崇尙革新一樣，都是人類文化發展的一個重要的組成部分。問題是，自 90 年代起中國的文化中的懷舊傾向的實質是什麼？它在多大程度上是對過分追求變異革新傾向的一種反撥，抑或僅僅是一種文化姿態？由電視連續劇《人間四月天》引發的議論和新一輪的懷舊熱潮，不僅與這一個問題有關，而且進一步顯示出當代文化的某種內在矛盾。其中包含最大的悖論，就是 90 年代"言情"敍述的文化背景與敍述物件之間的巨大的反差。

五四是一個背離傳統、反抗規範的時代，從反叛傳統、追求變革的精神指向，到激情迸發、以抒情爲主的情感表達方式，幾乎整整一代知識份子，都不同程度地染有浪漫主義的傾向，李歐梵曾有"五四作家的浪漫一代"的概括。突破傳統的倫理道德和情感表達方式，充滿自信地追求個性自由，以戀愛和婚姻作為最直接的目標和最主要的標誌，將婚戀自主視作真善美的統一體，是一代知識份子的共同傾向，雖然具體到不同個體身上會有不同的表現，其付諸行動的程度和方式也大有異趣。因此，要傳神地表現出這一代文化人的情感經歷，就必需將這個文化背景和前提揭示出來，不然，反叛失去了物件，這一代人的激情和姿態就會顯得幾近瘋狂、歇斯底里而不可理喻了，而《人間四月天》的失敗，正是在這一點上顯得輕描淡寫，因為，作為五四時代新型知識份子和浪漫主義詩人，徐志摩的情感歷險，正是建立在對封建包辦婚姻、對舊式的倫理道德的反叛的前提之上的，無視這一前提，就無法真正理解他們婚戀經歷背後的精神追求。

這與 90 年代年輕對情感的追求有著很大的區別，當今青年人的"談情說愛"，儘管仍有種種來自家庭和社會的壓力，一些舊式的思想觀念也仍沒有根除，但他們所面對的最主要的障礙更多倒是來自於主體內部，來自"談情說愛"自身，那種懷舊式的言情模式的一再流行，就是當代人對個體自身缺乏自信的表證，他們想借助於浪漫時代回憶，重溫那一份自信。但是，以懷舊的姿態去回憶激烈反抗傳統的那一段情感歷史，這之間蘊涵了一個巨大的悖論，這正是對五四知識份子情感生活的當代敘述所面臨的矛盾處境。

多樣的敘述和基本的前提

即使在藝術多樣和多元化的今天，再現五四一代知識份子的情感歷程，仍必須將其放在五四時代追求個性自由、反抗封建文化和封建倫理道德的時代文化背景下加以表現，這雖然幾乎是老生常談，但作爲一個基本的前提還是不能不強調的，而要在藝術表現中處理好時代背景和歷史人物的情感行爲之間的因果關係，也不是容易的事。

本來，對於歷史題材和歷史人物採取什麼樣的敍述方式，選取那一種敍述側面或角度，這應該是創作者的自由，也是創作者潛力的最重要的體現。儘管再現像徐志摩這樣的浪漫詩人無法迴避其獨特的情感經歷，但從藝術表現的角度看，選取“言情”的敍述框架，應該也是方式之一，在這種敍述方式下，作者對傳主生活史實可以有所選擇，可以不去正面再現那些時代文化背景，但這並不等於可以忽略和無視它的存在。

就對詩人徐志摩情感經歷敍述而言，如果失去了對傳主當時所處的封建傳統的外在文化背景的反映，包括在此傳統保護下的封建家庭的一些黑暗、骯髒的一面的揭示，徐志摩與三位女性的情感糾葛與現在螢幕上充斥的“多角戀愛”戲還有多大的區別呢？舉一個具體的事例，徐志摩與張幼儀的婚變因素，除了本來是一個舊式的家庭包辦婚姻、徐張在性情、氣質和文化修養等方面的不諧和之外，其父徐申如的某些行爲就是一個十分重要的原因。這還不僅是徐申如個人的品行問題完全可以概括的，而應該看到，這些行爲正是在其背後的封建傳統文化所一向容忍的。在這個意義上，徐志摩的變故（“厭舊”）就不僅僅是常人所理解的“作”，他的反抗就不是浪漫文人虛設對立面和誇張的反叛所可以解釋盡的，甚至也不僅僅是浪漫主義意義上的對平庸的超越和昇華，而是實實在在的反封建。

在世紀之交的今天如何展現激烈反傳統的歷史人物和歷史事件，再現五四知識份子的情感和精神追求，並通過這種敍述反思當代文化的困境，對當代人的情感和精神生活發生影響？人們首先遭遇的就是如何對待敍述姿態和敍述物件之間的這一悖論。也許這一悖論是根深蒂固的，終究無法加以克服，因爲從某種意義上說，產生浪漫主義情感及其藝術表現方式的時代已經不再，經過現代哲學、科學和心理學以及現代主義藝術洗禮的人類，再也難以樹立一個世紀之前的自信，只是隔著滄海桑田去回顧那個時代，那種熱情和自信仍然有著無限的魅力，但對這一悖論的警覺和藝術化的表現本身，無疑也是這一類藝術創作的潛力所在，是有意涉足這一題材領域的藝術家必須面臨的挑戰。

茅盾的矛盾：交錯在政治與
文學之間的人生選擇

一

　　茅盾（1896-1981）原名沈德鴻，字雁賓，後改名爲雁冰。出生於浙江桐鄉縣烏鎮的一個中等富裕家庭，父親中過秀才，但無意爲官，以行醫爲業。自 1913 年中學畢業後入北京大學預科學習，1916 年畢業後，在短短的 10 年間，他便從一個普通的北大預科畢業的青年學生，成長爲一個著名的青年文藝批評家，文學研究會的理論代表，新文學陣營中的重要成員。在這一成長過程中，茅盾所處的生活與工作環境 ── 上海這個近代開放城市是中西文化的集中交匯處，商務印書館的獨特文化氛圍及其在時代文化變遷中的地位，新文化和新文學運動發展的格局與時勢的變化等，都一一爲他提供了極好的外在條件；同時，他本人的遠大抱負、勤奮努力和出眾才華，使他能及時地抓住外界提供的機遇，充分地發展自己。單從這一幅圖景看，茅盾似乎生來就是要成爲一個出色的作家、批評家兼編輯家的，這也是後來他在大部分讀者心目中的形象。但事實上這個勤勉好學，富於才情，少年成名的文人形象，僅僅是茅盾人生歷程的一個側面，而他的另一個側面恰恰是熱心政治和社會活動，是自中國共產黨建黨初期起就積極投身社會革命運動的文化和社會活動家。應該說，這兩個側面的交錯和重疊，才構成青年茅盾的完整形象。不僅如此，在茅盾成爲新文學的著名作家以前，從其個人的熱情和興趣而者，他更傾向於後者，而文學事業雖然也富於魅力，但這時候對他來說更多的仍是一種職業活動。

青少年時代的茅盾並不完全是聰慧而循規蹈矩的好學生，謹慎與理智的氣質是在後來的人生與社會磨而中慢慢獲得的。早在辛亥革命時期，在嘉興府中學讀書的茅盾年方十六，他感受於當時的革命風潮，因爲反對學監的專制而被“除名”過。自從進入北大預科學習後，至進入商務印書館的前幾年，茅盾的確處於一個潛心讀書、認真編譯、勤奮寫作的平穩時期。

1919 年 5 月 4 日，北京學生發動了偉大的反帝愛國運動，全國各地的學生和各階層紛紛響應，五月中旬，上海學生實行同盟罷課，北京學生派代表到上海進行宣傳聯繫。當時潛心讀書，素來不喜歡走動的茅盾，也走上街頭，參加集會，聽來自北京的學生代表的演講。這大概是茅盾在走出校門後參加社會活動的開始。

這年下半年，茅盾在家鄉發起成立了“桐鄉青年社”，他們出版了同仁刊物《新鄉人》，由茅盾主編。旨在提的新思想、新文化，反對舊文化、舊道德。從現存的兩期《新鄉人》可以知道，茅盾先後至少有五篇文章在這一刊物上發表。1922 年春，正忙於《小說月報》編務的茅盾還特地從上海趕到嘉興，參加桐鄉青年社的會議，會議決定擴大組織，改會刊《新鄉人》爲《新桐鄉》，並擴大發行，茅盾利用在商務印書館的有利條件，負責雜誌的總編務。桐鄉青年社還組織暑期演講會等活動，直到 1924 年江浙軍閥混戰時才停止活動。這是茅盾受五四新思潮影響，參加並領導的第一個進步文化社團。

　　1920 年起，茅盾一方面忙於商務編譯所的工作，助編《學生雜誌》和受命改革《小說月報》的“小說新潮”欄，另一方面，也開始參與中國共產黨的早期創建活動。

　　這年年初，陳獨秀由北京回到上海，住在法租界環龍路漁陽裏 2 號，爲了籌備《新青年》雜誌重新在滬出版的事宜，他邀請陳望道、李漢俊、李達和茅盾到他的寓所談話。這是茅盾第一次和陳獨秀見面。這位曾經創辦過《安徽俗話報》，參加過同盟會與辛亥革命，進過袁世凱的監獄，後又創辦《青年雜誌》（即《新青年》的前身），擔任過北京大學文科學長，領導過五四新文化運動的著名人物，卻出乎意料的隨和、直率和幽默，給茅盾印象很深，覺得他沒有一點“大人物”的派頭。5 月，移滬後的《新青年》出版了第 1 期，從此它完全成爲一本政治性的期刊。7 月，陳獨秀、陳望道、李漢俊等發起的上海共產黨小組成立。10 月，茅盾由李漢俊介紹，加入了上海共產黨小組。在此期間，北京、武漢、濟南、廣州、長抄等地的共產黨小組也相繼成立。

　　9 月間，上海的共產黨小組已經把《新青年》改組爲它的機關刊物，著重宣傳馬克思列寧主義理論，介紹俄國革命和建設的情況。於是又於 11 月間創辦了《共產黨》月刊，主要介紹共產黨的理論和實踐，以及第三國際和各國工人運動的材料。給這個刊物寫稿的都是共產黨小組的成員。茅盾參加共產黨小組後，主編李達就約茅盾寫文章。他在該刊的第二、三、四號上有譯文六篇，撰文一篇。其中第二期就發表了四篇譯文。據茅盾晚年回憶，通過這些翻譯，“我算是初步懂得了共產主義是什麼，共產黨的黨綱和內部組織是怎樣的；尤其《英國共產黨宣言》是一篇馬克思主義理論及其適用於無產階級革命實踐的論文，它論述了資本主義的破裂、帝國主義、戰爭與革命、階級鬥爭、選擇競爭、群眾工作、無產階級專政、共產主義社會的改造等等。"這可以說是茅盾第一次接觸具體的馬克思主義及其政黨理論，對他以後所從事的革命文化和社會活動意義重大。與此同時，茅盾還給改版後的《新青年》譯寫文摘。

就在這年年底，當茅盾緊張地準備接任《小說月報》主編時，在老家的母親一再來信催促茅盾在上海找好房子，因爲妻子孔德沚懷孕已有半年，母親想與兒媳一起搬來上海居住，相互間也好有個照應。

茅盾的婚姻是家族包辦的，在他五歲時，就由祖父定下了。茅盾進商務印書館的那一年春節，母親因爲未來的兒媳不識字，特地徵求茅盾的意見。茅盾一方面要盡力在商務立足，一方面要考慮這椿包辦的婚姻。他左思右想，爲了減輕母親的負擔（因爲如果退婚，守寡的母親會受到許多壓力），於是就決定在第二年春節舉行婚禮。婚後茅盾給妻子取名德沚，因爲她原來只有乳名"阿三"，並無正式名字。結婚後的三年裏，茅盾一直忙於商務的工作和讀書著文，妻子則一直在浙江老家。

茅盾經母親的一再催促，便開始在上海尋租合適的房子，直到 1921 年二三月間，才在寶山路的鴻興坊找到了合適的房子。這樣，母親同妻子便搬來上海，茅盾也開始了正常的家庭生活。母親踏進兒子精心佈置的房間，看到新添的傢俱，感到很滿意。當她發現茅盾的兩隻大書架上滿滿地排著排書時，不由地一笑："怪不得你錢不夠花，要寫文章賺外快！"原來，她聽說茅盾每月有 60 元的工資還要熬夜寫文章"賺外快"，很擔心他的身體，甚至懷疑他是否結交了女朋友才會有這麼大的開銷。現在看到這一切，以往的疑慮冰釋了，但又心疼起兒子來，叮囑道："現在你當了主編，月薪 100 元，家庭開銷和買書也足夠了，還是少開夜車，保重身體為好。再說你快要做爸爸了，也該分些精力籌畫籌畫，比不得你一個人在上海時，一人吃飽了全家不餓!"茅盾只是微笑著答應，並不與母親爭辯。他白天照樣上班，忙他永遠也忙不完的事。晚飯後先陪母親和妻子聊聊天，然後回房，照樣熬夜讀書寫文章。

這年 4 月，一個女孩呱呱墜地。他就是茅盾的女兒沈霞，小名亞男，抗戰勝利那一年，因人工流產事故在延安去世，這是後話。現在，小生命的誕生給全家帶來了無窮的樂趣，當然也使家裏變得忙亂起來，但所有這一切，都給家裏籠上一層溫馨的安寧的色彩。望著慈母賢妻和愛女，茅盾陡然意識到自己有一個真正的家了。

二

這一年茅盾 26 歲。若按中國傳統的觀念，這時候的茅盾可謂已是成家立業。他不僅已在商務編譯所完全站穩腳跟，而且還擔任了全國最大的新文學雜誌的主編；並作為文學研究會的發起人之一，已躋身於新文化和新文學人士之列；他的譯著文字，也已在同行和讀者中頗有影響了；安頓了一個溫暖的家庭，又做了父親。人處於這樣的境地，通常會傾向於用勤奮和努力，平穩地去鞏固和積累已有的成就，而不會去冒多大的風險。從茅盾的一生來看，他這兩年的事業確實處於一個輝煌時期，他本可以更專注地撲在雜誌的編務和自己的編譯、寫作與研究上，通過編輯和寫作來成就一生的事業，這條路雖也充滿了平凡的勞作和創造的艱辛，但總不像從事政治活動和社會革命那樣佈滿了暗礁險灘，何況是處在那樣風雨如晦的時代裏。但茅盾無法使自己平靜下來，無法使自己專注於文學和文化工作。他一方面緊張而繁忙地編稿寫稿，參與新文學和新文化的活動；另一方面積極地投身於中國共產黨的早期組織活動和社會革命實踐，用他自己的話來說，他那時正經歷著"複雜而緊張的生活、學習和鬥爭"，是處於"文學與政治的交錯"時期。1921 年 3 月，五四之後的第一個新戲劇組織"民眾戲劇社"在上海成立，並在 5 月創辦了中國新文學史上最早的專門性戲劇雜誌《戲劇》月刊，創刊號的封二所刊列的"民眾戲劇社社員題名錄"中，第一個就是"沈雁冰"。據說，戲劇社的社名就是茅盾根據法國作家羅曼·羅蘭所宣導的民眾戲院活動而擬的；而且，戲劇社的宣言中所說的"當看戲是消閒的時代現在已經過去了，戲院在現代社會中確是占著重要的地位，是推動社會前進的一個輪子，又是搜尋社會病根的 X 光鏡。"這明顯與文學研究會的"文學為人生"的精神是相通的，就連語句和語調也如出一轍，從中也可以看出茅盾在其間所起的作用。

1921 年 7 月，中共第一次全國代表大會在上海召開，宣告中國共產黨正式成立。從此，中國現代歷史開始了一個全新的階段。第一次黨代會代表全國五十多個黨員，茅盾就是這第一批黨員之一。他是新文學隊伍中最早"信奉馬克思主義"、最早成為中共黨員的作家。

共產黨成立以後，茅盾的生活更加緊張忙碌了。因此，一開始還引起了母親和妻子的疑慮。母親和妻子來滬後，茅盾雖然可以在日常相處中向她們灌輸一些革命思想，使她們對共產黨有一定的認識，但卻不能隨便暴露自己的黨員身份。黨中央鑒於茅盾在商務編譯所的有利條件，讓他利用其單獨編輯《小說月報》，經常處理來稿、接待作者之便利，擔任中共中央的聯繫員的職責。全國各地黨組織來信或來人，均由茅盾仲介。來人對過暗號，茅盾便會安排其住下，再和中央聯繫與之會面。來信則寫上沈雁冰名字，內涵則寫"鍾英小姐"，或乾脆寫沈雁冰轉鍾英小姐收。

"鍾英"是"中央"的諧音。每天由茅盾將來信匯送黨中央。久而久之，這些信件引起了編譯所其他人的猜疑，以為這"鍾英小姐"是茅盾的"第三者"。有一次，鄭振鐸忍不住好奇心，將信拆開看了，這一看使他大吃一驚！不過，這時的鄭振鐸已經同情與支持共產黨的活動，當然要代茅盾保守這個秘密，所以也不去澄清那些有關茅盾的流言和猜疑。因此，後來茅盾將主編移交鄭振鐸後，本想辭去商務編譯所的職務，而共產黨的總書記陳獨秀為了保持工作的連續性，沒有同意茅盾離開商務。此後的聯絡員工作，茅盾就得到了鄭振鐸的很大幫助。

　　時間久了，這"鍾英小姐"的神秘傳說，也傳到了老太太和孔德沚的耳朵裏，而且這時候他參加黨的會議也引起了別人的懷疑。據茅盾後來回憶，這段時間他是夠忙的，白天要天天往編譯所去，除了因為編譯工作確實很多以外，中共中央聯絡員的職責更需要這樣，因為說不定哪天會來人或來信，而事情又絕對不能耽誤；另外，茅盾在黨內被編在中央直屬支部，這時，由於第三國際代表馬林的堅持，中共一大期間在廣州的陳獨秀已回到上海，中直支部平時就在法租界環龍路漁陽裏 2 號陳獨秀寓所開會，每週有兩次會議。如在晚上開會，茅盾從法租界回到寶山路的家裏，往往是半夜已過了。如果不把真實情況向母親和妻子說明，而借托在友人家裏商談編輯事務，免不了會引起她們的疑心。於是在徵得組織同意後，茅盾便向她們公開了自己的身份，並解釋了"鍾英小姐"是怎麼回事兒，婆媳倆這才恍然大悟。不久以後，孔德沚自己也在瞿秋白夫人楊之華的影響和介紹下加入了中國共產黨，並與楊之華一起積極參與黨的婦女工作。從此，每當茅盾不歸時，母親寧肯自己晚睡守門，而讓孔德沚帶著孩子早睡。這年冬天，陳獨秀的寓所被法租界的捕房查抄，陳獨秀夫婦被捕，不久雖然獲釋，黨的會議地點卻不得不經常更換了，於是支部會有時也在茅盾家舉行。

　　這一年，茅盾的另一項革命工作是在平民女校任教。平民女校是由中國共產黨創辦的文化和政治學校，它以半工半讀為號召，目的是培養一批婦女運動工作者。女校由李達任校長，茅盾的弟弟沈澤民也是創辦人之一。學生不過二三十人，大多來自外地，其中就有後來成為左翼著名作家的蔣冰之（即丁玲）和後來成為瞿秋白第一個夫人的王劍虹等。在女校授課的老師除了茅盾之外，還有陳獨秀、陳望道、邵力子、沈澤民等，他們都是義務授課。

　　此外，茅盾還直接擔負著在商務印書館的建黨和發動工人運動的工作。這年冬天起，茅盾積極參與組織上海印刷工人工會，第二年“五一節”，茅盾等人召集了三百多人的紀念“五一”勞動節的群眾大會，這是他直接參與組織的第一次大規模的群眾集會，他還在會上作了關於“五一”勞動節由來和意義的演講。但剛開講不久，租界的巡捕就來干涉。經巡捕一衝，集會的群眾便大多散去。雖說集會並不十分成功，但對茅盾來說，得到了從未有過的工人運動和集會的演講經驗。本來他並不是一個十分健談的人，但演講的機會多了，口才也就慢慢練出來了。這年和次年的夏天，茅盾還應邀去松江作題為《文學與人生》和《什麼是文學 ── 我對於現文壇的感想》的演講。晚年的茅盾回憶道：“那幾年，類似這樣的演講會，我還參加過不少，成為我社會活動的一部分；講演的題目不限於文學。也講時事，講國民運動，講婦女解放問題，甚至講外交政策。"

　　茅盾當時這麼多的政治和社會活動，卻是與極其繁重的編輯和寫作工作同時進行的。在 1921、1922 兩年裏，《小說月報》的編務幾乎是他一個人承擔的（後來鄭振鐸進入商務印書館後才爲他分擔了許多事務）；另外，僅在這兩年間的《小說月報》中，他就自譯自撰文章 33 篇，這還不包括 27 篇 "海外文壇消息" 和許多公開信。此外，茅盾還在《文學旬刊》、《民國日報》、《時事新報·學燈》等報刊上，發表各類文章 169 篇。僅從這些數位，也可以看出青年茅盾當時旺盛的精力和工作熱情。

　　1922 年底，茅盾在編完《小說月報》第 13 卷第 12 期之後，終於正式辭去了主編職務。由於兩年來他所主持的刊物的全面改革在新文學界具有廣泛影響，辭職事件很快爲文壇所注目，成爲文壇新舊兩種力量消長過程中的一個重要事件。但若從《小說月報》後來的發展來看，在茅盾後接任主編的鄭振鐸，在編輯方針上基本保持了原有的格局，只是在具體風格上有所變化，比如相對重視文學創作，而在文學批評和譯介方面與茅盾時期相比略爲遜色。所以客觀地說，茅盾的辭職事件並沒有給新文學發展的整體帶來實質性的損失。當然其所以如此，除了新文學的發展已成爲不爭的事實之外，也正說明了茅盾這兩年來的革新努力所取得的成效。但是，如果從茅盾的個人生命歷程看，這一事件對他的刺激很大，也對他以後的生活方式帶來相當程度的影響。

　　在與鴛鴦蝴蝶派的爭論中，茅盾的態度旗幟鮮明，他站在五四時期開始的啓蒙主義的立場上，十分自信地認爲，這種迎合市民大衆的文學觀念和文學現象，必將被新文學所淘汰。顯然，他的這種五四新文化人士所共有的知識份子中心意識，對現代都市市民文化的合理性和進步性缺乏辯證的認識；同時也沒有充分意識到，分別代表了知識份子的精英文化和大眾文化的兩種文學思潮在反抗封建傳統、宣導個人自由方面的共同前提；而且，文學現象和文學思潮的消長、不僅是一個觀念問題，它更是各自的建設性成就的較量與競爭，也與讀者趣味的普遍水準和文學市場的商業性因素有著密切的聯繫。所以，當它發現代表著商務資方利益的編譯所長王雲五違背前約，暗中檢查他編發的《小說月報》稿件而提出強烈抗議時，一方面他可能只注意到館方這一舉動的觀念性因素而相對忽視了其背後的經濟原因。其實，館方的干涉更多的是擔心與《禮拜六》的爭論會給商務帶來經濟上的損失，而只要能穩穩當當地帶來經濟利益，他們也並不反對甚至歡迎新思潮和新文化。另一方面，當時茅盾對兩種文學思潮的力量對比也過於樂觀了一些，所以，當他在抗議中給館方提出兩種選擇 —— 要麼館方取消內部檢查，要麼他辭職時，他對官方的讓步還是抱有希望的。他希望以其改革後的《小說月報》兩年來的廣泛影響和由他辭職而可能引起的輿論壓力，迫使商務當局做出讓步。雖說他對相反的結局不是完全沒有準備，但當它真正成為事實時，他還是頗感意外，至少有一種十分強烈的受辱感和被出賣感。所以，他在一氣之下真想乾脆離開商務編譯所。只是由於共產黨的總書記陳獨秀出於黨的工作考慮，勸他留下繼續擔任中央聯絡員之職，再加上商務方面的竭力挽留（他畢竟對商務來說是難得的人才），他才沒有馬上離開。

不過，當茅盾最後發覺商務館方以他的主編之職，作為平息鴛鴦蝴蝶派文人之怒氣的一個籌碼時，他並沒有被屈辱和憤怒所壓倒，相反卻激起了他更加強烈的鬥志和更加旺盛的生命力。他利用卸職前的兩期刊物，加倍堅決地批評了鴛鴦蝴蝶派。辭去主

編之職後，他一方面繼續頻繁地發表文藝譯著和社會評論，繼續
在文藝和文化思想界發揮他作爲新文化第二代傳人的影響，並在
實踐中發展自己的文藝思想；另一方面則以更大的激情投身於政
治和社會活動的實踐之中，從而真正進入了文學家和政治家的雙
重身份時期。

<h1 style="text-align:center">三</h1>

　　從 1922 年底辭去《小說月報》主編，到大革命時期，茅盾
人生中的最大變化，就是參加政治和社會活動的次數比以前大大
增加了。以前，他的公開身份和固定的職業是商務編譯所的成員
和《小說月報》的主編，雖然他也以一個共產黨員和新文化人士
的身份積極參加各種政治和社會活動，但現在的情況則開始有了
新的變化。

　　從 1923 年起，茅盾不再負責《小說月報》的編輯工作了。
但按當初館方挽留茅盾時所作的承諾，編譯所不對他的工作做具
體規定，既不確定內容，也不受工作量的限制，編什麼、怎麼編、
多少時間完成都由茅盾自己決定，只要通報一下編譯所就可以
了，而茅盾的薪水仍保持不變。從館方來說，這樣寬厚的待遇只
有那些資深編輯才可享受得到，這除了出於留住茅盾，以免他離
開商務館後另創雜誌或出版社，而成爲商務的競爭對手（著名的
中華書局就是這樣成立並且成爲它的一個競爭對手的）這一用意
外，也算是對茅盾前一階段工作的一種報答，也是對他慣而辭職
的一種補償。茅盾除了仍爲繼任主編鄭振鐸編輯“海外文壇消
息”外，對於館內的編輯工作有兩項打算：一是標點林琴南譯的
《薩克遜劫後英雄略》（英國司各特著，現通譯《艾凡赫》）和

伍光建譯的《俠隱記》、《續俠隱記》（法國大仲馬著，現通譯《三個火槍手》、《二十年以後》）；二是給"國學小叢書"編選《莊子》、《楚辭》、《淮南子》，標記加注。這些工作雖然也不能不說是一種文化普及和建設工作，但與前一階段所做的工作相比，畢竟與他所投身的新文化和新文學運動有一段距離。他畢竟還拿了商務的一份相當豐厚的薪水，上有老下有小的茅，也確實少不了一份穩定的經濟收入以養家糊口。而在這個時期，他把大量的精力投入到與中國共產黨有關的政治和社會活動之中。

　　1923 年 5 月，茅盾與弟弟沈澤民一起，來到上海大學執教。上海大學是中國共產黨繼平民女校之後創辦的第二所學校，校長由國民黨左派于右任掛名，實際辦事的都是共產黨員，鄧中夏、瞿秋白、陳望道等都擔任該校的教職和領導職務。根據《上海大學史料》所載，茅盾那年在中文系講授《歐洲文學史》和《小說作法》課程，在英文系教《希臘神話》課程，他還以教職員代表的身份，當選為校行政委員會委員。看來，與兩年前他在平民女校相比，工作量是大大增加了。

　　當時上海大學座落在閘北青雲裏，是個名副其實的"弄堂大學"，學校的教學設施很簡陋，但民主空氣很雄厚，學生也都是來自各地的進步青年，後來的許多優秀革命幹部都出自其間。上海大學青雲裏的校址離茅盾寓所很近，而瞿秋白的寓所又在茅盾家附近。他倆的深厚友誼也就是從這裏開始的。當時瞿秋白的第一位妻子王劍虹已經去世，不久瞿秋白又與在上海大學讀書的楊之華結了婚。這樣，孔德沚也就結識了楊之華，並在楊的引導下，自那時起參加了革命活動。不久，同在上海大學執教的沈澤民攜妻子張群秋寄居在茅盾家，張群秋在上海大學讀書，而張群秋與孔德沚又曾是愛國女校的同學。這樣，這三個革命家庭便來往密切，親情、友情加同志之情，在這群青年革命者中營造了一種濃烈的氛圍，也給茅盾的精神帶來很大的慰藉。

這年 7 月初，茅盾剛剛在松江暑期講演會作完《什麼是文學 —— 我對於現文壇的感想》的報告回到上海，就參加了中共上海全體黨員大會。大會的主題是貫徹全國第三次黨代表大會的決議：實行國共合作，共產黨員以個人身份加入國民黨。會上還成立了上海地方兼區執行委員會，除負責上海地區外，還領導江、浙兩省的黨組織，以此取代原先領導上海黨組織的上海地方委員會。茅盾被選為執行委員，並被任命為國民運動委員兼下設的國民運動委員會的委員長，負責領導與國民黨的合作，發動社會各階層的進步力量參加革命運動的統戰工作。茅盾領導下的委員有：林伯渠、張太雷、張國燾、楊賢江、董亦湘等八人。執委會通常是一個星期開會一次，但工作緊張時則天天有會。

在這年 8 月 5 日的第六次執委會上，茅盾結識了代表黨中央出席上海執委會的中央委員毛澤東，這次會議決定，茅盾除負責國民運動委員會以外，還要參加另外一個負責發動和領導工人運動的專門機構，這個機構由原來黨內的勞動委員會和公開的勞動組合書記部合併而成。毛澤東還派茅盾代表中央做陳望道、邵力子等人的思想工作，他們因在工作中與陳獨秀的意見不合，不滿陳獨秀的家長作風而準備退黨。這期間，茅盾還一度代理執委會委員長的工作。

1923 年 9 月，上海地方兼區執委會實行改組，茅盾任執委會秘書兼會計。國民運動委員會的工作則擴大為統管工、商、農、學、婦各方面的運動。茅盾因已經在報刊發表過大量有關婦女問題的文章，從而作為婦女運動理論家的身份與向警予一起負責婦女運動工作。

　　1924 年 1 月改選第二屆執委會時，茅盾以高票數重新當選，足見他的工作深孚衆望。結果，他仍擔任秘書兼會計。除領導日常工作外，他還參與領導紀念 "二七" 大罷工集會、列寧追悼會、組織黨員以個人身份加入黃炎培領導的平民教育促進會，以及印發傳單等工作。直到 1924 年 3 月底，茅盾應邵力子之邀接編《民國日報》副刊《社會寫真》（後改名爲《杭育》）時，他才辭去執委會的職務。

四

　　在從 1923 年初起的一年多時間裏，茅盾雖然仍有不少文章和譯作發表，但與他在這段時間裏所做的政治工作相比，這些文字幾乎都是在政治活動的間隙寫成的，前兩年的那種 "白天搞文學，晚上搞政治" 的兩棲狀態已經改變，"現在是連白天也要搞政治" 了，已儼然是一個職業革命家的形象，而作爲一個文學批評家，則只好轉向業餘了。

　　據中共上海地方兼區執委會當時留下的記錄，1923 年 8 月 12 日第七次會議決定：由茅盾代理執委會委員長的工作。又據茅盾晚年的回憶錄，當時任執委會委員長的鄧中夏，已被選爲社會主義青年團中央書記，看來這正是茅盾代理委員長的原因。雖然茅盾的回憶錄並沒有提及他曾代理委員長之事，但鄭超麟在他的《懷舊錄》中的記載，卻也佐證了茅盾代理委員長之事。所以，才有這年 9 月初的執委會的小規模改組。不過，可能出乎茅盾意料的是，改組的結果，委員長由新當選的執委會委員王荷波擔任，而茅盾則仍擔任執委會秘書兼會計之職。次年 1 月，執委會換屆改組的時候，茅盾仍舊任原來的職務，執委會委員長又由新當選的委員施存統擔任，而這時經歷三次改組後任原職務了。委員會在不到 2 年的時間內，接連換了三個委員長（鄧中夏、王荷波和施存統），而茅盾儘管一度代理委員長之職，卻繼續擔任原職，打一個比喻，他是"三朝元老"了。既如此，為什麼茅盾最終沒有擔任執委會委員長之職，全面負責上海地方兼區執委會的工作呢？是他不想擔任這個職務，還是由於什麼他無法控制的原因而沒有能擔當這個職務呢？如果是前者的話，又怎麼解釋他這一段時間裏的政治活動的熱情呢？而如果是後者的話，這個外在原因又是什麼呢？這個原因及其引發的結果，會不會是茅盾後來重新把自己的主要活動興趣和人生追求從政治轉向文學的一個重要原因呢？既然茅盾屢次被高票當選為執委會委員，又是擔任過執委會秘書這一熟悉全面工作職務的人，又有較好的工作實績，那麼，除非出於本人的自願，這種不能"升遷"的力量就只能來自於組織機構的高層，即當時共產黨的中央領導核心了。不過，在大半個世紀後的今天，如果沒有相關的歷史資料，就無法確切地給予澄清了。在這裏，我並不掌握大量充分的中國共產黨歷史材料，也無意於以此完全從歷史角度坐實這一歷史細節的前因後果。而由此在茅盾內心可能引發的心理活動，則更無法確鑿地揭示了。不過，我還是可以根據所掌握的一些確定的事實材料，做出某種程度的推測。

可以確證的事件是，就在中共上海地方兼區執行委員會這次改組的兩個月之後，也就是在 1924 年 3 月下旬，茅盾便向執委會提出了辭呈。據茅盾晚年回憶錄所載，他辭職的原因是"因邵力子拉我去編《民國日報》的副刊《社會寫真》（後改名為《杭育》），加之其他事情的繁忙"，但茅盾在這裏並沒有說明"其他事情"是什麼，也許是年代久遠而記不起來了罷，也許是明明記得而又有什麼不便說出的原因。

那麼，除了要去邵力子那裏編副刊外，這段時間茅盾還有哪些"其他事情"呢？據現有資料記載，茅盾在辭職後主要有以下幾個方面的工作：

一是繼續在上海大學執教。他在中文系和英文系都有課，還是校行政委員會的委員。又據鄭超麟回憶，1925 年下半年鄭超麟去上海大學任教時，茅盾還在那裏教課。

二是編《民國日報》的《社會寫真》。據茅盾回憶"在這段時間裏，幾乎每天要寫一篇短文，少則二三百字，多則五六百字。內容五花八門，都是抨擊時政，針砭時弊的雜文。因爲這一類文章過去我在《時事新報》上寫過，所以還能應付過來。"

三是這年 4 月，印度詩人泰戈爾來華，茅盾奉中共中央的旨意，接連寫了《對於泰戈爾的希望》和《泰戈爾與東方文化》兩文，先後發表於《民國日報·覺悟》上，以表明中國共產黨對此事的態度。

以上三項都與中國共產黨的工作有關，或者說，就是黨的整體工作的一部分。其中前兩項要受時間的約束，尤其是《社會寫真》的編輯撰稿的確需大量時間。而商務印書館的工作自他辭去《小說月報》主編後，因爲有館方的特許，反而有很大自由度。但這些似乎還不能成爲茅盾辭職的真正原因。因爲上海大學的教務在一年多以前就已經開始了；而《民國日報》的編務是在辭職後才接手的。當時擔任該報主筆的邵力子雖然還沒有脫離共產黨，但他的邀請畢竟不是黨組織的安排，去與不去完全由茅盾自己選擇，因此，所有這些都不足以成爲他不得不辭去黨內職務的根本理由，換一句話說，他的辭職一定還有其他原因，而正是這個原因，才是導致茅盾辭職的直接因素。寫到這裏，我可以做出這樣的推測，即茅盾辭職直接原因就是屢屢不得"升遷"的遭遇，就是那種類似於中國傳統知識份子的懷才不遇，無法進一步施展自己政治抱負的挫折感。這種推測，還有如下史料作為旁證。

晚年茅盾，雖然對這一細節只用幾個字一筆帶過，但他當年發表的兩篇文章則曲曲折折地道出了個中緣由，我們可以從中感受到這一歷史的資訊。一篇是發表在《文學》第 16 期的《一個青年的信劄》（1925 年 3 月），文中借一個名為"涵虛"的青年人之口，間接反映了作者對政治運動的距離感和徘徊於藝術和現實之間的猶豫心態。另一篇發表於五卅運動之後（《文學週報》，1925 年 10 月 11 日），題為《大時代中一個無名小卒的雜記》，作者在題記中有這樣一段話，頗有些夫子自道的意味：

> 在人某甲……的記事冊，內中都是些雜碎的'見聞錄'。我讀了一篇，很感得趣味 —— 一種難以名狀的趣味。甲先生在他的雜記中自稱那時代是'大時代'，但是我細翻那大時代的實錄，總不見甲先生的大名，那麼他大概只是一個無名小卒而已……

另據茅盾晚年回憶，1924 年冬，剛剛結婚的瞿秋白做了茅盾的鄰居，兩人過往甚密。期間，瞿秋白還代表中共中央出席商務印書館黨支部在茅盾家舉行的會議。他常常對茅盾談論時局和黨內問題，並與茅盾一起，議論黨內陳獨秀、彭述之等領導人的工作作風，茅盾也與他深有同感（茅盾《回憶秋白烈士》）。這種"同感"，在茅盾那裏應該是有切身體會的。中國知識份子歷來就有兼濟天下傳統，儘管經歷了五四新文化的運動的對傳統文化的嚴厲批判，但天下興亡、匹夫有責的傳統還是得到了延續，甚至正因為近代以來的列強的全面入侵，更強化了現代知識份子經世濟國的願望。而一旦這種願望和抱負無法順利實現，尤其是當

"阻力"不是來自政治陣營的外部（那倒可能進一步激發更加強列的政治熱情），而是來自同一陣營內部時，這種壓抑感就更顯得複雜、矛盾和難以言喻，即使經過幾十年的歲月淘洗，還是難以直截地表達出來，更何況對於茅盾而言，還有 1927 年"大革命"之後"脫黨"這一段歷史隱痛在。

由此看來，茅盾決定辭去上海執委會之職，實在是他自己的一種選擇，而這種選擇很可能是出於某種無奈。當然，這種選擇並不就表明他對整個共產黨的事業，對自己的政治信仰的懷疑和動搖，而是一種個人的實踐和參與方式的選擇。如果抽離歷史語境和個人所處的環境來分析，問題可以被歸結爲這一點：即對茅盾來說，到底是做一個冷靜地審視社會，面對時代發言的知識份子呢，還是當一名積極參與革命實踐的職業革命家？哪一種角色更適合他自己呢?一方面，動盪驟變的社會現實不斷地鼓舞起他參與現實政治的熱情，使他不甘於做一個純粹的學者文人；另一方面，職業革命家的生活方式和政治鬥爭的特性與自己的個性氣質和理想，自我又有相當的距離。在時代的嚴酷現實、政治和個人理想設計之間，這種選擇往往是艱難痛苦的，它後來幾乎伴隨了茅盾的一生。特別是在從 1925 年的"五卅運動"到 1927 年"大革命"失敗後的一段時間裏，中國政治現實還將經歷大動盪、大轉折時期，也是茅盾人生的大轉變、情感的大起伏時期，又是他的生活空間的大變動時期，從上海到廣州，再到上海、武漢、盧山、上海和日本東京，短短的 4 年裏，他在時代狂潮的波峰浪谷間起伏顛簸著，而這一短時期的茅盾內心深處的矛盾無疑達到極端化的程度，對此，王曉明先生以"驚濤駭浪裏的自救之舟"來形容這一極端的人生體驗，我這裏要說的是，這樣的矛盾抉擇，其實 20 年代初就已經預演過了,儘管激烈緊張的程度遠沒有盧山那幾天高。這是後話了。

　　果然，茅盾從 1924 年 4 月起接編《民國日報·社會寫真》，但只幹到當年 8 月底就又離開了。看來，這種每天需要趕寫出一篇雜感的工作，實在不是茅盾所能真正適應的。這也許可以反過來說明，茅盾在回憶錄中以此作爲辭職的理由，很大程度上是一種託辭，真正的用意則是想與當時緊張的實際政治鬥爭保持一定的距離，並冷靜地思考自己在大時代中的角色選擇，而導致這一選擇的直接動因，很可能是政治場域複雜性而導致的某種壓抑感和挫折感。

五

　　中國文人歷來重視自己的名號，並在其中隱寓了自己的心志。　現代作家同樣多用筆名，且很多人都以筆名行世，"魯、郭、茅、巴、老、曹"六人當中，似乎只有郭沫若可以算得是其本名，此其一；其二是筆名多，一個作家往往有許多筆名，對於現代中國作家而言，筆名之多雖然主要是爲了在尖銳的政治和文化衝突中求得生存和言論的權力，但其中同樣也隱含了對中國文人名號傳統的繼承，作家在何種情況下用什麼樣的筆名，以及對筆名的各種闡釋，都可以折射出他的內心世界。

　　關於"茅盾"這一筆名的矛盾寓意，不僅茅盾本人曾反覆申明，也已爲文學史所公認。自從 1927 年 9 月在《小說月報》上發表小說《幻滅》起，他就主要以"茅盾"和"沈雁冰"這兩個名字行世，也許是由於作爲一個新文學作家和評論家，他贏得了太多的聲譽，久而久之，其本名"沈雁冰"反而較少爲人所知了。其實，無論在 1927 年之前還是之後，茅盾在發表譯著文章時，除

了他的本名沈雁冰（包括雁冰、冰）和原名沈德鴻之外，還曾用
過不止一個筆名，用得較多的如玄珠、冬芬、佩韋、陽秋、微明、
丙申等等，統共不下幾十個，但其中"茅盾"無疑是影響最大的
一個，不僅已經爲讀者所接受，也最爲本人所珍愛。到 40 年代的
抗日戰爭時期，"茅盾"這一名字已經通行文壇，並蓋過了他的
本名，其標誌就是 1946 年他在五十歲生日時，被文壇尊稱爲"茅
公"。

　　早年曾與茅盾一起從事政治活動，並在共產黨的一個支部共
事過的鄭超麟先生，晚年在談起對茅盾的印象時，劈頭就是這樣
一句話：我只認識"沈雁冰"，不認識"茅盾"。此話說出了兩
層意思，既道出了他對茅盾一生的基本判斷，說明茅盾在現代中
國歷史中的兩重身份，一是新文學作家 — 這是爲我們所熟知
的；另一個則是政治活動家 — 這一點知道的人要少得多了。同
時，此話也說出了鄭超麟作爲一個政治活動家身份的自我確認。
這並不是說他真不知道鼎鼎大名的左翼作家茅盾是誰，而是說他
所交往和瞭解的只是茅盾早年作爲中共早期政治活動參與者的一
面，而對其作爲左翼作家的面則因交往不多而所知甚少。這同時
也提醒我們，對茅盾的全面認識不應局限於新文學領域，而應放
在中國現代歷史和文化發展的整體中加以考察。事實上茅盾本人
對自己署名的態度也在某種程度上印證了這種社會身份的區分。
他在 1981 年 3 月 14 日的臨終之際給中共中央的信中，提出了恢
復自己黨籍的請求，署名是"沈雁冰"；而在同日致中國作家協
會的關於捐款設立長篇小說獎金的信末署名是"茅盾"。一個是
作爲政治身份的"沈雁冰"，一個是作家茅盾，這似乎也蘊涵了
他在離開這個世界時對自己的一生在兩個角度的評判。

　　當我們把這些或者來自別人，或者來自茅盾自己的判斷和用

意，與他本人在政治和文學活動的追求中所一再顯現的矛盾心態
聯繫在一起時，似乎可以隱隱約約地窺見他幾十年的奮鬥掙扎的
心靈軌跡。在構成他一生追求的理想中，一個是政治家沈雁冰，
一個是作家茅盾，在大半個世紀風雲變幻的中國歷史進程中，這
兩種角色、兩種身份之間形成了長期的內在衝突。他既有作家的
敏感氣質，又有強烈的政治抱負；他有意於作為一個政治家參與
20 世紀中國現實的變革，即使是他早期的許多文化活動，也是意
在社會變革，但他無意間卻終於成了一個文人，並作為一個新文
學著名左翼作家在現代中國文化和文學的發展中產生了重大的影
響，直到 30 年代享譽文壇之後，他的政治抱負仍沒有完全偃息。
從 20 世紀中國的文化歷史來看，這種現象不惟體現在茅盾一個人
身上，它也是客觀的歷史文化現實對中國現代知識份子的一種無
形的制約力量，但同時也與主體的內在選擇有著重要的聯繫。這
樣，在他的政治與文學活動之間，必然存在著種種外在的和內在
的聯繫：一方面，他在政治活動中的挫折必然會反映到他的文學
創作中，體現為文學創作的獨特的取材、敘述角度和審美特徵，
也體現為對這種藝術個性有意無意的遮掩、修改甚至是自我扼
殺，政治活動為他獲得了進入文學寫作的獨特途徑，而政治和革
命的志向、衝動和功利性要求也影響了這種藝術個性的完善、發
揮和顯現；另一方面，文學家的藝術敏感和冷靜超越的觀察、思
考習慣，又在一定程度上妨礙了作為一個政治革命家必須具備的
講求實際和果斷行事的品格養成和貫徹。這種內在的矛盾衝突，
貫穿了茅盾的一生，在他的文學創作和批評中也都有著一貫的體
現，而這種體現的最好的濃縮和象徵，無疑就是"茅盾"這個筆
名和作家本人所賦予的內在意蘊了。

　　再進一步推敲，不管是政治與文學的交錯、矛盾和衝突，還

是這種衝突在文學中的體現，不管是政治家和文學家雙重身份的茅盾，還是作家茅盾的心路歷程和文學寫作中所體現出來的內在矛盾，它們所產生的外在背景，它們所展開的活動空間，它們所選取的具體材料，都與上海這個現代都市，特別是二三十年代舊上海的多元化文化發展空間有著密不可分的關係，即使是在作為主體選擇和追求的成分中，其起重大作用的個人氣質和性格的形成，也與其所處的外在物質和文化環境緊密相連，而茅盾本人的主體努力和實踐活動，作為一種文化現實又對這個城市乃至全國的新文化發展產生了重要的影響。我對茅盾的認識，對茅盾與上海這個現代開放城市之間關係的認識，就是基於這樣的前提。

作爲"無政府主義者"的巴金

　　在洋洋 26 卷的《巴金全集》裏，名爲《集外編》的第 18、19 兩卷有些特別，其中收錄的文章，包括了從 20 世紀 20 年代至今的幾乎全部"佚文"，即因種種原因，發表後從未編入個人文集的政論和其他雜著。集中閱讀這些寫於不同年代，又內容各異的文字，再對照寫於今天的那兩篇題爲《致樹基》的代跋，會引發讀者的許多聯想和思索。

　　早年的巴金是一位信仰堅定的無政府主義者。這本來是一個不爭的事實，不僅有巴金當年的自認，更有他爲之所傾注的熱情和生命爲證。但在相當長時間裏，這一段歷史卻成爲巴金的一個歷史污點，一段令人難以啓齒的人生彎路乃至一個不容更改的歷史罪證。有人以它作爲貶斥巴金的證據，有人又出於好意想通過種種解釋淡化或否認這一事實。在那風雨如晦的年代裏，巴金一度對此也沉默不語。而現在，從這兩卷《集外編》可以清楚地看到，當年的巴金作爲一個年輕的無政府主義者的鮮活姿態，他在世紀初中國無政府主義運動中所信奉的這一理想的具體內涵，以及對各種政治勢力和政治事件的具體態度。

　　無政府主義本來就是國際社會主義思潮中的一種派別，不管它爲國際工人運動設計了怎樣的社會藍圖，也不管它採取了怎樣的社會革命手段，這一思潮形成的起點，與馬克思主義有著很多共同之處。它們都是基於對資本主義產生之後西方社會不平等現實的批判與反抗。無政府主義在中國的傳播，最早可以追溯到 19世紀末的康梁變法時期，至辛亥革命後的一二十年代形成高潮。20 年代後期起，它作為一個國際社會主義思潮已走向末路，遭到各國不同政治性質之政府的鎮壓。巴金作為一個封建家庭的叛逆者，從他最初投身社會活動時起，就是信奉無政府主義的。俄國的克魯泡特金、波蘭的廖亢夫等人的無政府主義作品給了他最初的反抗衝動，他深為其中宣揚的反對專制與強權，追求極端的個性與自由的精神所吸引。作為一個無政府主義者，在整個 20 年代，巴金主要從事四個方面的工作：（一）積極介紹外國無政府主義理論；（二）介紹國外無政府主義運動及其理論家、活動家的事蹟，參與營救被害的同志；（三）結合中國現實，申述自己對無政府主義在中國發展的觀點；（四）參與世界語運動。當然，這四方面的工作，都是與創辦刊物和寫作活動聯繫在一起的。在巴金成為一個文壇知名作家之前，不論是在南京、上海，還是在巴黎，都同時展開這些方面的工作。

　　但隨著時間的推移，隨著他對這一理論和中國現實的日漸瞭解，巴金很快擺脫了早年對無政府主義的單純信奉狀態，上述第三方面的工作就是他的有意努力的結果。如《全集》所收錄的《無政府主義的階級性》、《無政府主義與實際問題》、《無政府主義與組織問題》等，都體現出作者與當時其他中國無政府主義者的不同，他的獨特的理論主張中還包含了對馬克思主義理論的吸收。雖然他早年與馬克思主義在中國的政治代表中國共產黨有著距離，但這和對"四一二"事變後的國民黨的態度決然不同。他曾鄭重聲明："我永遠反對國民黨，我不但在過去，在現今，不曾賣掉過我的主義，與任何人，任何黨派妥協，在將來我也絕不會的，自八年以前做了一個無政府主義者以來，以至我將來未死的時候，沒有一時一刻我不是一個無政府主義者。”（《答誣我者書》）從這句話裏，可以看出巴金當年對信仰的堅定與誠摯。當然，巴金後來的發展沒有一直停留在一個無政府主義者的立場上。不過至今還有人將巴金的這段話作爲把柄，一直認他爲中國的“老牌”無政府主義分子，以至在新時期的《隨想錄》問世之後，面對巴金的一篇篇“真話”，有人禁不住如坐針氈，或轉彎抹角，或“一針見血”地以這段歷史來“注釋”作家的真誠無忌。尤其是巴金當年與錢杏邨、徐懋庸、鄭振鐸等人的爭論文字，更被有些人看作是洗刷不淨的“罪證”。

現在，這些文章都被巴老重新集合起來，一一檢視，也憑由讀者自己作出判斷。這在考慮到前述種種誤解與偏見的前提下，我們不能不欽佩作者的勇氣。巴老語調沉重地說道：“回顧一生的道路，我爲什麼在泥濘的巷子裏長途跋涉？我沒有雙翼，不能展翅高飛，必須順著一條道路向前或後退或拐彎。我不能忽天忽地。爲了求得讀者的理解，我應當解釋清楚，讓人看見我是怎樣走過來的。我無法掩蓋自己的腳印。”正是從巴金早年深沉的足跡裏，我們才不僅理解巴金是怎樣走向社會，怎樣跨入文壇，而且也有助於領會晚年的巴金，爲什麼能以年邁之軀，顫抖著雙手，完成了那部震憾人心的《隨想錄》。而正如一位巴金研究者所說：有了一部《隨想錄》，四十年來在怯懦中苟生的中國知識份子的名譽得救了。

巴金從一位熱情的無政府主義者，成長爲一名飲譽中外的新文學作家，既是因爲客觀條件的逼迫，也是一種自我選擇。就外在條件而言：一方面由於其對中國現實的認識及其對馬克思主義的瞭解，使他的無政府主義具有自己的獨特性（儘管沒有完備的

理論體系）；另一方面，由於 20 世紀 20 年代後期的中國無政府
主義已開始走上末路，他的理論信仰在實踐中總是歸於失敗。就
主觀條件而言，巴金的敏於情思而訥於言行的氣質，也決定了他
終究不能成爲一位一呼百應的政治家、實踐家。所以，當信仰在
實踐中屢屢碰壁時，巴金選擇了理論形態的研究與介紹。而當無
政府主義理論也難於表達他對現實的豐富感受和內心的騷動不安
時，他又不由自主地選擇了文學形式的表達。巴金早年所走過的
路，使我們看到：在一個充滿多種理想選擇的時代裏，一顆真摯
的心靈是怎樣執著地尋求與探索社會的平等合理和人生意義的。
而在今天責難他當初爲什麼選擇了這一種而不是那一種理想，這
本來就是輕率的、不公平的。因爲作爲一種個人選擇，只要出於
自身切實的觀察、體驗與思考，其真誠的品格首先就應該給予肯
定；更何況，任何一種理想都沒有絕對的、天生的正確性與可行
性。而作爲一種社會選擇，正是基於無數個體的真誠執著而不是
怯懦媚俗。

　　同樣，對於 20 世紀五六十年代寫下的那些“靠別人的腦子
思考寫成的”“無聲的文章”，作者也在《集外編》裏予以曬晾，
這當然不能理解爲對這些文字的肯定與固執，就像另外一些“過
來人”那樣，認爲自己始終在遵循某種絕對的領導，即使歷史證
明他犯了錯誤，這錯誤也與自己無關。結合《隨想錄》裏迴盪著
的那種蒼老而沉痛的聲音，我們更可以看出作者的深刻用意。正
是巴老在早年鑄就的那種忠於信念，忠於自己的觀察、體驗與思
考的品格，才使他在老邁之年，依然具有那種恢宏的氣魄和銳利
的批判眼光，首先對自己，從而也對別人的言行給予毫無保留的
檢視、批判和懺悔。

　　當然，仍有一些文章似乎被再次“丟棄”了，沒有收入《集

外編》裏。如 20 世紀 20 年代與郭沫若的那幾篇爭論文章；還有五六十年代的另外一些“無聲的文章”。是真的遺佚了，還是因爲出於某種無奈？是爲了不予那些一再“圍攻”者以口實，還是擔心讀者們的理解力？在《集外編》的兩篇跋文裏，巴金一再提出這樣的設想：“出一本佚文集就加一本批判集，後者可以減少前者的消極作用”，這難道能簡單地理解爲老人的謙虛或者自我辯解麼？“爲什麼不把它們同我的作品編在一起呢？它們從來不讓我的作品單獨存在，可能我的作品需要這樣的養料。”“過去爲我的作品發表了那麼多的批判文章，我才放心讓作品流傳下去。”這就迫使我們不僅從這些文章中更好地理解巴老、理解歷史，而且更應從文章之外理解老人今天的良苦用心。不論是晾曬了那些本已遺棄的文字，還是仍然遺棄了若干篇什，其“言外之意”都是頗值體味的，它既是一種坦誠和勇氣，毫不忌諱自己曾有的信念、熱情、偏激和過失；又是一種意味深長的邀請和提醒，他提醒讀者不要忘記歷史，更要注意歷史沉垢在當今的變態潛伏，從他的身上引發嚴肅的思考。從某種意義而言，晚年的巴金，正將自己一生的言行，當作一篇意蘊深厚的文章，鋪展在歷史和讀者的面前，他真誠地期望人們能讀懂文字中的“真”，更能從謀篇佈局，從話語背景中讀出文章以外的“真”字來。

破碎的月亮與渺遠的日出

—— 老舍與曹禺筆下的兩位女性形象

　　對於五四新文化運動中成長起來的作家而言，批判傳統文化的因襲、揭露現實的黑暗鄙陋、同情被侮辱被損害的弱者、宣導和宣揚叛逆傳統的婚姻和愛情，幾乎是共有的寫作主題，因爲它們應合了時代文化的共名。其中同情弱者的主題演繹出許多主題類型和分支，它體現爲一系列人物類型。比如五四新文化期間頗有影響，幾乎成爲新文學標示性人物的人力車夫形象、畸零者形象、新女性形象等等，而被侮辱和被損害的底層女性形象則是其中最有特徵性的系列之一。周作人曾專門論述過文學中的妓女形象，郁達夫、老舍、曹禺和丁玲等作家，都有這一類作品。她既有外來文學影響的借鑒，比如俄國作家庫普林的長篇小說《亞瑪》，和陀斯妥耶夫斯基的《被侮辱與被損害的》等；另一方面，妓女形象在中國古代文學中又有著深厚的傳統，青樓妓院裏的或美麗柔情、剛烈不阿的女性形象，在古代詩文戲劇中屢屢出現，近代文學中更有像《海上花列傳》、《九尾龜》等這樣的小說，所有這一些，都是新文學作家的潛在的寫作資源，只不過在他們的筆下，這形象被賦予更多的時代因素，體現了新文學作家的不同于歷代作家的寫作意圖，比如他們更傾向於通過這些底層女性,在社會制度、倫理道德等方面對傳統和現實提出整體的批判,而不再限於個人命運遭遇的歎惋,這些眼光,是近代以來的世界變遷和民族不幸遭遇而導致的文化啓蒙所賜。不過在不同的作家筆下,即使是同一類人物的個性姿態和表現方式,也各呈其異。從這個角度分析著名新文學作家老舍的小說《月牙兒》和曹禺的話劇《日出》,也是頗有意思的。

在老舍先生的藝術世界裏,中篇小說《月牙兒》無疑是一件藝術精品。這是一曲淒婉的人生詠歎調,又是一篇哀怨優美的抒情散文。作者採用第一人稱的敍述口吻、散文詩一般的語言,如泣如訴地敍說了生活在 20 世紀 20 年代舊北平貧苦市民階層中一個少女的坎坷命運。

我們不能不讚歎老舍先生用這一萬來字的篇幅,生動展示一個少女從 7 歲的懵懂未開到二十多歲的淪落風塵的人生故事。深厚的藝術容量使這個在今天開來即便算作短篇小說也並不爲過的作品,理所當然地收入老舍先生的中篇小說集(《月牙集》)。事實上,在 1930 年《月牙兒》剛剛發表時,作者曾一度把它作爲短篇小說的。她是老舍先生于 1925 年 "五卅" 運動後寫的長篇小說《大明湖》中的一個片斷。後來,《大明湖》手稿在 "一二‧八" 戰事中被焚毀。對其中的許多情節作者都可以毫不吝惜地忘棄,可就是忘不了這一段悲戚的人生故事。"由現在看來,我愣要《月牙兒》而不要《大明湖》了"(老舍語),可見作者對《月牙兒》的珍視。而月牙兒的故事同樣深深地打動了現代文學史上的另一位文學大師。巴金先生則乾脆把《月牙兒》視作老舍中篇小說的代表作。

這是由作品的女主人公 —— 一個年輕的妓女在監獄裏,透過冰冷的鐵窗,面對恒恒高懸於黑漆漆的夜空中的月牙兒,向我們

娓娓訴說的悲慘故事。小說中的她沒有名字，我們就稱他作月牙
兒吧，用她自己的話來說，"我的心像 —— 還是像那個月牙兒，
只能亮那麼一會兒，而黑暗是無限的。"月牙兒既是她悲慘生活
的見證，又是她苦難人生的象徵。

　　七歲的月牙兒，父親死了。儘管她並不完全知道這件事的真
正悲苦所在，但饑餓和寒冷的感受，寂寞和淒切的氣氛使她跟著
哭得很慟。唯一的依靠就是母親了，"只要有媽媽這只熱手拉著
我就好。"可是等到家裏的東西一點點當盡；等到靠媽媽日夜給
人洗衣服也不能糊口的時候，她們的生路就斷絕了。母親無可奈
何的辦法是改嫁。新爸爸果然給她們的生活帶來了轉機，她不僅
用不著去當當，而且還上了小學；媽媽也用不著再洗那些薰人的
舊衣臭襪了。可是新爸爸沒幾年又不知去向，媽媽再也沒有辦法
爲此她們的生計，只得淪爲暗娼。"念書！念書！"，不識字的
媽媽有時極莊重地對她說。媽媽的苦心是犧牲自己而希望救出女
兒。

　　但媽媽接客時開始不再躲避月牙兒時，她也開始了青春期的
覺醒，她學會了恨媽媽。而日漸人老珠黃的媽媽也不能伺候許多
男人了，他要再走一步，去專門伺候一個男人，乘著還有人要的
時候。要麼由月牙兒來代替媽媽掙錢，這樣她們母女倆繼續生活
在一起；要麼就各自謀生。這就是曾含辛茹苦地餵養過她的媽媽
給她的殘酷選擇。月牙兒選擇了後者，她不願步入媽媽的路。在
小學校長的熱心幫助下，她成了學校裏既不是學生（已經畢業），
也不是先生，像是僕人又不是僕人的角色，苟且維持著生機。但
即使是這樣的生機也隨著校長的更換而斷絕了。這時候，校長的
侄子，一個有婦之夫欺騙並佔有了她。伴隨著短暫而虛幻的幸福
出現的，是夢的破滅。望著那少婦可憐的樣子，她離開了他。她

不覺得後悔，只覺得空虛，像一片雲那樣無依無靠，但她仍掙扎著不願走媽媽的路。她應聘在一家小飯館當女招待，但因不願和不屑於同顧客調笑而終於丟掉了這好不容易才掙來的飯碗。這樣，她越是掙扎，心裏越是害怕。媽媽的歸宿像是一個黑影。月牙兒為了躲避它，卻又更走進了它。

月牙兒最後決定上市賣身，是在又遇著了那個小婦人之後。小婦人告訴月牙兒，她丈夫又找了別人，而且一去不回頭了。她從小婦人身上再一次看到了作為女人的可憐可悲，也看到了她唯一的資本，那就是比小婦人自由！小婦人儘管有飯吃，但卻有公婆管束，她得從一而終，哪怕這個 "一" 早已不知去向。她還不能像月牙兒那樣可以自由地支配自己的肉體。對黑暗的恐懼往往隨著黑暗的真正降臨而消失，月牙兒失去了剛剛下水時的那種羞辱感，關閉了這根道德神經。相反憑藉著她的姿色與活力，一度得意地周旋在各色男人們中間。性病染身的痛苦並不能成為她改變生活方式的契機，反而滋生了她對男人的報復心理。但她畢竟已經萬念俱灰，她想到了死。在想到死的時候，又想起了她唯一的親人。

被男人遺棄了的媽媽終於在有一天找到了女兒。月牙兒從媽媽身上似乎看到了自己的影子和歸宿，"我至好不過將來變成她那樣，賣了一輩子肉，剩下的只是一些白髮與抽皺的黑皮。這就是生命！" 幾年來月牙兒苦苦掙扎的結果，竟宿命般地回到媽媽曾為她設計的生活裏：由女兒賣身來維持母女的生命！然而更不幸的是，社會就連這種可憐的生活方式也不允許。因為當局者將道德，要掃清暗門子，她們不比納捐的名正言順的妓女，她們是不道德的。於是月牙兒被抓到了感化院，月牙兒不服感化，她看透了這種說教的虛偽與不切實際，唾了一個來檢閱的大官兒一臉，於是又被投入監獄。

　　我們的善良、自尊、倔強的女主人公，終於敵不過那個黑暗的社會，敵不過作爲一個人的基本的生活需求，經過一系列的掙扎、抵抗、奮鬥和夢想，最後還是被迫走上了不幸的道路。

　　饑餓和寒冷，幾乎始終威脅著月牙兒母女的生活，也是最終導致她們走向深淵的根本原因。七歲的她就已體會饑寒孤單和淚水的酸苦了。“我曉得屋裏的慘淒，因爲大家說爸爸的病……可是我更感覺自己的悲慘，我冷，餓，沒人理我。”當她爲了掙脫可怖的命運而離別母親時，“事後一想，我們娘兒倆就像兩個沒人管的狗，爲我們的嘴我們得受著一切的苦處，好像我們身上沒有別的，只有一張嘴。爲這張嘴，我們得把其餘一切的東西都賣了。”“青春與肉體，人格與尊嚴，道德與倫理全都出賣了，爲了求得生命的延續。”但在那個不合理的社會裏，月牙兒的手段與目的已經構成了必然的尖銳對立，這種對立如此尖銳，以至於在她看來已成爲自己的宿命。“我有時候似乎已看見我的死，接進一塊錢，我彷彿死了一點。錢是延長生命的，我的掙扎適得其反。我看著自己的死，等著自己的死。”這種對命運的宿命感，直至最後月牙兒才有所醒悟，那時在不服“感化”，身陷囹圄之後。“獄中是個好地方，它使人堅信人類的沒有起色；在我做夢的時候都見不到這醜惡的玩意。自從我一進來，我就不再想出去，在我的經驗中，世界比這兒強不了許多。”這時月牙兒從她的半生經歷中得到的一個認識，也是老舍先生所要暗示予讀者的。這個大“監獄”不打碎，不改變，月牙兒們就不可能得到根本的解脫。老舍先生通過一個生活在舊北平底層的良家女子的淪落爲娼的經歷的描述，表現了這樣的思想，這無異於對舊中國的一個深刻而有力的宣判。

　　對一個少女來說，為娼的確是一個悲劇。它可能是一種墮落的表現，但並不一定是。饑寒交迫是導致月牙兒悲劇的根本原因，但並不是充分原因。儘管在老舍先生筆下，月牙兒（和她的母親）都是為了生計，為了孝道和天職而被迫為娼，但青春的騷動，尤其是當青春期的覺醒不幸地發生在饑寒交迫、失卻親人愛撫的時候，為娼對於月牙兒來說便是那個社會中唯一的命運了。

　　女孩子的早熟使月牙兒過早地從母親的行為裏懂得了暗娼的含義，從而萌生了怨恨和羞辱之情。但儘管如此，儘管一直生活在困境之中，也並不妨害她作為一個女性的成長發育。“我知道的保護我自己，我覺出我身上好像沒有什麼可貴的地方，我聞得出我已有一種什麼味道，使我自己害羞，多感。我身上有了些力量，可以保護自己，也可以毀了自己。我有時很硬氣，有時候很軟……我身上有一點變化都使我害怕，使我歡喜，使我莫名其妙。我在自己手中拿著，像捧著一朵嬌嫩的花”。“一朵嬌嫩的花”正是那時月牙兒的一個生動的比喻。

　　初開的花朵總是美麗的，哪怕是嬌弱的花朵。她至少可以給人一種美好希望的期待，期待著茁壯和結果，就像期待著上弦的月牙兒日趨圓滿一樣，儘管時代社會的昏暗，月牙兒的青春還是美麗的，甚至正是周遭的昏暗而更顯其美麗純潔。青春少女哪個不做絢麗的美夢，即便是虛幻縹緲的夢，也是一種生命力的體現。月牙兒在那個少年男子的懷抱裏看到的月牙兒，不是也一改淒切清冽而帶著微笑了嗎？春風沉醉、雲開星月、柳拂蛙鳴、嫩蒲香飄，這時她第一次，也是唯一的一次對世界的美好感受。然而，可悲是連這唯一一次的感受也是虛幻的。那個有婦之夫的少年男子的和藹溫柔全是虛假，全是為了利用她的無知而暢快他自己。他的甜言蜜語使走入夢裏；醒過來，不過是一個夢，一些空虛；

得到的只是兩頓飯，幾件衣服。

在鍾情少女的心目中，男人往往代表著整個世界。雖然這時一個心造的世界，但對於月牙兒來說，正是這心造的世界，使她暫時忘卻了生活的艱辛困頓和前景的陰暗渺茫。而一旦幻影破滅，她對這個世界也就只剩下仇恨和絕望了。月牙兒在和男人們的對壘周旋中，深切地認識了道德的虛偽、金錢的殘酷、人性的醜惡和社會的黑暗，時時憤恨的揭露：

> "學校裏交給我的本事與道德都是笑話，都是吃飽了沒事的玩意。……我要活著。羞恥不是我造出來的。"

> "這些經驗叫我認識了'錢'與'人'。錢比人更厲害些，人是獸，錢是獸的膽子。"

> "在錢的管領下，人都很精明。嫖不如偷，對，偷省錢。我要是不要錢，管保人人說愛我。"

在這個社會裏，虛偽的倫理道德已經腐朽爲一個空架子，當初母親爲了撫養月牙兒而不得不賣身，而後月牙兒又爲了贍養母親而賣身，這是對封建倫理道德和社會不公平的極大嘲諷。愛情在這個社會裏則還是一個迷人的神話，只是吃飽吃好了的人的飯餘茶後，而現實情狀則是，男女彼此都織成了網，互相捕捉；有錢的，網大些，捉住幾個，然後從容地選擇一個。沒錢的連個結網的屋角都找不到。正如作者所說的那樣：

> "痛快著一點來說，我寫的是性欲問題……全沒有所謂浪漫故事中的追求與迷戀，而是直截了當的講肉與錢的獲得。"（《我怎樣寫〈大明湖〉》）

月牙兒的上市賣娼，既是對這個世界的仇恨之餘的報復，也是絕望之餘的自暴自棄，又是作爲一個女人的一種無可奈何的生存方式。

　　月牙兒並沒有如我們的主人公說期待的那樣日漸圓滿，清輝永注，而終於被茫茫黑夜輕輕地吞沒了。老舍先生通過對人物內心世界的悉心體察，用他那嫻熟的文筆，爲我們展示了黑暗年代裏一個美麗而年輕生命的掙扎、抗拒而終歸毀滅的悲劇。不過，她對於生命的渴求，對於舊時代的控訴和揭露，又在我們的心目中升起了一勾永遠的月牙兒，儘管孤單殘損，儘管淒清慘切，卻是那樣的美麗聖潔，那樣的撩人心緒，讓人時時追憶那苦風淒雨的黑暗歲月。

　　陳白露這個名字，在中國讀者和觀衆的記憶裏是並不陌生的了。我國現代著名戲劇家曹禺先生繼他的成名作四幕話劇《雷雨》之後（1933 年作），又於 1935 年創作了他的另一代表作，四幕劇《日出》。這個被稱爲“現代中國戲劇中最有力的一部”，“可以毫不羞愧地與易卜生和高爾茲華綏的社會劇的傑作並肩而立”的話劇，在當時就轟動全國，又藉上世紀 50 年代的“五四以來優秀劇碼的重演”，尤其經過 80 年代搬上銀幕之後，老少幾代人都知曉陳白露的故事了。作品反映了民國舊政權下中國某大都市在上世紀 30 年代的人間地獄般的生活。作者曹禺先生以憤懑、厭惡、痛苦的心情，刻畫了盤踞在那個世界裏的大大小小的魑魅魍魎和受盡淩辱剝削的犧牲者：投機倒把的金融資本家，卑屈陰暗的銀行秘書，滿口洋文的空頭“博士”，遊手好閒的“面首”，庸俗肉麻的富孀，吃賣命飯的打手和陷入泥淖不能自拔的交際舞女，淪落妓院受盡蹂躪的妓女……作者以一個預言者的激動，看到了當時社會機構的整個腐爛，看到了人類的貪婪、殘酷、虛僞、忌恨和不公，通過這些人物等行爲和心理的展現，宣示了那個世界的末日的到來。太陽將會升起來，黑暗也會留在後面，留給那個世界，然而所有這些人物，這個腐爛的階層都將崩潰 —— 包括那些不幸的人們也都做了無辜的犧牲——都將"沉沉地'睡'去，在日出之前，在黎明到來之際"。

　　陳白露是一個充滿矛盾的人物，"她愛生活，她又厭惡生活。"愛生活，因爲生活中有她所嚮往的歡樂和美好的東西；她厭惡生活，是因爲她所嚮往的歡樂和美好卻必須通過她所厭惡的方式，即忍受最大的屈辱，把色相出賣給自己所鄙視的人，才可獲取。作爲一個當過紅舞女的交際花，我們可以看到腐朽的生活方式給她的性格打上的烙印。她抽煙、打牌、喝酒、嘲弄著男人，把夜生活作爲她的全部生活內容。從這方面看，她是一個"玩世不恭、自甘墮落的女人"；但是，她確又厭倦和憎恨了那"發瘋了的生活"，在她那美麗的嘴角上總掛著嘲諷和鄙視。她時而活潑可愛，舉止果毅，時而憂鬱傷感，高傲自負；既慷慨而富有同情心，又糊塗而厭世。她雖然陷入了"習慣的桎梏"，但仍然眷戀著青春，心中仍有不息的詩情……她的這種複雜矛盾的性格表現真是覺得人眼花繚亂，但複雜的性格只有它的複雜的現實成因和形成過程。

　　陳白露過去的名字叫竹均，出身在一個書香門第的家庭。她從小和方達生有過青梅竹馬的情誼，有一個少女的純潔無瑕的心靈，她愛霜的潔癖就很能說明她當時純真而清高的性格。她聰明、愛美、驕傲、任性。她曾經是愛華女校的高材生，在校時就顯示了她的才能，當時做過社交明星，還做過幾個慈善機關遊藝會的主辦委員。她的美貌、聰穎、才能都給了她以自信。不幸的是，她的父親突然去世了，家庭斷絕了經濟來源，這個挫折無疑在她的人生道路上畫出了一個新的階段。她於是"一個人闖出來，自從離開了家鄉，不用親戚朋友的幫忙，走了就走了，走不了就死。"當了電影明星，還當了紅舞女。正因爲她單槍匹馬闖蕩人生的第一步獲得了成功，因而更使她自負，也使她相信個人奮鬥的力量。因此在她的自負自傲的背後，有著她對自己的年青美麗的自我陶醉，有著對自己聰明才幹的自我欣賞。"我喜歡春天、我喜歡年青、我喜歡我自己。"她太崇愛自己、太相信自己美貌和聰穎的力量了，這裏正潛伏悲劇的危機。儘管她在影壇和舞場曾風流一時，當並沒有失去一個少女對愛情的天真幻想，她在追求一個幸福的家庭和意中的情人。詩人曾是陳白露的生活伴侶，他們的結合和分手是陳白露人生道路上的又一次重大事件。她的確曾經熱烈地愛過詩人，婚後也度過一段"新鮮"的生活。這位詩人"永遠是那麼樂觀"，"相信一切是有希望的。"而這種對希望的熱烈追求也曾一度感染她，所以即使在幾年以後，她還是把詩人的《日出》一詩記在心裏。但是他們終於分手了，詩人"一個人追他的希望去了"。究其原因是多方面的，孩子死了，使維繫他們婚姻的繩子斷了，是一個原因；但根本的原因乃在於他們的思想、性格愛愛情觀念的分歧。在陳白露看來，詩人是個最忠心的朋友，但又是一個最不體貼的情人。於是，她對婚後的生活覺得"漸漸不新鮮了"，"結婚最可怕的事情不是窮，不是嫉妒，不是打架，而是平淡、無聊、厭煩"。自然，平淡無聊和厭煩不是愛情破裂的原因而是結果，產生這種結果的原因是對愛的過高奢望。是愛情幻想的破滅造成了他們的分離。陳白露追求愛情生活的行為本身是值得稱道的，正像他當初自身離家一樣，都是她受五四新思潮的影響，追求自由生活的表現。但是，愛情並不是抽象的，它並不能脫離現實生活，"愛必須有所附麗。"在那個金錢統治一切的社會裏，生活的道路是嚴峻的。她既沒有同詩人去追求希望的道路，她自然以為憑她的聰明美麗還能"闖"出來。但擺在她前面的"只有兩條路：不是墮落，就是回來。因為如果是一隻小鳥，則籠子裏固然不自由，而一出籠門，外面便又有鷹、有貓、以及別的什麼東西之類……"（魯迅《娜拉走後怎樣》）的確，等待著陳白露的正是一條墮落的道路。但我們看到她的時候，她已經是"頂紅頂紅"的交際花了。就其出身、教育、性格和追求而言，她是不願意走這條道路的；但是實際上她又不得不走上這條道路。這就是造成她的複雜性格的現實基礎。

方達生的到來給陳白露帶來了一股新鮮空氣，"竹均"的稱呼使她想起了自己美好純潔的過去和渾噩無聊的現在，方達生的指責："這幾年，你原來在這麼個地方！"使她有所震動；她開始感覺到自己生活方式的不對頭，她的精神矛盾突出了，加劇了她靈魂深處的鬥爭，所以，面對過去的情人，陳白露竟情不自禁地露出了她的嬌柔之態，她對霜、對春天的讚美，體現著竹均時代的稚氣和純真。但這種情態是一時的流露，是對往事回憶的短暫的沉醉。陳白露畢竟在這個生活環境裏被纏上了"習慣的桎梏"，方達生的一席單純真摯而不乏空想的話語是遠遠不能說服她的。"哪兒有自由？"這句話包含著她幾年屈辱生活的感悟卻也傳達出她對自己已被那腐朽生活緊緊拴住的自知和無奈。她因為要生活，因為"他們口袋裏有幾個錢"，不得不和自己厭惡的張喬治、潘月亭等廝混一處，實際上她已經擺脫不了對這種生活方式的依賴了。所以，當方達生執拗地要陳白露嫁給他，跟她離開這個鬼地方時，她回答說："我問你養得活我嗎？"　"我要認養活我……我要舒服……我出門要坐汽車……應酬要穿些好衣服，我要玩，你難道聽不明白？"面對方達生的指責，她又激烈地抗辯著，這段辯護，既飽含著她的辛酸和痛苦，也說明她對現有生活方式的依賴程度之深：

"我沒故意害過人，我沒有把人家吃的飯搶到自己的碗裏。我同他們一樣愛錢、想法子弄錢。可我弄來的錢是我犧牲過我最寶貴的東西換來的。我沒有費腦子騙過人，我沒有變著方法搶過人。我的生活是別人甘心願意來維持的，因為我犧牲過我自己。我對男人女子最可憐的義務，我享著女人應該享的權利！"

這是一個被污辱被損害的女子對社會的痛切的控訴，但這種控訴同時包含了陳白露已被她的生活方式和社會地位所扭曲了的矛盾心態。明明是出賣自己的肉體和人格，卻說成是"別人甘心願意來維持"；明明是遭受屈辱和蹂躪，卻被說成是"盡過女子最可憐的義務"。看來倔強的言語，實則掩蓋著痛苦的淚水。貌似自負實則軟弱。所以她應該"享著女人應該享的權利"，因為她有過沉重代價的付出。從而為她的生活方式找到了合乎邏輯的辯護詞。

和劇中的翠喜和小東西不同，陳白露並不單純靠肉體的出賣來維持生活，她是電影和跳舞明星，是高級妓女，所以他的地位和生活境遇比"寶和下處"的不幸女子們要好得多，儘管她也是深受社會的污辱和損害。但是正因為這樣，所以她對這個社會、特別是對罪惡撕裂的反抗就沒有小東西和翠喜來的堅決。翠喜的幾段痛切的訴說是令人難以忘懷的：

> "有錢的大爺們玩夠了，取了樂了，走了，可是誰心裏委屈誰知道，半夜裏想想……哼，都是人，誰生下就這麼賤骨肉，願意吃這碗老虎嘴裏的飯？"

而小東西的行為更是剛烈可敬。她敢於打最有錢有勢的金八爺的耳光，為了不願忍受屈辱蹂躪，她寧願果斷地結束自己的生命。但陳白露儘管並沒有勇氣做到這一步，對於小東西的行為和遭遇還是寄予很大的同情。正因為小東西一記耳光給她也出了氣，正因為小東西面臨和自己同樣的乃至更為悲慘的遭遇，所以陳白露才會挺身而出地保護她。這一舉動對於陳白露來說也不能不說是一種有意識的防空行爲。爲了救小東西，她第一次去求潘月亭 —— 一個頗有財勢的銀行經理 —— 幫忙，並第一次向他表示感謝。她還擔著風險同金八爺的大手黑三展開了當面交鋒。她爲自己第一次做了這麼一件痛快的事而興奮，儘管其中也不排斥尋找刺激（她事後連說“好玩”）的成分，但她畢竟更加意識到這是憑自己的努力生長了正義。爲此，愉快的心情又把她帶到了對日出、對春天和青春的讚歎中，再一次顯露了她的“竹均心態”。可惜她這一次的聽者不是爲之欣喜的方達生，而是她實質厭惡而又不得不利用的潘月亭！潘月亭的漠然和打擾，又把她帶回到現實中來，她以中國人有的方式喊他“老爸爸”，這種看似驕縱親昵而實質隱含嘲諷與譴責的方式，是即便對該劇大家賞識的外國朋友一時難以領會的。

當她從美好的回憶中走出來時，現實的屈辱境遇更加劇了精神矛盾。她失去了以往嘲諷的笑聲，也消失了玩世不恭的態度，用酒澆著心頭的痛苦，她內心充滿憂傷，獨自靜坐落淚。她絕望了。那些“鬼”們在她這裏吃喝玩樂使她苦悶到了極點。救小東西的行動的最終失敗使她對那個社會徹底絕望了。儘管她和方達生都竭力奔走尋找，也終於沒有找到小東西的影子。潘月亭更不可能有助於事，她深感到處都是金八的勢力。“不是我們允許不允許金八活著的問題；而是金八允許不允許我們活著的問題”，“金八多得很，大的、小的、不大不小的”。這件事的失敗，也使她更清醒地認識到自己在這群“鬼物”中的地位，他們原先恭維她，追求她，討她的歡心，完全是爲了各自的目的，他們根本沒有把她當人看待，他們曾作的慷慨舉動完全是同商品交換一般地盯著獲取的付出。她的美貌曾使她自負，但現在連這一點也沒有了，她深感自己不是和他們一樣的人，她和寶和下處的女人們在本質上沒有什麼不同。同時，作為她生活上的經濟依靠的潘月亭，在金融投機中被更大勢力的金八所吞併，破產了；累累的債務也成了她一個不小的精神負擔。她也沒有料到平時向她大顯殷勤，以自己的富有向她求婚的張喬治竟不肯借給她三千元錢，而且準備與門當戶對的劉小姐結婚了；正像顧八奶奶也要和麵首結婚一樣，這裏都沒有陳白露的位置。他們都要各自回家了，只有她還得住旅館，她是這裏的客人；他們留給她的只有伴娘的角色，她只不過是他們這些人的陪襯和點綴而已！她感到從來不曾有過的絕望，對社會的絕望和對自己的絕望。於是，她吟誦著“太陽升起來了，黑暗留在後面。但是太陽不是我們的，我們要睡了”的詩句，憐惜著自己的青春和美麗，而在黎明到來之前同這個黑暗世界告別了。

這是一個悲劇的告別，它是陳白露不屈於物質享受的誘惑，決計離開這個腐朽荒唐世界的勇氣的體現；又是她不能繼續面對混亂黑暗的現實，沒有再一次像以前那樣沖出桎梏，奮力改變生活的缺乏勇氣的表現。前者是值得稱頌的，它表明一個曾經追求過自由的新女性的再一次覺醒。和潘月亭的破產，即大豐銀行的被吞併而帶來的食利階層顧八奶奶，胡四、張喬治等人的破產一起，於是了一個黑暗社會的滅亡。而後者則體現了一個小資產階級的知識女性，憑自己的青春、美麗和才幹，脫離社會的解放區追求個性的自由，脫離群體的鬥爭，單槍匹馬地闖蕩是沒有出路的。但是，對於陳白露來說，黑暗勢力畢竟太強大了。她雖然是一個弱者，但她畢竟有所奮鬥，有所反抗，儘管奮鬥的方式是有局限的，反抗的最大行為 — 死 — 又是消極的。對於這樣的弱者，正如魯迅先生所說的：“我們固然未始不可責以奮鬥，但黑暗的吞噬之力，往往勝於孤軍。"

　　陳白露的精神悲劇的意義，體現了那黑暗的金錢統治的社會是怎樣在精神上逼迫她陷入極度的矛盾和痛苦，怎樣毒蝕她那純潔的心靈，最終導致的她的自殺。而這種精神的"吞噬之力"是一種可怕的殺人之力，它更深於那個黑暗社會制度。她的悲劇是一個社會悲劇的縮影。

　　老舍和曹禺兩位作家，各自以不同的文體樣式，講述了兩位元"被侮辱與被損害"的女性的命運故事。他們處於不同的城市，上世紀20年代的北平和30年代的上海，一個更帶有傳統古都的文化色彩，雖然經歷了五四新文化運動的洗禮，但底層民眾的生活沒有太多的變化；另一個是五光十色的十里洋場，但繁華與赤貧、享樂與罪惡並存雜處。而不管南北，同樣存在著妓女這個被侮辱與損害的群體。他們都有過美麗的青春和純潔的夢想，但不得不屈從於現實的逼迫；他們都有過抗爭，但終未逃脫悲慘的命運。月牙兒的抗爭從上一代人就開始了，但最後還是淪落於此。陳白露抗爭更帶有行俠仗義的意味，但最後也沒有扭轉整個命運。月牙兒的淪爲娼妓是底層赤貧民眾迫於物質生活所致，陳白露的似乎具有相對自主的命運選擇的可能，不過這種幻想很快就被現實所破滅。老舍的小說以母女兩代人的命運輪替來揭露救中國的黑暗與不公；曹禺的戲劇則以共時方式，通過陳白露、小東西、翠喜的對照呼應來反映這一底層女性群體的共同命運，我們其實不難看出，小東西和翠喜的命運就是月牙兒母女的命運。

　　進一步說，在老舍、曹禺等現代作家筆下的妓女形象，已經超越了批判現實主義對於具體現實和人物悲慘命運的刻畫，而已經上升到象徵層面。這種象徵性，都是通過作品的題目來體現的。老舍的小說題爲《月牙兒》，這是對中國古典象徵傳統的一種明顯的繼承，只不過在古代詩人中，月亮的意象在整體上更側重與表達人生的悲歡無常，所謂"月有陰晴圓缺，人有旦夕禍福"，而在老舍這裏，僅以"月牙兒"來表現被黑暗吞沒的意味，所謂的圓滿則只在主人公的想像當中，悲觀絕望的程度在意象的選擇中被高度強化了。曹禺選取的意象以另一種方式，體現了對於傳統象徵資源的創造性運用，在關於太陽的古典象徵體系中，日出日落象徵生命狀態的誕生、興盛和衰落，因此一般來說"日出"與"日落"有著各自不同的分工和情感傾向，前者象徵著生命的開始或者蓬勃，而後者則意味著生命的衰退和告別，前者熱烈，後者哀婉。曹禺在作品中則反用其典，既宣示了舊時代的終結，也預告了新時代的來臨，並以日出前的"白露"象徵主人公的命運，在新舊世界交替的轉折中，表達了對被侮辱被損害者的同情和理解。

後期穆旦的兩種表達方式：
翻譯與創作

一、穆旦的選擇與矛盾

"要是把我也失掉了，哪兒去找溫暖的家？"

——《葬歌》1957 年

1953 年初，在美國留學三年半的穆旦，放棄了去臺灣和印度德里大學任教的聘請，幾經周折而回到祖國。他是在新中國誕生的前夕從南京經上海赴美留學的，當時的寧滬地區還在國民黨政府的統治之下，三年半後來到這裏時，已經是生氣勃勃的新氣象了。

作為一個在 40 年代就已經立足新詩壇，在政治傾向上屬於自由知識份子的詩人穆旦，歸國是他人生中一個極為重要的選擇，而在這一舉動中，實際上隱含了穆旦的一系列的選擇，其中包括作為一個知識份子、一個詩人將在什麼樣的國度、什麼樣的政治和社會制度、什麼樣的文化環境中生存，這些是被詩人當時意識到的，但也包含了他當時還無法意料到的選擇，即他事實上已經為自己選擇了一種什麼樣的苦難以及對苦難的承擔方式。

穆旦的回國是他經過鄭重考慮的一個人生抉擇。促使他做出這一選擇有著多方面的原因。早在 1950 年他剛剛來到美國芝加哥大學攻讀英美文學碩士時，就有意識的選修了俄國文學課程，並在俄文學習中又一次顯示了他的頑強毅力語言天賦[1]。而在他學習俄文的背後，其實已經隱約包含了他對政治文化的選擇，他對剛剛獨立的新中國抱著熱烈的希望，積極而興奮地關注[2]著來自祖國的消息。同時促使他做出選擇的，也有當時中美關係緊張而帶來的因素，穆旦雖然身在國外，但 50 年代初的中美朝鮮戰爭畢竟發生在這兩個國家之間，一個是自己剛剛獨立的祖國，一個是他身處的美國，這使他更容易從看清這個西方民主國家的另一面，因此他有意識地接觸美國下層社會，並對美國社會所保持的一種清醒的批判眼光等方面，在 1951 年他寫下了《美國怎樣教育下一代》、《感恩節 —— 可恥的債》等批判美國社會不平等的詩作。但更重要的原因是，他顯然不滿意這些作品，認為"在異國他鄉，是寫不出好詩，不可能有成就的"。

　　另一方面，在逐漸做出回國決定的同時，他也正為回國的事業做進一步的調整和準備，這可以從回國初他對自己所做的工作新安排中反映出來。在巴金蕭珊夫婦為剛剛回國的穆旦舉行的宴會上，他便說起自己翻譯和介紹俄蘇文學的計畫。而他一開始所翻譯的，並不是某一個俄蘇作家的作品，而是代表了當時蘇聯文學主流的文藝理論家季摩菲耶夫的《文學原理》，儘管文學理論

---

1 在抗戰期間，穆旦隨西南聯大後撤時，曾在 3500 華里的步行途中背下過一本英文詞典，在美國留學期間學習俄文時，又背下了一本俄文詞典。參見周與良《懷念良錚》，收《一個民族已經起來》，江蘇人民出版社，1987 年出版。

2 據穆旦夫人周與良回憶，那時 "他時刻關心新中國的情況，就是在撰寫學位論文的緊張階段，還一次次閱讀毛澤東的《新民主主義論》等文章"。轉引自李方編《穆旦（查良錚）年譜簡編》，收《穆旦詩全編》，中國文學出版社 1996 年版。

並非穆旦的特長，但還是選擇它作爲翻譯工作的開始，事實上他在美國期間就已經爲這部理論書做了許多翻譯筆記。這與他對英美文學特別是後期象徵主義詩人的深刻領悟和投契相比，顯然更多地帶有理智的成分，他想通過此書的翻譯來調整自己，瞭解和熟悉現實主義的文學觀念和創作方法，學習這一與新的文化環境相適應的文學話語方式。這也就意味著：儘管穆旦對自己所面臨的全新的文化環境有所預料、有所準備，也有心甘情願投身於這一個新生的民族國家的建設，並願意調整自己，以貢獻作爲一個詩人知識份子的才華，但他的這一轉變與他原有的藝術經驗和興趣有著明顯的距離，而彌補理智與情感、已有的個人經驗與現實需要之間的縫隙，也許並不如他預料的容易，事實上，這兩股力量間矛盾始終困擾著穆旦的後半生。

在穆旦回國初期的一段時間內，他並沒有詩歌創作問世。這有忙於應付南開大學的教學工作原因，但主要是由於對新的文化環境，和在這一環境下自己應該採取的表達姿態的不熟悉、不適應。而他在主觀上對適應這一新環境所做的努力，進一步反映在他對翻譯物件的選擇的變化上。從回國的第二年起，他便開始了普希金詩歌的翻譯，這一轉變的意味值得注意。它表明穆旦的主要翻譯興趣從文學理論回到文學作品；又從蘇聯文學轉到傳統的俄羅斯文學，雖然譯介活動本身並不說明譯者文學觀念與翻譯物件間的必然聯繫，但的其中還多少隱含著穆旦在特定歷史條件下向浪漫主義經典作品的回歸，尤其當我們結合穆旦在 40 年代對英美現代詩歌的諳熟和衷愛，以及在現代主義詩歌創作實踐中的貢獻時，這樣的 "回歸" 就更顯得意味深長，這至少與當時越來越高漲的對蘇聯文學的時代熱情不完全吻合，它意味著穆旦的翻譯選擇在現實文化需要和個人藝術興趣兩端之間，開始向後者傾

斜。之後，他又從 19 世紀俄羅斯文學擴大到同一時期的英國浪漫
主義文學，翻譯了大量拜倫、朗費羅、布萊克、雪萊等浪漫主義
詩人的抒情作品。

在之後的幾年裏，詩人的心境、遭遇有著很大的變化，翻譯
的心境也會絕然不同。剛回國後的前兩年，是他譯詩的黃金時代，
他熱情高漲，"年富力強，精力過人"，成果累累，短短的時間
內，相繼以"查良錚"本名出版了普希金的《波爾塔瓦》、《青
銅騎士》、《高加索的俘虜》、《歐根·奧涅金》和《普希金抒
情詩集》（均由上海平明出版社出版）等譯作，似乎有意在 40
年代的詩人"穆旦"之外，塑造了一個俄國詩歌翻譯者的形象。

但此時他的命運卻突然出現了轉折，1954 年底，穆旦因歷史
問題[3]被列爲"肅反對象"。這給滿腔熱情的詩人帶來極大的精神
刺激，於是，他一下子變得"少言寡語……幾乎把每個晚上和節
假日都用於翻譯工作，從沒有晚上兩點以前睡覺。"[4]這種對自己
近乎殘酷的工作方式，用沉浸於譯詩的藝術境界是無法完全解釋
的，它顯然也包含了穆旦借拼命的翻譯工作而排遣苦悶的意思。
第二年，他又有普希金的《加甫利頌》和《拜倫抒情詩選》等譯
著出版，並重譯了普希金的《歐根·奧涅金》，這也是他"重譯"
工作的開始。按穆旦夫人後來的回憶，說他在此間"自己的詩歌
創作也幾乎停止"，的確是幾乎 —— 然而沒有完全停止，因爲對
詩人來說，詩歌創作畢竟是內心世界最好的表達方式。

1956 年的某一天，穆旦寫下了題爲《妖女的歌》的詩作。詩

---

3 當時穆旦是因爲曾參加國民黨赴緬甸遠征軍而被列爲"肅反對象"。抗戰時
  期的 1942 年 2 月，時任西南聯大外文系助教的穆旦參加由杜聿明指揮的中
  國遠征軍，任司令部隨軍翻譯，出征緬甸戰場，一年後九死一生。他在留美
  歸國去南開大學赴任時，曾向校方說明過這段歷史。
4 同注 1。

中寫一妖女用歌聲迷惑人們，向人們"索要自由、安寧、財富"，於是"我們"爲了"愛情"和"夢想"而去找她，翻越了"已知和未知的險峻"，甘願"一把又一把地獻出，／喪失的越多，她的歌聲越是婉轉，／終至'喪失'變成了我們的幸福"，結果是"我們的腳步留下了一片野火，／山下的居民仰望而感到心悸"，"而妖女的歌已在山后沉寂"了。顯然，詩中的"妖女"是已經越出了"愛情和夢想"的範疇，複數敍述者"我們"則明白地表示這不僅是一種作者個人體驗，這種近乎絕望的情緒，當然無法在當時將其公諸於人，就是在 1957 年初"雙百方針"提出期間相對寬鬆的文化環境裏，一些刊物主動向他約稿時，他寧可只發表那些表達內心矛盾和困惑、意蘊複雜的《葬歌》、《問》和帶有現實諷刺意味的幾首詩歌[5]。

　　寫作並發表於 1957 的《葬歌》一詩，是穆旦 50 年代中期內心分裂、矛盾、疑惑和反思的典型體現。一方面，面對新時代的巨大社會變遷，詩人在理智上意識到並且努力想與自己的過去告別，"歷史打開了巨大的一頁，／多少人在天安門寫下誓語，／我在那兒也舉起手來：／洪水淹沒了孤寂的島嶼"，所以"我"決計埋葬舊我，"讓我以眼淚洗身，／先感到懺悔的喜歡"；而另一方面，詩人又對這種"自我"的不斷喪失，提出了尖銳地質疑：

　　"……'希望'是不是騙我？

　　我怎能把一切拋下？

　　要是把'我'也失掉了，

　　哪兒去找溫暖的家？"

所以，作爲一個詩人，儘管"這時代不知寫出了多少篇英雄

---

5 此類詩歌有《去學習會》、《"也許"和"一定"》（載《人民文學》1957年第 7 期）及《九十九家爭鳴記》（載《人民日報》1957 年 5 月 7 日）。

史詩，/而我呢，這貧窮的心！只有自己的葬歌。”在《問》一詩中，作者又感歎道，“生活呵，你握緊我這隻筆/一直傾瀉著你的悲哀，/可是如今，那婉轉的夜鶯/已經飛離了你的胸懷。/在晨曦下，你打開門窗，/室中流動著原野的風，/唉，叫我這隻尖細的筆/怎樣聚斂起空中的笑聲？”。儘管由於在“肅反運動”中就受到過衝擊，因而對“百花時代”的“整風”、“鳴放”持謹慎態度，但穆旦還是禁不住 1957 年上半年“早春天氣”的“誘惑”，而在《詩刊》、《人民文學》和《人民日報》等報刊接連發表了包括上述兩篇在內的九首詩歌，這是他自 1948 年發表《詩四首》以來，經過八年多的沉寂後重新在新詩壇亮相，也是第一次在新中國發表詩歌創作，當然，他很快要為自己的“不謹慎”而付出代價。從 1957 年 9 月開始，穆旦的詩歌相繼在《詩刊》、《人民文學》等刊物受到批判[6]，並不得已在《人民日報》發表了《我上了一課》，對在該報所發表的《九十九家爭鳴記》一詩予以檢討。但在此期間，穆旦的譯詩工作一直沒有停止，在 1957、1958 兩年裏，穆旦相繼翻譯出版了《朗費羅詩十首》（《譯文》1957 年第 2 期）、《布萊克詩選》（與袁可嘉等合譯，人民文學出版社 1957 年 8 月），《普希金抒情詩二集》（上海新文藝出版社 1957 年 10 月）[7]、《濟慈詩選》、雪萊的《雲雀》、《雪萊抒情詩選》（人民文學出版社 1958 年）等，僅從數量看，這兩年還是他翻譯“黃金時代”的繼續，只是在如此的心境，詩歌翻譯對穆旦來說似乎又有另外一種意味了。

---

6 參見李樹學《穆旦的“葬歌”埋葬了什麼？》，載《詩刊》1957 年第 9 期；《人民文學》1957 年第 10 期“編者的話”及《詩刊》1958 年第 8 期《讀者對去年本刊部分作品的意見》等。

7 上海新文藝出版社還相繼出版了查譯《波爾塔瓦》、《歐根·奧涅金》、《普希金抒情詩集》（1957）和《高加索的俘虜》、《加甫利頌》（1958）等作

二、詩歌翻譯：在沉默中尋找新的表達途徑

"何必追求紙上的永生，

沉默是痛苦的至高見證"

　　　　　　　　——《詩》1976 年 4 月

我愛在淡淡的太陽短命的日子，

臨窗把喜愛的工作靜靜地做完；

　　　　　　　　——《冬》1976 年

命運對詩人的戲弄到 1957 爲止顯然還沒有結束。在 1958 年的"反右運動"和 1966 年的"文化大革命"中，穆旦所經受的打擊一次比一次嚴厲，一次比一次殘酷，但一旦條件允許，他又都會再一次以詩歌翻譯活動來抵禦時代現實加諸於自身的災難，從而兌現了他的"爲中國新詩做一點事"的夙願。在苦難接踵而至的時代裏，詩人穆旦以此承擔起時代現實的苦難和個人的命運。

1958 年 12 月，在南開大學的"反右傾運動"中，法院宣佈"查良錚爲歷史反革命"，他被逐出課堂，"接受機關管制"，到學校圖書館監督勞動，這對穆旦來說幾乎是一種"致命打擊"。在此後的三年裏，不論是翻譯家查良錚還是詩人穆旦，都沉默了，"除了去圖書館勞動外，晚間回家一言不發，只是寫交代材料，看報看書，很少和我和孩子們談話。他變得痛苦沉默，一句話也不願意說"[8]，甚至完全停止了譯著，中斷了與親友的書信往來。在極度痛苦、憤怒和絕望中，沉默是最好的表達。他對

───────────────

品，這些舊譯的再版，穆旦都不同程度地進行認真修訂。

8 同注 1。

厄運緘口不言，不願牽連他人，也不願受他人憐憫，因為"多少人的痛苦都隨身而沒，/從未開花、結果、變為詩歌。……設想這火熱的熔岩的苦痛/伏在灰塵下變得冷而又冷……/又何必追求破紙上的永生，/沉默是痛苦的至高的見證"（《詩》1976，4），在這樣的現實境遇中，與所有直抒胸臆的或曲折隱晦的情感表達相比，沉默豈不是最深沉、最有力的一種表達，最好的一首詩？三年後，他被解除管制，降薪留用，在學校圖書館"監督使用"，從事繁重的資料工作和體力勞動。就在這惡劣的環境和抑鬱的心情中，穆旦又開始了他的詩歌翻譯，在三年內先後譯出了《丘特切夫詩選》和拜倫的敘事長詩《唐璜》初稿。

和"文革"期間全民族的大動亂及其穆旦的遭遇相比，他在59至61年磨難就"相形見絀"了。1966年"文革"爆發，穆旦首當其衝地被批鬥、抄家，關入"牛棚"勞改。抄家時許多書籍被紅衛兵付之一炬，萬幸的是《唐璜》譯稿尚存。1972年勞改結束回到南開圖書館繼續他的"職員"工作，直至"文革"結束。1977年因大腿骨折在醫院治療時突發心臟病去世。在1972年勞改回校至1977年住院治療前的近5年的時間內，穆旦又完成了《英國現代詩選》的翻譯，重新修訂了《唐璜》、《拜倫抒情詩選》、《歐根·奧涅金》和《普希金抒情詩》等的譯稿，即使出版無望，翻譯仍是他的一項極為重要的工作。

如果說，從1954年到1958年間，儘管穆旦也受到不同程度的兩次政治衝擊，但他的翻譯活動仍得以開展，並與50年代初期的"黃金時代"體現了同樣豐厚成果，那麼，1958年後的翻譯活動，對穆旦更有著非同尋常的意義。

與前期翻譯相比，穆旦的後期翻譯在物件選擇上有了進一步的變化。前期翻譯所選的物件，多為俄國和英美的浪漫派詩人的作品，且以抒情詩和敍事詩為主。這些作家作品大多是歐美十九世紀文學中的浪漫主義經典，也都是當時（至少是在“十七年”期間）的政治文化環境所能夠接受的。而在後期翻譯中，不僅有《唐璜》這樣的浪漫主義巨著，還出現了丘特切夫這樣的俄國早期象徵派詩人，在經歷了文革災難高潮之後的 70 年代初，穆旦還翻譯了包括愛略特、奧登、葉芝在內的後期象徵主義詩人的作品，這種選擇明顯與當時的主流意識形態相左，這樣的翻譯選擇和翻譯實踐本身，包含著作者對時代現實、對詩歌發展的獨立的富於個性的看法。

同時，譯者與所譯物件之間的相融相契的程度也與前期翻譯有了較大的差異，穆旦對這一時期的翻譯所傾注的熱情和精力是空前的，這是在時代剝奪了所有政治權利的時候，他的唯一一種情感寄託和表達方式。作為一個富於良知的知識份子和優秀的詩人，穆旦以他的詩歌翻譯，擔當起時代的苦難，擔當起了一個詩人的職責。要知道，他在進行後期翻譯的時候，都是在南開大學圖書館監督勞動，每天必須完成繁重的勞動。不過這種擔當並不總是顯現為痛苦，相反常常表現為一種沉浸和陶醉，在翻譯長詩《唐璜》的過程中，穆旦常常為拜倫詩境的優美所折服，情不自禁時，會高興地給家人朗讀起來。初稿翻譯整整用了 4 年時間（1962 至 1965 年），就在他修改謄清準備寄給出版社時，“文革”爆發，譯稿差一點被抄家的紅衛兵付之一炬；1972 年譯稿從被抄沒的書籍中找回，到 1973 年中完成第三次修訂，並做了大量的注釋[9]。這部工程巨大的譯稿傳奇般的經歷，本身就是時代苦難

---

9 穆旦的《唐璜》翻譯手稿封頁上記有：“1972 年 8 月 7 日起三次修改，距初譯約 11 年矣。”出處同注 2。又《唐璜》由人民出版社出版時，大量注釋未被採用。參見周與良《永恆的思念》。

的縮影。

　　至於俄國早期象徵主義詩人丘特切夫（1803～1873）和後期
英美象徵主義詩人的創作，作爲在三四十年代就以現代詩創作爲
詩壇所矚目的詩人，穆旦更是在藝術精神上與之投契了，這與他
對歐美現代主義詩歌特別是後期象徵主義詩歌的衷愛有關。就在
60 年代初期開始翻譯《唐璜》的同時，穆旦用很短的時間翻譯了
俄國早期象徵詩人丘特切夫的詩選。穆旦翻譯一般不寫長篇序
跋，但這次卻止不住寫下洋洋 25000 言的譯後記，來介紹丘特切
夫的生平、創作概況，仔細分析詩歌藝術特徵，並高度評價其在
俄國文學史上的地位，而且逕自將譯稿連同譯後記寄往人民文學
出版社，就連家人也不告訴，他與這位俄國詩人的投契在這種急
迫之中也可見一斑，這種投契或許從穆旦與丘特切夫作爲一個詩
人的相似遭遇和詩歌藝術上的親緣關係中找到解釋，丘特切夫一
生才高少作，生前曾享譽一時又長期被冷落，直到他去世 30 年後
的世紀之交時，才被俄國象徵主義詩人奉爲鼻祖。而其詩歌創作
中的自然哲理和象徵意味更與穆旦的詩作有著相通之處。

　　不過，即使撇開譯者當時政治處境的因素不說，在 60 年代
初期時代氣氛中出版這樣一位元外國詩人的作品就不大可能，事
實上象徵主義思潮和創作早在 30 年代的左翼文學陣營中就被否
定，而這一傳統在新中國得到了延續並強化，因此即使譯者有意
無意間採用了某種譯介策略[10]，但還是無法使翻譯物件與主流意
識形態相協調。

　　與穆旦前期翻譯相比，後期翻譯還有一個明顯的不同。前期

---

10 穆旦在《譯後記》的介紹中使用了一系列策略手段，包括引用列寧、托爾
　　斯泰等經典作家的讚美性評價，將丘特切夫的詩歌作現實主義化的闡釋
　　等。參見《丘特切夫詩選·譯後記》外國文學出版社 1985 年版第 169 頁。

翻譯的作品都能及時得以出版，這在客觀上是對譯者的一種肯定，但後期翻譯則事實上成為一種＂潛在翻譯＂，直到譯者去世後，在開放的時代文化背景中才得以問世並受到肯定。這在穆旦身上必定會產生某種精神影響，這種影響的一個具體表現就是，＂潛在＂反而使穆旦在翻譯中更便於體現個人的藝術經驗和藝術興趣，這從他後期翻譯物件中出現的丘特切夫及後期象徵派詩人可以看出。從穆旦的藝術個性來看，他最傾心的無疑是以歐美後期象徵主義為代表的現代主義詩歌，而對於浪漫主義詩歌總體上評價不高，儘管他對具體的浪漫主義詩人不無讚譽（他早期創作中有一定的痕跡），但他認為在深刻性方面，現代詩歌比傳統詩歌已進了一層[11]。有論者認為，穆旦是將浪漫主義作為文學遺產來介紹的，譯介＂浪漫主義詩歌是他的職業，而創作現代派詩歌是他的生命體驗＂[12]，但當創作無法進行時，對現代派詩歌的譯介也就成為喚起和表達個人生命體驗的一種方式。

　　這樣，穆旦後期翻譯活動更加凝聚了他痛苦的心靈律動。對於處於接連不斷打擊和精神磨難之中的穆旦來說，翻譯不僅是一種全身心的享受，它還像是茫茫長夜中的一支小蠟燭，給人予光和熱的慰藉。他在晚年的詩作《停電之後》（1976）中寫到：＂……原來一夜之間，／有許多陣風都要它抵擋。／於是我感激地把它拿開，／默念這可敬的小小墳場＂。而若是將它放在六七十年代的時代背景下看，穆旦的翻譯活動更有著特別的價值，這種＂潛在翻

---

11 穆旦對普希金的評價高於雪萊，他認為＂普希金詩歌的最大特點是溫柔敦厚。……不像有些詩人寫起哀歌來呼天搶地地慟哭，彷彿寫完詩後真會死去一般。從這一點上看，雪萊就不能和普希金相比＂，參見孫志鳴《詩田裏的一位辛勤耕耘者》，收入《一個民族已經起來》，江蘇人民出版社 1987 年 11 月出版。
12 參見藍棣之《論穆旦詩的演變軌跡及其特徵》，出處同上。

譯"實際和"潛在創作"[13]一樣，它同樣曲折地體現了知識份子在時代災難中的獨立思考，同時也孕育著個性化表達的欲望，一旦條件許可，這種強烈的表達欲望就會噴薄而起了。當然，這種在時代壓抑下的獨特的翻譯活動對穆旦的深刻影響，也會在他晚年的詩歌創作中反映出來，並與其創作實踐一起對中國新詩的發展體現出獨特的貢獻。

三、詩人最後的迸發

> 那絢爛的天空都受到譴責，
> 還有什麼彩色留在這片荒原？
> ──《智慧之歌》1976 年 3 月

　　在生命的最後一段時間裏，年近花甲的穆旦再次迸發出詩歌創作的激情，而這也是他的翻譯工作計畫大致趨於完成的時候。據《穆旦詩全編》所收的作品看，在 1975 和 1976 兩年時間裏，穆旦寫作了近 30 首詩作（包括未完稿），其實除 1975 年的一首《蒼蠅》外，都是集中在 1976 年一年的寫成的，去除兩個斷章不算，也有 25 首，與他早年最多產的 1945 年持平，而若是結合數量和品質兩個因素看，這一年無疑是詩人一生中的創作高峰，是詩人歷經劫難和壓抑後的最後迸發。

　　到底是什麼因素再次促發了詩人的創造熱情，穆旦沒有留下直接的說明。1975 年間，他一方面完成了英美現代派詩歌的翻譯，繼續普希金詩歌的重譯和修訂工作，並等待著人民文學出版

---

13 參見陳思和主編《中國當代文學史教程》復旦大學出版社 1999 年 9 月版。

社的《唐璜》譯稿的出版消息，同時思考著“新詩與傳統詩的結合之路”。 但他顯然已經敏感到時代氣氛的變化，感受到了變革前夜的騷動，他在魯迅文集《熱風》的扉頁上寫下：“有一分熱，發一分光，就像螢火蟲一般，也可以在黑暗裏發一點光，不必等候炬火。”顯然，對於詩人來說，翻譯畢竟是一種轉述，是一種等待，一種迸發前的準備，現在，他又感到了一種迸發前的內心衝動。1975 年間寫下的《蒼蠅》一詩中，可以看出長期的壓抑並沒有窒息詩人的靈魂，在“蒼蠅”的意象中，穆旦出人意料地翻出新意，在這被人厭惡的生命中寄予深切的同情，“也不管人們的厭膩，/我們掩鼻的地方/對你有香甜的蜜。/自居為平等的生命，/你也來歌唱夏季；/是一種幻覺，理想，/把你吸引到這裏，/飛進門，又爬進窗，/來承受猛烈的拍擊”！強有力的抗議通過極其卑微的生命姿態發出，同樣給人予震撼。

　　和其後寫作的詩篇一樣，此詩是在穆旦身後才發表的，當時則屬於一種潛在性創作文本。從這些晚年作品的主題、語言風格和藝術手法的運用等方面看，它們體現了穆旦詩歌創作旋律的一種變奏。一方面它們仍然迴盪著詩人三四十年代的詩歌的主旋律，同時其情感基調和表達方式又有新的因素。而這種變化的出現，除了穆旦豐富複雜的生命體驗因素的加入之外，來自翻譯的影響也不容忽視。

　　穆旦的詩歌創作在三四十年代就達到了成熟狀態，形成了他的詩思和詩藝的個人特色。他最擅長的便是表現知識份子在時代風暴和變革中的內心矛盾和壓抑的痛苦，在詩歌中呈現出主題的分裂、變形和軟弱無力以及奮力的反抗。他通過自己的人生體驗和獨立思考，在對於理想主義、浪漫主義的懷疑和拷問、對於未來至善世界的質疑、對於主體懷疑權利的堅守等方面，在精神的

深度上接近了魯迅，是對魯迅精神傳統的一種繼承和延伸。晚年
的穆旦，雖然歷經劫難，但在詩歌創作中，不僅詩藝更趨精湛，
而且詩思仍然保持了這一種精神的力度和厚度，保持了對現實、
對世界、對自我的那種懷疑、超越的穿透力。不過人生磨難和歲
月滄桑也給穆旦的詩作留下了深深的印記，難怪詩人鄭敏曾有這
樣感歎：“一個能愛、能恨，能詛咒而又常常自責的敏感的心靈
在晚期的作品裏顯得淒涼而馴服了。這是好事，還是……？”[14]但
這種判斷似乎過於強調了滄桑印記的因素，事實上，穆旦晚年詩
歌主題仍然圍繞主體的矛盾和壓抑的痛苦，只是帶著一股理想被
挫敗後的深重的苦澀、凝重和悲劇感，從思想的深度和廣度來說，
他的這些主題在理智上或許早在三四十年代的詩歌中就已抵達，
比如對理想的質疑、對未來的追問、對主體分裂和矛盾的逼視等
等，矛盾的各個方面也早已 40 年代的詩歌中展開，但 50 到 70
年代的悲劇性經驗畢竟更充實了他的詩思，這是一種悲劇式的充
實，一種宿命般應驗，它包含著一種無言的震驚和頑強的抗爭，
因此與 40 年代的詩作相比，穆旦晚年的詩思雖然並沒有被“馴
服”，但更帶有一種特有的滄桑和沉鬱，字裏行間到底透露出一
股逼人的淒涼來。

　　這種滄桑和沉鬱也體現在詩歌主題的展開方式上。在這最後
的進發中，穆旦似乎要對一些集中了個體人生和生命體驗的詩歌
主題包括理想、愛情、友誼、勞作、生命和死亡、情感和理智、
實踐和思考等等做一個總結，於是便有了《理想》、《愛情》、
《友誼》、《冥想》、《情感與理智》等詩作，這一類詩歌佔穆
旦晚年詩作的大多數，體現了他一貫的沉思內斂的詩思傾向，但

---

14 引自鄭敏《詩人與矛盾》，參見《詩歌與哲學是近鄰 —— 結構－解構詩論》，
　　北京大學出版社 1999 年版，第 48 頁。

與此同時，也有一些直接指向現實的諷刺和批判之作，如《退稿信》和《黑筆桿頌》等。而《智慧之歌》可謂是這兩者的集中體現。詩人以一片樹林作爲自我主體的象徵對應物，這時的"我已走到了幻想的盡頭"，對於"青春的愛情"、"喧騰的友誼"和"迷人的理想"都已有了曾經滄海的超越後的審視，但"只有痛苦還在，它是日常生活/每天在懲罰自己過去的傲慢"，於是，詩人一方面將詩思指向現實，發出了"那絢爛的天空都受到譴責，/還有什麼色彩留在這片荒原？"的質問；另一方面有轉向對自身命運的確認："但唯有智慧之樹不凋"，"它以我的苦汁爲營養，/它的碧綠是對我無情的嘲弄，/我詛咒它每一片葉的滋長。"在對坎坷命運的清醒意識中，包含著對知識份子職責的堅守。而更重要的是，他的這種批判意識，並沒有因爲漫長的苦難經歷而趨於凝定，相反仍然充滿了流動多變的不確定性質，穆旦晚年作品中的詩歌主體，在對歷史和個人體驗的回顧和超越中仍充滿了對主客體世界包括歷史和人性的多種可能性的揭示、探問和質疑，而決不凝固、停滯、粘連於某種固定的視角和判斷，這種不確定並不僅僅局限於對歷史怪異荒誕的指責，"彷彿在瘋女的睡眠中，/一個怪夢閃一閃就沉沒；/她醒來看見了明朗的世界，/但那荒誕的夢釘住了我"（《好夢》），這些苦難結晶式的意象蘊涵，我們在艾青的"魚化石"、曾卓的"懸崖邊的樹"、牛漢的"早熟的棗子"等意象中都一再見到過，而是一方面有"穿著一件破衣衫出門"，"在我深心的曠野中"，"高唱出真正的自我之歌"堅定豪放，同時又不斷地警醒和質問"不知那是否確是我自己"（《自己》），"唾棄地獄"、"追求天堂"又不爲"天堂的絕望所拘留"（《問》），在"天堂"與"地獄"間的曠野中不斷浪跡、求索。

　　穆旦晚年的詩作恢復了 40 年代對意象方式的敏感，我們甚至從中仍然可以看出他早年的“扭曲，多節，內涵幾乎要突破文字，滿載到幾乎超載”[15]的風格特徵，但與 40 年代相比，那種複雜的詩意、頻繁的轉折似乎隱藏的更深了，而在語言表達上反而顯現出一種相對的流暢，這或許是經過人生的磨礪，思想和語言都趨於澄明、凝練的緣故，但也與他長期從事浪漫派詩歌的翻譯有關，儘管在翻譯的當時，他與浪漫派詩作的詩意和表達方式有一定的距離[16]，但主體與物件之間在轉述過程中的不斷摩擦、砥礪，畢竟給穆旦的詩歌語言帶來了一定的影響。

　　穆旦晚期詩歌中另一種變化是對於自然意象的集中採用，這與他在三四十年代詩歌的意象選取方式有了明顯的不同。他的早期詩歌受英國詩人奧頓的影響，多從現代生活特別是都市生活中選取語彙和意象，造成詩意顯現中特殊的驚諤效果，典型的如《防空洞裏是抒情詩》、《蛇的誘惑》《城市之舞》等篇章。詩人雖然也常常採用自然景物作爲詩歌意象，但大自然的人格化傾向往往十分明顯，而且也沒有形成總體象徵效果。但晚期作品中卻大量地採用了自然意象，而且已經超越了細節意義上的象徵，而是在總體象徵的意義上採用自然意象，這顯然與他對浪漫派詩歌特別是早期象徵主義詩人丘特切夫詩歌的熟悉和翻譯有關。對大自然的關注本來就是浪漫主義的重要內涵之一，而丘特切夫作爲 19 世紀俄國的早期象徵派詩人，更是擅於“歌唱自然之隱秘本質”，融哲學思想于自然風景之中，創造了俄國詩歌史上獨特的

---

15 同上。
16 詩人唐湜的感受可以作爲一種參照：“他的譯詩是貼切而流暢的，可讀性很高，只是沒原作那麼委婉，雲雀或夜鶯樣娓娓動聽。要 40 多歲的成熟的穆旦去代替 20 多歲的雪萊、濟慈吟唱，那麼‘年幼兒’地吟唱可不是容易的事！”引自《憶詩人穆旦》，收入《一個民族已經起來》，江蘇人民出版社 1987 年 11 月。

自然哲學詩，開創了哲理抒情詩的傳統。穆旦後期的詩歌創作很自然地從丘特切夫那裏吸取了借助自然意象的哲理表達 —— 表達作者對生存體驗的感受和思考。

　　穆旦詩歌中的自然意象，不是對具體時空中自然景象的描繪，也不是像他的某些早期作品那樣在季節氛圍的烘托中展開對主體內部情緒和矛盾的描述，而是借助抽象化、概括性的描繪，在整體象徵中傳達一種思想哲理，這種抽象的表述，特別表現在對自然的季節特徵及其所蘊含象徵意味的發掘上，穆旦分別在1976年的5月、6月、9月和12月，寫有一組以四季爲題的詩歌《春》《夏》《秋》《冬》（它們的寫作時間正好分佈於四季，這也算是最低層次上的"寫實"吧），詩人以自然季節作爲像喻背景展開形象的思辨，在大自然的時序輪換和人生求索體驗之間，建立了一種節律上的像喻關聯，表達作者對生命的感悟。尤其是《冬》一詩，大約是穆旦生前的最後一首詩作，也凝聚和概括了詩人晚年的人生感受和思考，在北方寒冷的冬季裏，經受著精神和肉體的痛苦[17]，詩人反覆的吟誦："人生本來是一個嚴酷的冬天"[18]，寒冷使心靈變得枯瘦，就連夢也經不起寒風的撕吼，唯有友誼和親情聊可慰藉，唯有工作可以抵禦它的侵襲，最後一節尤其有一種樸實的震撼人心的力量，詩人以平實樸素的筆調，想像著冬夜曠野裏一群粗獷旅人，在簡陋的土屋裏經過短暫的歇息後，又跨進撲面而來的寒夜，走上漫漫長旅，在"枯燥的原野上枯燥的事物"的廣漠背景上，這些粗獷人群的身影使人砰然心

17　是年1月，穆旦因騎車不慎摔倒，股骨骨折，他的最後歲月便一直在傷痛的折磨中度過。

18　在《冬》一詩的初稿中，第一章各節的最後一句均爲"人生本來是一個嚴酷的冬天"，後因友人杜運燮認爲這樣"太悲觀"才改爲不同的四句，筆者認爲修改稿固然仍是一首好詩，與穆旦對命運所採取的一貫抗爭姿態也並不矛盾，但初稿畢竟真切地表達了詩人的原初感受。

動，這表明，在生命的最後時刻，在絕望的邊緣裏，詩人仍然不
放棄生存、抗爭和追問的努力。

寬容背後的激情

── 王蒙早期創作的自我超越

　　打開王蒙的作品，我們就會被作者汪洋恣肆的文采，八方騰飛的想像力所陶醉。他的筆墨鋪灑得那麼開，卻又總是寫得如此自如自得。他寫幹部、知識份子，也寫職工和學生；寫激情昂揚的青年，也寫經歷坎坷的中老年；寫或者輝煌偉大，或者平凡暗淡的人生。他什麼手法都想用，無論是意識流的內心獨白，還是白描的一以當十，是忠實生活原生態的"紀實"，還是對虛擬情節加以真實性誇張的"荒誕"；是嚴肅的抒情，還是富於機智的幽默與諷刺，他都寫得別具一格。對於他筆下的芸芸眾生，王蒙理解多於反感，寬容多於指責。寬容，已經成爲王蒙小說的一種突出品性，一種涵蓋力極強的精神內核。

　　王蒙在小說外告訴讀者："是的，四十六歲（1980 年）的作者已經比二十一歲的作者複雜多了，雖然對於那些消極的東西，我也表現了尖酸刻薄，冷嘲熱諷。但是，我已經懂得了'凡存在的都是合理的'的道理，懂得要講'費厄潑賴'，講恕道，講寬容和耐心，講安定團結。"[1]經歷了故國八千里，風雲三十年，王

---

1 王蒙：《我在尋找什麼?》,引自《漫話小說創作》第 26 頁,上海文藝出版社
　1983 年版。

蒙該恨的恨過了，該哭的也哭夠了，他要在精神上來一次超越，用富於智慧的幽默與嘲諷來代替一腔傾注的憤恨與痛哭。王蒙在微笑著，他以寬容的目光注視著現實人生。但王蒙的小說世界，並非僅僅如寧靜的湖面，蕩漾著寬容的微波。它是一片深的湖，湖水深處有暗流和漩渦在不斷地急湍著：這裏有對理想的憧憬與反思，也有對現實、歷史的理性把握；有政治家的高度社會責任感，也有藝術家的自由自如的創造表現氣質；有理智對情感的批判，也有直感對理性的懷疑與思索；有自我尋找與建構，也有自我蛻變與超越……這裏充滿了一個正直而敏感的藝術家對社會政治、對現實人生的不懈的感受與認識，和對藝術的執著追求。這裏跳動著一顆永遠鮮活的心。

寬容是人類文明的產物。它是人類在物質世界，尤其是精神世界獲得相對豐富充實後，對自然、社會和人自身的欠缺、畸形、過失甚至罪過的同情與諒解，是在理解的基礎上對現實的不圓滿的合理性的承認。寬容以理智為基礎，是理智的情感顯現──相對于理智，它已轉化為一種情感態度，它不是依賴理性的分析判斷，而是憑藉一種寬宏豁達的氣度來達到對個體情感的超越。對於個體情感來說，理智是一種反思和超越，它以情感為基礎，又不拘泥於情感本身，經理性的分析、判斷與推理，對事物（包括對情感本身）作出新的價值判斷，給人們在行動時提供選擇，這是超越的第一層含義。但是，理智往往是與情感相悖逆的。理智與情感的矛盾和衝突，貫穿了人類意識的全部歷史，當然也成為文學的永恆主題。而寬容作為情感形態化的理智，它是理性為內核，以感性為外形，在較高的層次上達到了對情感的回歸。從某種意義上說，這也是一種超越。而對於文學創作來說，作為人類情感的表現形式，第二種超越的意義就顯得更為重要。

　　在王蒙的小說裏，寬容表現爲多種形態。寬容可以是和解：在生活的許多場合，人們因爲某件小事而不顧一切地爭吵著，冷漠的氛氳飄蕩在人群周際，一顆顆善良的心靈上蒙上了一層塵灰。但同樣是一件小事，可以使人們幡然醒悟。於是爭吵變成了和解，冷漠轉化爲溫暖（《溫暖》）。寬容也可以是一種通脫：面對風雲變幻的歷史，面對雜色的現實和平凡而坎坷的人生，曹千里在自憐自歎裏包含著自尊自信，在玩世不恭中深蘊著執著的信念，在表面的慢條斯理中顯示出對歷史、對人生的通脫的審視和慎思（《雜色》）。寬容還可以是溝通和理解：不僅是歲月的更替造成了兩代人心靈上的差異，而且獨特的歷史更形成了兩代人的隔膜。寬容並不意味著全盤接受，但它可以理解對方存在的合理性，可以有理解之後的溝通與交融（《深的湖》）、（《湖光》）。寬容甚至還可以表現爲善意的幽默與辛辣的諷刺：幽默是一種高級的智慧。幽默與諷刺相對於傾注身心的答撻來說，意味著對自我力量的充滿信心，它把對手從對等的位置上趕下臺去，不屑作正面的交手，而只作側面的打擊。寬容在這裏已突破了其表面形態的平和，顯示了它的內在威懾力。

　　這還只是王蒙小說中寬容意識的表像形態。如果我們能穿透這層表像，把目光投進它的深層結構，或許能看出某種更加恒定的內核，它的生成原因，以及它與王蒙創作思維定勢的隱性關係。

　　在王蒙的小說中，寬容往往可以找到它的“載體”——作品的主人公。只要稍稍回憶一下，就會有鍾亦成、張思遠、曹千里、楊恩府、李振中、翁式含、周克、繆可言等一連串的名字泛起。他們對自己和他人的年歲總是那麼敏感，對過往的火熱青春總是那麼依戀感慨。六十七歲的李振中（《湖光》）就不止一次地深歎十九歲的迷人，三十歲時候的歡蹦亂跳和五十二歲時候的自以為永遠不老。在《如歌的行板》中，請看周克是怎樣回顧他的青春歲月的：“充實中有虛無縹緲，飛馳中有暫停，揮汗如雨中有萬古長青，兼收並蓄的生活，青春、十九歲，多咪咪多發咪……十九歲！十九歲！十九歲！青春！青春！青春！”對於青春和十九歲，他傾注了多少熱情！然而這是五十歲的周克所發的感歎。

“除去皺紋和白髮以外，五十歲和十五歲的差別並不像原來想像的那樣巨大。在 1946 年想像 1981 年會覺得不可思議；在 1981 年想像 1946 年卻覺得不過如此。”置身於海浪之巔的繆可言（《海的夢》）也發出了五十二歲和二十五歲的感歎。最有趣的是，王蒙在 1986 年發表的第一首詩《不老》，也是對青春流逝和歲月更替的抒情。只有擁有過火熱的青春時代，經歷了幾十年歲月磨礪又不失年輕人赤誠的心靈，才會有這樣的敏感和喟歎。王蒙有過輝煌的青春，十九歲時他寫下了《青春萬歲》，他曾用赤熱的身心擁抱過那個時代，太難忘了！只要他的主人公在訴說，在行動，他們就會不知不覺地想起過去，總要替王蒙回顧和長歎。然而，他們現在畢竟是五十歲或六十歲了，他們在回顧過去的時候不能不正視現實。而且理智告訴他們，過去的東西只有站在現實的基點上去考察才有意義。於是，主人公的意識在歷史與現實的兩個世界裏來回交錯地漫遊著。王蒙的小說，也就顯示了兩個彼此對照的世界：在歷史的縱向上，它體現為中老年的求實態度與青少年的浪漫理想的對照，以及前者對後者的理性反思，如《布禮》、《蝴蝶》、《雜色》等；在橫向上體現為同時代的中老年與青少年的世界觀和人生態度的對照，如《深的湖》、《湖光》、《春夜》等。

作家的創作，離不開他畢生的經歷、體驗和記憶，離不開他所面對的現實。然而作家對什麼樣的生活總是最敏感，生活總是以何種方式出現在作品中；怎樣把這些經歷和體驗轉化爲藝術作品，作家必須尋找一個切入口，一種情調和審視角度。而這個切入口，這種情調和視角，又必須是某個作家所特有的，它必須足以勝任對作家獨特的情感內容的表達，它必須且應該體現作家的創作個性。王蒙小說中所體現的兩個彼此對照的世界，也是新時期小說創作中的一個極爲普遍的現象：無論是王蒙、高曉聲、劉心武、張賢亮、茹志鵑等中年作家；還是張承志、梁曉聲、王安憶、孔捷生、張辛欣等青年作家，他們都剛剛從那混亂不堪的年代走來，從艱難的生活底層走來，他們的身上都還帶著歷史的傷痛、歷史的陰霾。這是歷史留給他們的包袱，也是他們的財富，是他們思考和觀察一切的起點。所以他們的作品中也都交替著兩個世界，這就是現實和歷史。但是，經過了那是非顛倒的十年歲月，對過往青春還是如此的執著堅定，卻是王蒙以外的作家所不及的。而以過來人的身份對青春的理想所作的反思與甄別，以及甄別後的寬容，寬容的同時對人生的敏感與感歎，更是王蒙所特有的。

　　王蒙在複出後曾多次表示過他的追求：復活了的我面臨著一個艱巨的任務：尋找我自己。在茫茫的生活海洋，時間與空間的海洋，文學與藝術的海洋之中，尋找我的位置，我的支點，我的主題，我的題材。我的形式和風格。他終於找到了自己，他爲我們提供了一種視角，創造了一種敘事方式。《最後的"陶"》在王蒙的作品中並不占重要的地位，但作品所表現的心理很值得加以重視：一個離家六年的北大女學生，哈麗黛終於回到了她生於斯長於斯的伊犁草原。但現實攪亂了哈麗黛對家鄉的記憶，面對現代文明對古老緩慢生活的衝擊，姑娘的心中既有理智的興奮，又有情感的惘然若失，兩者扭結在一起，形成了一陣陣惶惑。然而，儘管在猶豫，她還是終於離開了這一片土地，對她來說，那裏的"陶"（山）已成爲最後的"陶"了。對人物而言，作爲一種選擇，理智終於超越了感情。王蒙的另一個短篇《木箱深處的紫綢花服》（下稱《花服》），把花服加以擬人化。它在積聚了二十六年的願望與愛珍之後，卻被新一代主人委婉而決斷地拒絕，它痛苦，慨歎，然而又不得不自認合理。作爲一種象徵，王蒙把它作爲小說集的題名，恐怕不僅僅是一種謙虛，它表達了一代中年人對現實、對新一代人的真誠的奉獻和勇敢的自我犧牲。《花服》表現了一種被選擇，同樣以情感服從于理智而告結。儘管在這兩個作品中作者變換了敍事角度，但仍可以看出它們在情感結構上的相同之處。這種情感結構方式，在王蒙的創作思維中已經形成了某種定勢，作爲王蒙小說思維格局上的一種張力結構，它是我們認識王蒙作品的一把鑰匙。

　　不管作者承認與否，在這種心理定勢的背後，確有一定的矛盾存在著，這就是情感的後向性與理智的前向性。曉立在與王蒙的通信中曾意識到這一點："我覺得，你是在幽默詼諧的外貌下，回避自己感受到的更尖銳的問題，掩飾自己內心更深刻的激動。"[2]我同意王蒙對於幽默的闡述，但我同樣欽佩曉立的敏銳的感受力："我以爲……你有一顆永遠年輕的少年布爾什維克的心。"而王蒙卻竭力否認這一點，"單憑'少共'精神是遠遠不夠，遠遠不夠的啊！……幼稚和天真在超過了幼稚和天真的年齡的時候就不再是美德，而當一個人用幼稚和天真的評價去處理嚴峻的現實問題的時候，幼稚和天真甚至成爲罪過。"但爲什麼作者在寫到青春，寫到十九歲，寫到少年理想的時候是那樣的激情滿懷，

2 王蒙與曉立《關於創作的通信》，見王蒙等著《夜的眼及其他》第 405 頁，花城出版社 1985 年版。

如醉如癡，而在面對現實的發展，現實的不和諧時，又懷有一絲淡淡的傷感和無可奈何呢？

其實用不著迴避和否認這種矛盾。理智上能認識的問題，在情感上不一定也能立即解決。就像航太科學的發達所探明的月球真跡，並不能一下子打破人類關於阿耳忒彌斯和嫦娥白兔的神話一樣。文學之樹之所以常青，恰恰是靠人們的情感和想像之水澆灌的。更何況，王蒙對於青春歲月的喟歎已遠遠不是停留在一味的懷戀與嘆惜的情感層次上了，它是經過理智的反思之後對情感形式的複歸。雖然這種超越後的復歸有時不是十分決絕徹底，但這仍然是王蒙寬容的表現，它向我們表明：王蒙的寬容是從對自身的寬容開始的，它浸透了作者對自我人生的無數次反省，充滿了個體的情感感受。我們從王蒙的申辯中可以看出，作者主體意識中的理性因素正在日漸不斷地增長完善著。作為一種主觀願望，王蒙力圖從理性上把握這個世界，並通過自己的筆墨表現在他的作品中。現實畢竟是現實，它果然不像有時想像的那麼美麗絢爛，但也不像有時想像的那麼醜惡恐怖，現實充滿了雜色。現實自有它的發展趨向，它總是從不和諧走向和諧，雖然在發展中時有新的不和諧出現。王蒙對於現實與理想，現實與歷史的這種理性把握，已經在很大程度上轉化為另一種情感形式，並在作品中得到相當程度的體現：既然我們有過這樣的青春和理想，既然我們是從這樣的歲月一步步地走向今天的現實，為什麼不可以表現這種歷史的選擇呢？甚至既然"凡存在的都是合理的"，既然現實中不可能有圓滿之至的事物，我們為什麼不可以替這段青春尋找其"合理的"因素，而予以諒解和寬容呢？推己及人的寬容自有它堅實的基礎，王蒙的寬容就屬於這一種。也正因為如此，這種寬容不可能是唯唯諾諾的俯就和毫無責任心的麻木。

　　寬容，作爲王蒙的一種精神風度，不僅體現在創作活動中，而且也體現在他的人生態度、個人氣質和文學觀念上。讓我們暫時走出王蒙的小說世界，認識一下作家王蒙其人。

　　作爲一個早年入黨，在革命風雨中成長起來的黨的幹部，王蒙始終充滿著對社會生活的介入意識，幾十年的革命鬥爭實踐，使他對社會弊端有著極強的敏感力。但他對歷史和現實，卻表現了一種寬容的態度，一種超然的審視姿態。

　　爲了說明問題，不妨先引《論語・微子篇》的二章：

　　　　"柳下惠爲士師，三黜。人曰：'子未可以去乎？'曰'直道而事人，焉往而不三黜？枉道而事人，何必去父母之邦？'"

　　　　"長沮桀溺耦而耕，孔子過之，使子路問津焉。……（桀溺）曰：'滔滔者天下是也，而誰以易之？且而以其從辟（避）人之士也，豈若從辟世之士哉？'……夫子憮然而曰：'……天下有道，丘不與易也。"[3]

　　如果不拘泥於柳下惠、孔子、長沮、桀溺們所處的具體歷史環境，我們可以從中梳理出三種不同的人生態度模式：一種是如柳下惠那樣地不顧"三黜"而執著於"直道事人"的人生態度。這裏升騰著一股爲道捐軀，義無反顧的凜然正氣，個體的價值，也就體現在對"道"的捍衛，對天下事的執著干預上。這是中國歷代知識份子的一個傳統。每當政局動盪，國家民族命運經受國內外因素的威脅，社會處於歷史大變革時代之時，就有一大批知識份子從階級的、民族的利益出發，縱橫捭闔，奔波呼籲乃至直接參與政治運動，爲"大道"、爲真理，爲國家民族集團的利益

---

3 引自《論語・微子篇第十八》，見《論語譯注》第 192-194 頁，楊伯峻譯注，中華書局 1980 年版。

鬥爭著，不惜以一腔熱血傾灑。遠有屈原、岳飛、文天祥，近有譚嗣同、廖仲愷、李大釗、魯迅、張志新。他們對現實的黑暗與矛盾沒有迴避，更沒有寬容，有的只是捨身而搏。孔子的人生態度則又是另外一種。他雖也執著於"道"——"仁、義、禮"，並一心企圖實現自己的社會理想，面對動盪的現實憮然而歎："天下有道，丘不與易也。"但面對不能實現自己社會理想的現實部分，還是採取了迴避的態度，被長沮、桀溺們稱做"辟人之士"。他的周遊列國，實在是他的社會理想的一次次嘗試和一次次失敗。但孔子並沒有遁世，他還是到處遊說，評判著社會，為人們提供了一種認識世事的眼光。避人而不避世，干預而不介入，這也表現為人生態度的一種寬容和超然。不僅避人而且避世，則是長沮桀溺們的遁世哲學了。寬容到他們這裏，已完全墮落為"王顧左右而言他"的迴避與超脫了。如果撇開上述三種人生態度的具體歷史內容，我們便可以替王蒙的人生態度找到模式上的歸屬了。當然，這遠遠不能揭示王蒙寬容意識的全部內涵的，只是從否定的意義上對它作了某種程度的界定。

　　對於作家來說，其人生觀最直接的衍化就是他的文學觀念。王蒙的文學觀念同樣體現了一種寬容。作為新時期文壇創風氣之先的角色，王蒙對各種創作新思潮，新手段都表現出若谷的虛懷，對青年作家的許多嘗試與探索表示出極大的熱忱，他先後為陳建功、戴晴、劉索拉的作品集作過序，還為王安憶、張承志、吳若增、鐵凝、李杭育、梁曉聲、阿城的新作寫下了許多評論文字，對他們的成功予以充分的肯定，對他們的新探索表現了鼓勵和等待。他承認它們存在的合理性，理解它們，但並不意味著全部認同和接受，這是一種寬容的姿態。王蒙主張文學應該干預人的心靈，也即通過對人物世界精神領域的挖掘和展示，與讀者產生共鳴和精神通悟，進而激發人們追求和創造理想世界的情感。在這基礎上王蒙又對文學真實性作了獨特的闡述。他認為，文學的真實性就是真誠性，小說藝術的真實程度是由它描寫的生活所達到的真誠程度所決定的。唯其真誠，才有說服力；唯其有說服力，才有真實性。這就為作家主觀情感對客觀素材的滲透和燃燒在理論確立了它的意義，為作家主觀精神對客觀材料的超越提供了可能。這無疑是一種開放的理論觀念。這種寬容的姿態還體現在王蒙的文體風格上。王蒙追求的是那種比較自由，不受拘束，容納力極強的文體。認為"最好的結構是沒有痕跡的行雲流水式的結構；最大的匠心是完全放鬆左右逢源，俯拾即是的，看來是毫不費力的，沒有絲毫匠氣的匠心"[4]。於是，意識流手法，侯寶林、馬季的相聲手法，阿凡提故事的幽默手法，雜文筆調，荒誕手法等等，都被徵用到他的汪洋恣肆，瀟灑自如的文體裏來效力。

寬容表明了自信和大幅度的含量，它不贊成褊狹的固執己見，竭誠面對廣寬的世界袒露自己的心懷，努力把一切實在的東西吸納進來，使自身得到擴充。這就為王蒙尋找自我，不斷構建自己提供了豐富的可能性。它在王蒙近年的創作中，已透露出一些端倪，這就是對個體意識的揭示的深入和對偶然性的重視。

對個體意識的關注是王蒙創作的一貫特色。從早年的《組織部新來的年輕人》到復出後的《雜色》、《蝴蝶》，都是從個體意識的角度反映特定歷史時期個體人生的命運。《雜色》更是虛化了歷史背景，讓主人公面對大自然作漫不經心，自嘲自解又滿含辛酸的人生思考。到《高原的風》、《荒唐的遊戲》、《風息浪止》、《名醫梁有志傳奇》的問世，更表明了作者創作中政治

---

4 王蒙：《傾聽著生活的氣息》，引自《漫話小說創作》第 14 頁，上海文藝出版社 1983 年版。

意識的相對弱化和個體意識的相對強化。《高原的風》敘寫了一個中年人在生活和事業達到最高峰時，自我意識的失落與尋找；後三者則通過帶有荒誕性的故事情節和傳奇性的人物故事，敘述了人在名不副實的地位上，在鮮花與讚語構造的空中樓閣中的自我失落的惶惑和自我蒙蔽的可悲可笑。王蒙對個體人生的專視，表面看來他的視野縮小了，實質上卻是在更深的意義上的擴大。他不僅關心社會生活的某一方面，而且放眼人類生活的全部。這個變化的發生，同王蒙的個人氣質有關。在王蒙的主體意識中，既有政治家的責任感又有藝術家的氣質。政治家的責任感迫使他在選擇創作題材的時候，更多地從社會政治的角度去透視生活。而藝術家的氣質又使他時不時要表現自我對時代、社會、具體的生活環境和生活經歷的心靈體驗，體現了一個藝術家對於人類意識各個層面的推己及人的不倦追求。也正是這種對個體情感體驗的重視，才有可能在對題材不斷更新突破的同時，帶來整個創作個性的轉變，而王蒙的寬容，又為這種轉變提供了方便。

　　王蒙小說創作變化的另一資訊就是對偶然性的重視。世界是萬象紛呈的：歷史自有它的發展規律；人們總是竭力從理性上把握世界和歷史，但人類的認識能力是有限的，它永遠窮盡不了世界；歷史自有它的演變規律，但歷史的發展總是呈現為大大小小的偶然事件。偶然是必然的顯現，必然性寓於偶然性之中，這個命題只能在人類認識的終極意義上才能實現。而階段性的認識只能是偶然性的汪洋大海裏舀起的小小一勺而已。因此，偏執自己對必然的把握，有時反而是一種褊狹的狂妄，相反，尊重偶然在這個世界中的地位和作用的寬容，倒不失為一種理智的態度。《名醫梁有志傳奇》就為我們透露了一點資訊：“人是能夠勝任許多角色的，並非完全決定於機緣。又常常表現為機緣。偶然是歷史的靈感，泰然是人的靈感。……庸俗像是飛蠅，叮住了生活的駿馬，於是它飛速前進了”⁵透過偶然的人生機遇，王蒙似在表現一種新的必然。

不過，以理解爲前提，自信爲基礎的寬容，又可以表現爲對其他事物的承認而不一定是接納和認同。所以，寬容相對於更新和超越而言，就顯示了相反相成的兩種意義。以消極論之，寬容可以表現爲對周圍新鮮事物的一種淡漠，一種我行我素，一種以我之不變應你們之萬變的世故心理和僥倖情緒。這時，它實質上就是一種對外部世界的拒絕和排斥。這樣的寬容便成爲超越的一種羈絆。以積極論之，寬容有可能保持對外界事物的接觸和認識，爲合理地借鑒與吸收提供可能，爲不斷地豐富自我，最後突破和更新自我提供方便。這種寬容所立足的自信，是建立在超常意義上的，對自身充沛生命力的信任。這種意義上的寬容在王蒙身上體現得十分明顯。但是，正如王蒙自己所說的那樣，“風格便是探求，固定的風格便是風格的停滯乃至死亡。”⁶對於王蒙這樣富於天才的作家來說，迫切的任務是努力對自己原有的創作思維定勢來一次突破。突破以那兩個世界的彼此交映對照，和以理智與情感的矛盾衝突作爲作品情感結構的一貫方式。作新的嘗試與探索，以期獲得總體風格的發展變化。王蒙近來的創作實踐實際上已經顯示了他的發展動向。

5　王蒙：《梁有志傳》，《小說選刊》1986 年第 5 期。
6　王蒙：《論風格》，引自《漫談小說創作》第 132 頁，上海文藝出版社 1983 年版。

兩代人的追求

── 王蒙、張承志小說的比較

　　他們屬於不同的兩代人，卻又都是同代人中的佼佼者。他們的經歷不同、領地各異，但有同樣的熱情、同樣的追求。讀者和評論家們，大概誰都不會否認王蒙、張承志的創作同樣具有強烈的現實感和深刻的歷史感。但也不能否認的是，他們的創作，具有更多的差異性。那麼，王蒙張承志創作的異同具體表現在那些方面呢？我認爲，形式上對人物心靈縱深的開掘；內容上濃厚深邃的哲理意味；和對現實世界的藝術把握的不同的視角與方式，是其異同的具體表現。

一、對心靈縱深的開掘

　　當今文學（小說）有別於傳統的是：作家不滿足於戲劇化的情節，注重人物心靈意識，在視角與手法上，又都有了新的發現和借鑒。

　　王蒙對自己在這方面的追求，是有清醒的自我意識的："（小說）太戲劇化了，也往往喪失了生活的開闊感和高瞻遠矚的距離感，往往那個矛盾扣人心弦，把讀者扣得喘不過氣來。”[1]正是不滿於傳統手法的相對的人爲性和封閉性，爲了站在歷史的高度，展現它的“故國八千里，風雲三十年”的經歷，他才把筆觸伸向人物心靈的深處。

他從中篇小說《布禮》起，在一系列的中短篇小說中，略去了環境、經歷，甚至大部分外部動作和細節的描繪，更多地注意人物的感受，情緒、心境的變幻等等。《布禮》打亂了時空次序，將“走資派”的“牛鬼蛇神”的鍾亦成的感受和共產黨員的鍾亦成的感受和心境重新排列，並列起來，穿插表現，形成了鮮明而強烈的對比，給人以震懾。這種形式本身就體現了相當的意義。在短篇小說中，這更自由地表現了歷史與現實的交互衝擊下的意識情緒。

《夜的眼》好像是散文，其間夾雜著關於“民主”與“羊腿”的議論。但那個小小的燈泡，“就像在一面大黑板上畫上了一個小小的問號，或者是驚嘆號。”就在那看似紛亂的心理感受中凸現了出來，給人以沉思、啓示。《春之聲》通過“悶罐子”列車廂內那繽紛雜亂的聲響、光色，人物言行等對主人公的感受中，流傳出時代交替時的特有資訊；《海的夢》有點朦朧，也有點戀舊，但這是在對現實有充分的認識並充滿信心基礎上的戀舊，是老年人的過往青春的留戀，因而它時有一種青春的複生。……

再來看張承志的追求。在他的《靜時》以前的作品中，還有兩種分野：一種是他那抑制不住的主觀感情的流露與噴湧，如《騎手爲什麼歌唱母親》、《青草》等；另一種是對自己情感的克制

<hr />

1　王蒙《創作是一種燃燒》，上海文藝出版社 1983 年版。

的有意識努力，如《鎖爾汗失剌》、《北望長城外》；前者是由民族與個人經歷所成熟的經歷所致，是在自發地謳歌和悲歎；後者是具有足夠的自我意識過後的自覺努力。但過分的冷靜和嚴峻，又將作者逼得喘不過氣來。看來，這還不是張承志的歸宿。他應該運用他的民族與經歷給與他的熱情；他應該自由地駕馭這種熱情，或急或慢，或行或止，或如溪流，或如噴泉……而這種否定之否定的追求，從《靜時》中已現端倪。大概作者的靈魂，也像主人公的靈魂那樣，正在冷靜地平衡自己吧。

　　但《靜時》的進展，無疑在很大程度上得益於取材（人物性格本身的沉靜）和作者的視角。小說把一個失去的女知青的靈魂注入上崗上的墓碑，並賦予她以“靜”的性格，在平靜中進行近乎超脫的思考。這樣的寫法，可以看出作者的靈巧和匠心。他是在進一步認識文學規律，也認識了自己的長與短之後，所採用的揚長避短的戰術。然而，巧妙則巧妙也，不免又有藝術上的取巧之嫌，作者也似乎覺察到了，且不滿於這一點，“文學正慢慢向我展示出它的無垠無際、神秘博大的領域。……對藝術規律帶來的懲罰，我捫心自知。我很遲地明白了：豈止是思想內容，即便是藝術上（包括形式）的殘缺，都能使作品喪失生命。我愈來愈感到那牧羊孩子式的銳氣和熱情的微渺”。[2]

　　如果說，《靜時》以前的張承志是熱情奔放、直抒胸臆的；那麼，《靜時》以後，這能較好地控制自己詩人般的激情了。《綠夜》的發表，雖然沒有在文壇上掀起什麼“風”，但自有慧眼發現並珍視它：“在這篇小說裏，生活故事浸泡在、映照在情緒和思考裏了。……小說在放鬆了人物的故事的鮮明性，多少失去了

---

2 張承志《我的橋》，作家出版社 1980 年出版。

生活的逼真性，得到了生活、哲理、情緒的凝聚，高度的濃縮性和流動性。"[3]這篇小小的意識情緒結構小說，像一條河流，反映著日月星辰，峰巒樹木。《綠夜》又像一盞燈，預示著張承志的未來。

向人物心靈深處的開掘，是近年來中國文壇的普遍傾向。但對不同的作家，這種努力有不同的意義：有的將它作為目的，力圖使自己的創作手段有所擴充；也有的作為手段，以更完美地達到自己的創作目的：塑造立體的人物，顯示多種主題等等。王蒙與張承志屬於後一種。那麼，王蒙與張承志的作品，到底揭示了怎樣的人生歷史的底蘊呢？

二、濃厚深邃的哲理意味

張承志：歷史是人民群眾的人生集合

1976 年的歷史事件，使人民的勝利。作為身受十年風雨的下鄉知青，在勝利後的驚喜之後，也對國家和人民的昨天和今天進行著思考。

但他並不如當時的許多人那樣，一味地詛咒著插隊生活，他看到了過去的十年與今天和明天的聯繫。在短篇小說《老橋》中，與老 Q 和黎明等的對立面的 "我"，沒有將過去真誠的諾言視作兒戲，獨自來到山中的小河邊，憑弔老橋的陳跡。作者以 "老橋" 象徵著歷史和現實的不可分割。

如果說《老橋》所揭示的，主要是歷史與現實相聯繫的一面，

---

3 王蒙《讀綠夜》，見《漫談小說創作》，上海文藝出版社 1983 年版。

那麼，《綠夜》的主題則正是它的反撥。表弟的"我們沒有昨天"的話深深地刺傷了他的心，而當他想從草原生活中去尋找昨天，尋找青春的時候，他卻有點兒迷惘了，"生活露出了平凡單調的骨架，草原褪盡的如夢的輕紗"。然而，"夢的破滅不是壞事，這使他把獻給夢的愛情投入現實。"他終於從迷惘中，從雨夜小奧雲娜爲他引路的燈光中領悟到：表弟與伊已已錯了，自己也錯了。

張承志從《老橋》到《綠夜》，通過形象藝術地表現了對於歷史的辯證法的觀點。到《大阪》，他把眼光轉向了現實。《大阪》中那個年青學者，他沉默寡言，卻性格剛毅。與一輩子庸庸無爲卻喋喋不休的李瘸子形成鮮明對比，他排除了種種牽掛（妻子流產大出血等）、克服了種種困難，終於登上了不曾爲中國人所翻越過的大阪。這是寫一次科學考察，更寓有象徵的意味，象徵著"他"在解決了歷史與現實的認識問題之後，開始踏實地付出了艱苦的勞動。既不忘歷史的榮辱，又不爲歷史所囿，以行動走向未來。

《黑駿馬》，張承志在上述認識的基礎上，又回到了人民的主題。這是他的創作出發點和歸宿。但是，張承志只是借人生作爲視角，來洞察歷史。他把歷史的進程，視作無數普通人的平凡活動的結果。在這些微小的芸芸眾生中，洞悉著人類活動的深刻意蘊。

普通的人生是很不完美的，甚至帶有許多缺憾。然而，歷史正是以缺憾的形式，在普通人的命運中，一次又一次地完成這銳變，緩慢地、同時又是倔強地前行著。索米婭以不絕的善良和堅韌，隨生活的緩慢步伐前進，終於贏得了比白髮老奶奶更廣闊的天地。從白髮老奶奶到多米婭，在生命的鏈條由這兩代蒙古婦女命運銜接的環節上，一些東西在消逝，一些東西在延續。索米婭能勇敢地追求真誠的愛情，努力擺脫蒙古族婦女的悲慘命運，這是一個進步。但她與奶奶一樣，忍受了惡勢力的肆虐；又同時具有頑強的生之欲望和對人、對生命的近乎崇拜的摯愛。在從白髮奶奶那裏繼承下來的東西中，有的是民族得以生存延續、歷史得以發展的鏈條和動力；有的則是需要更下一代去拋棄、去突破的落後的民族習性。

張承志的創作，受蘇聯吉爾吉斯作家艾特瑪托夫的影響很大，從風格到手法都可以找到它的影子。但作爲一個歷史學者，更作爲一個有作爲的青年作家，他在借鑒的同時，不失自己的立足點。他沒有對索米婭和白髮老奶奶對罪惡的忍讓作簡單的道德評價，而是把這些民族精神的內部矛盾，更多地作爲歷史文化現象來認識。

如果說，《黑駿馬》還偏重於對民族精神的歷史認識，那麼，在他的第二部力作《北方的河》中，歷史的成分已經淡化，它更多地積澱在對北方的河流，白楊林的變遷，破碎的彩陶的象徵性描寫中，那各具性格的北方的河流，正是人民和民族的歷史的象徵。而向現實的奮擊，則在作品中佔有突出的地位，它體現了古老的民族精神在現實中的勃發。

從《騎手爲什麼歌唱母親》到《黑駿馬》，再到《北方的河》，張承志在人民的主題上，同樣地完成了他對於歷史的思考的辯證主題。到這裏我們可以看到，張承志的創作在內容上有兩個辯證否定的螺旋，而後一個與前一個相比，有著一個可喜的飛躍，作者克服了前一個“螺旋”中由於過濃的思辨性而導致的對形象性的抑制和一定程度的損害。在後一個“螺旋”中，作者將自己對歷史的思考，對人民的熱愛，較爲成功地熔鑄在藝術形象中了。

王蒙：信念終將不滅

　　王蒙在重返文壇後的一系列小說中，都表現了這樣一個主題：追求人生最寶貴的信念。大到一個共產黨員的崇高革命信念，小到一個普通中國人對於祖國民族命運的信念。他在艱苦歲月中不僅沒有消沉，反而從人民中吸取了更多的動力，剔除早年真誠信念中的許多盲目成分，在現實的基礎上，更使信念堅定不移。"尖酸刻薄的後面我有溫情，冷嘲熱諷後面我有諒解，痛心疾首後面我仍滿懷熱忱地期待著。"因為信念終究不滅；"我還懂得了人不能沒有理想，但理想畢竟不能一下子變成現實，懂得了用小說干預生活畢竟比較踏實地地去改變生活容易。"信念經過苦難的錘煉，更堅定了、也更現實了，王蒙反對空談，提倡實幹；"我真誠地認為我們哭得太多，我們有笑的必要和權利。我甚至覺得，有時笑是比哭更高級也更複雜的表示方法。"

　　而王蒙說執著的信念，正是他革命幾十年，從戰火中從人民中逐步體驗提煉出來的。《布禮》中的鍾亦成失去了一切（官職、地位、安寧的環境，甚至平民的資格），但在厄運中，他堅執著對黨和人民，對革命事業的信念。《蝴蝶》中的張思遠，在對自己從小石頭、張指導員、張書記、張老頭，到張部長的個人經歷的痛苦的反省中，對過去的信念中偏狂與愚昧的成分，更看到了它金子般的內核，他給信念注入了新的血液：人民之于他，猶如水之於魚，只有建立在與人民利益為根本出發點之上的信念，才是永遠正確無誤的。《相見時難》則從翁式含與藍佩玉的經歷、處境的對比中，在新的高度上再一次肯定並讚美了共產黨人的信念。雖然從少年時代起就離開祖國的藍佩玉，在具體的行業中做出了不容置疑的成績，雖然她有優裕的生活條件，而與之相比，翁式含則不僅經歷了冤屈與磨難，且至今還是一個一般的外事幹部，但是他比她有著更強有力的精神支柱，他走過了歷史必然要走的一步。從鍾亦成，到張思遠，再到翁式含，信念經過了揚棄，獲得了新生，獲得了堅實的土地。

　　體現了王蒙的"尖酸刻薄背後我有熱情，冷嘲熱諷後面我有諒解"的最好的實例，就是《雜色》與《溫暖》。曹千里作為普通的知識份子，在是非顛倒的年代裏，動中求靜，亂中求安，對世態人事進行一系列漫不經心的思考。但同時又在逆境中默默地盡著一個人的義務，雖然這是微不足道的。作者對他的隨遇而安與任勞任怨的貶與褒，使我們想到張承志的人民主題，王蒙在對待普通人生的歷史評判上，也有他的辯證思想，只是沒有像張承志那樣做全力的多方面的表現而已。而《雜色》中所體現的人與人之間的冷漠、隔閡，則為《溫暖》所對照：人與人的親善互助的本性永遠不會從生活中消失，從人心中死滅。

　　值得玩味的是，王蒙的《深的湖》與《海的夢》，從正反兩個方面表現了歷史的辯證法。《深的湖》表現的雖然是兩代人的矛盾，但最後還是統一到對歷史及歷史所留的冷漠、牢騷的寬容與諒解上，它要人們別耿耿不忘過去的反常的東西，要注目於現實，要實幹。而《海的夢》則告訴人們，人生是綿延不絕的，正像歷史一樣，昨天的東西總是值得依戀，不管是使人心醉還是令人心碎，我們不能鄙夷地全盤否定昨天的理想和熱望。我驚喜地發現，這與張承志的《綠夜》、《大阪》和《老橋》所表現的主題是多麼相似！只是在王蒙那裏多一點寬容與諒解，而在張承志那裏，則多一點年輕人的憤激。王蒙有王蒙的哲學，張承志有張承志的思想。但這看似不同的兩種思想，卻在辯證地對待歷史和現實這一點上統一了起來。這是時代使之，社會使之，相同相似的信仰使之。

三、各自的視野　不同的視角

　　從上述的分析中可以看到，王張兩人的創作，無論是形式還是內容，都是似中有異，異中有同，似異交錯的。因爲他們處於同樣的時代與過度，懷抱同樣的政治信仰，所以他們的創作，往往不約而同地出現某種表現方式和哲理意味，這也正是將他們相列而論的一點依據；但他們畢竟是兩代人，兩個民族的人（漢、回），他們有更多不同的經歷，不同的民族氣質，不同的知識結構，和對藝術的不同的領悟，從而形成了對社會和自然環境的不同的藝術感受方式和表達方式。

　　王蒙的青少年時代是在北京度過的，對於都市生活他有較早的瞭解。在他還不滿 14 歲的時候，他就參加了地下革命活動，並加入了中國共產黨。他少小的心靈，從剛剛懂事起就用一副革命者的眼光去觀察都市了；而幾十年的革命生涯，一方面使他樹立和不斷完善了自己的革命信念，另一方面又培養了一副能從芸芸眾生中辨別醜惡與美善、從紛紜雜亂的人間悲喜劇中透視社會歷史發展軌跡的眼力。從而，當他走上文學之路後，始終保持了對社會政治的敏感。他總是習慣用自己的政治家的眼光和頭腦去觀察會思考，反映在文學觀上，也偏向於通過干預人的精神，達到文學干預政治、爲社會服務的目的。另外，十九年的新疆生活，他又從維吾爾族人民那裏汲取了幽默的養料，結合他豐富的革命經歷和對歷史的高原認識，使他的幽默成爲一種對歷史和未來的充分自信。他在音樂方面的藝術修養，又養成了對旋律、音響與節奏的敏感。

因此，王蒙的小說，就從紛雜的人世流變的海洋裏，“掬起一捧海水，但水是掬不住的，從手指縫裏滴滴嗒嗒地流了出來。”[4] 又用他的複綫條、意識流、聲與色、節奏與旋律、幽默與諷刺表現出來，揭示其內在的歷史蘊含。這就是王蒙的視野和視角，王蒙的表現方式。

而張承志則不同，他是呼吸著草原的氣息長大的，他有著草原牧民的心理氣質。與王蒙相比，他所觀察和體驗到的，則是草原的遼闊和美麗，牧民的古老而又緩慢的生活節奏。那裏的生活遠離人口集居的都市，而更接近大自然，因而張承志對大自然有獨特的感受。但他是一個善於思索的青年，又是一個目光犀利的青年學者，他能從這緩慢而古老的生活的自身變化，從這帶著過多的歷史陳習的人生中，看到了新的社會潮流的衝擊，看到了那古老生活自身的變化，看到了歷史緩慢然而不絕的前行。因而，他表現的大自然，使站在歷史文化的高度，全面地審視一種既定的生活方式，完整地體現這種生活方式中人與自然的聯繫，賦予自然以民族的素質和靈性，從而形成濃厚的草原生活氣氛。他追求的是大自然與人的心靈的交融，他把邊地生活加以放大，並通過人格化的自然描繪，表現了他對一代人獨有的思索，對一個幅員遼闊、歷史悠久的民族精神意識總體的把握。

著名華裔哲學家成中英認為：“理性是經驗的結晶。但對於人類來說，經驗種類是不同的，它的範圍大小無法限制，它的內涵規律也大不相同，它的背景又不盡一致，它的意義也不相等同，它的組合更是千差萬別。人們先經驗一件事情，再經驗另一件事情；如果次序更換一下，所得的結論就可能不同。所以，經驗是

---

4 王蒙《我在尋找什麼》，上海文藝出版社 1983 年版。

多角度、多向度的一個過程，任何人都不能對之作封閉的限制。
同時，由於經驗發展是多元的，所以，通過經驗知識把握的理性
的發展也應該是多元化的。科學的發展是開放理性的發展過程。
他是一個不斷建構和結構的開放系統。"⁵這種經驗發展的多樣
性、多向度，要求著理性的多元化，也揭示了王蒙與張承志創作
的異同背後的成因，同時也是我們評價其創作成就的一種理論參
照。

　　有的評論者認爲，張承志不去反映複雜的社會矛盾，甚至對
城市文明表現出某種莫名的煩惱和疲倦。因此，他的作品，不能
體現鮮明的當代性。的確，如何看待張承志創作的這種特點，直
接影響到對之的評價。我認爲，時代是一個運動的過程，作爲社
會的每一個組成部分，都滲透著運動的因素。當今的中國，現代
精神文明建設已經成爲時代潮流的一個組成部分，某一個角落都
不會超出時代潮流的衝擊圈之外。只是離時代衝擊圈中心近一
些，受到的衝擊及迅速些，猛烈些，容易明顯體現出整個社會巨
大的變化；處於偏遠閉塞的地方，所受的衝擊就遲緩一些，微弱
一些。不同的作家，根據自己不同的觀察和特質，可以反映前者，
如王蒙；也可以反映後者，如張承志。只要能站在歷史發展的高
度審視一切，無論哪種題材，那種角度和手段，都可以反映出時
代發展趨勢和歷史的縱深感，當然也體現了文學的當代性。而惟
其從各自的側面觀察和反映社會人生，文壇才有百花齊放的動人
局面。

<hr>

5 成中英《論中西哲學精神》東方出版中心 1991 年版，第 14 頁

張承志和他的散文
《走進大西北之前》

　　張承志被稱作"一個理想主義的精神漫遊者"，早期的創作以草原生活爲題材，從民間大地吸取精神養料；稍後他把個人理想與宗教信仰結合在一起，開始了對於回民生存和真主信仰的探索。1984年，他到回民聚集地寧夏的西海固地區，接觸到回族伊斯蘭教哲合忍耶教派的歷史材料。這一民間宗教團體在歷史上爲了維護信仰的純潔及心靈的自由而不惜犧牲的英雄主義精神極大地震撼了張承志。他不僅皈依了哲合忍耶，而且用文學的形式寫了一部《心靈史》，在文壇引起了很大的震動。他用宗教寫作爲現代社會的精神沉淪指出了一條拯救之路，然而他的作品中越來越濃厚的宗教傾向，也引起了爭議。另外，他還出版有小說《黑山羊謠》、《海騷》、《錯開的花》和隨筆散文集《綠風土》、《荒蕪英雄路》、《清潔的精神》、《一冊河山》等。

　　張承志（1948～）原籍山東濟南，生於北京。回族人。1967年畢業於北京清華大學附屬中學，"文革"初期是紅衛兵積極分子。1968年到內蒙古東烏珠穆沁旗插隊，在草原上當了四年的牧民。1972年入北京大學歷史系考古專業學習。1975年畢業分配到中國歷史博物館考古組工作。1978年發表處女作《騎手爲什麼歌

唱母親》，引起文壇注意。同年考入中國社會科學院研究生院歷
史語言系學習，研究蒙古族及北方諸民族的歷史。1981 年畢業分
配到中國社會科學院民族研究所。1981～1982 年曾在日本東京大
學考古學系進修。早期主要作品有長篇小說《金牧場》，中短篇
小說《北方的河》、《黑駿馬》、《黃泥小屋》等。散文《走進
大西北之前》[1]，是張承志在《心靈史》的寫作完成後對其自身心
靈歷史包括寫作實踐的一次回顧和闡述，一次以個人身份（而不
是文學作者身份）對自己現實立場的直接表白。我們可以把它看
作是張承志在 90 年代關於人生道路與文學寫作關係的宣言。

　　自 20 世紀 80 年代後期開始，中國社會開始了一次重大的轉
型，市場經濟體制逐漸替代原有的計劃經濟體制，以及越演越烈
的社會生活的實利化傾向和浮躁誇飾之氣，使原來在計劃經濟體
制下生存的知識份子又一次面臨了嚴峻的考驗和挑戰。張承志是
一個立足於民間的知識份子，他毫不猶疑地宣稱：“人不一定需
要文學，但是少數人一定需要文學，這裏有嚴峻的被選擇，更有
自由的選擇。豎起我的得心應手的筆，讓它變作中國文學的旗。
我只是一個富饒文化的兒子，我不願無視文化的低潮和墮落。 我
只是一個流行時代的異端，我不愛隨波逐流。”[2]

　　張承志從早期《黑駿馬》時代草原騎手的浪漫激情，經過《殘
月》、《西省暗殺考》、《金牧場》，到《心靈史》則轉化爲宗
教的深沉感情。1984 年隆冬，張承志放棄了公職，隻身一人來到
大西北，來到荒蕪偏僻的黃土高原西海固，親近並最終融入了回
族伊斯蘭教的哲合忍耶，成爲它的一員。80 年代末，他經過長時

---

1 該文作爲前言被收入《心靈史》，花城出版社，1991 年。
2 見張承志《以筆爲旗》。包括下文《離別西海固》、《撕名片的方法》、《歲
　末總結》等，均轉引自《無援的思想》，蕭夏林主編，華藝出版社，1995。

間的考察、學習、體驗和醞釀，提筆寫作《心靈史》，決計爲 60
萬哲合忍耶回民寫一部書。儘管《心靈史》是以長篇小說的形式
出版的，但它具有濃厚的宗教色彩，或者說就是一部敍述哲合忍
耶教民世世代代以生命捍衛自己的心靈自由的歷史，借助於這一
段鮮爲人知的歷史，張承志向世人表達了他對於現實、對於世俗
社會、對於主流文化的決絕態度。《走進大西北之前》寫於 1990
年 6 月 20 日，後來作爲《心靈史》的前言。從它與《心靈史》的
關係而言，它當然具有解說這部作品的寫作動機和緣由的作用，
但對於張承志而言，它更是對自己的人生抉擇的一次公開說明。

文章一開頭就描述了作者內心的高度緊張和衝突：

> 我站在人生的分水嶺上，也許此刻我面臨的是一次最後的
> 抉擇。肉軀和靈魂部被撕扯得疼痛。靈感如潮水湧來。溫
> 暖的黑暗貼著肌膚在衛護我。我沉默著，強忍著這種界限
> 上的激動和不安。但是我必須解釋，因為你們密集地族擁
> 著，焦躁地等待出發 —— 大西北雄渾蒼涼的黃土高原已經
> 大門洞開。

在這裏，抉擇與不安、皈依宗教的願望與桀驁不羈的本性之
間相互撕扯，這種內心的焦灼和囂張，在張承志是一貫的，即使
是在《心靈史》這樣以真實的材料敍述的作品裏，也處處顯示作
者的內心衝突，他似乎永遠不會有寧靜的一天，他甚至毫不顧忌
地以強悍、狂躁、激憤、偏執、旁若無人的矯情等姿態，來向世
人傾瀉內心的焦灼不安，以示斷絕與世俗社會的瓜葛，斷絕自己
的後路，隻身踏上精神的孤旅。在這裏，張承志以一種特殊的民
間立場，即以哲合忍耶這一鮮爲人知的宗教派別的立場，來表達
對流行文化思潮的批判，表達了對知識份子啓蒙道路的拒絕，將
自己的整個身心全部投入了哲合忍耶。"人可以選擇各式各樣的

自由。人可以玷污和背信，人也可以尊重或追求。快樂和痛苦正是完整人生。而在這一切之上，再也沒有比 '窮人崇教'這四個字更使我動心的了。……我決心讓自己的人生之作有一個歸宿，60萬剛硬如中國脊樑的哲合忍耶信仰者，是它可以托身的人。你就這樣完成了， 我的《心靈史》。我頓時失去了一切。唯有你，屬於那 60 萬人的你，飛翔著遠遠離去，像是與我分離了的一條生命。……我的力氣全盡，我的天命履行了。"（《離別西海固》）這是他個人的信仰和人生道路的選擇，也是對於現實的尖銳批判。

　　這種強烈的矛盾和對立，也體現在對讀者的態度上。作為一個作家，總是希望面對讀者發言，但張承志甚至對讀者也有著十分苛刻的要求。雖然在文中除了與他信仰相同的回民外， 也提及了 "我的漢族、蒙古族兄弟"，但他對漢民族文化中心所採取的逃離態度是明顯的，而且對他來說，所有他的讀者都首先是他的或者是他的信仰的追隨者，這種帶有強烈排他性的讀者選擇，同樣表明了他的決絕姿態。他把文學引人宗教信仰，帶有鮮明的個人印記，他的孤憤的心靈在尋求宗教的撫平，其實正是他反對體制的本能的自然延伸。對宗教的誇張性的強調，使宗教成為一種判別標準，甚至成為一種與知識、文明、科學和民主相摩擦、相衝突的精神辨別標識，而且在選擇中已經達到了非此即彼的程度。不過，當現實處於普遍的實利風氣和商業文化的煩躁混亂中時， 張承志這個提前遠離的孤旅者的背影，具有一種特殊的精神魅力，這位孤旅者不像後來那些所謂 "行走文學" 那樣，他的背後沒有記者、沒有鏡頭、沒有策劃、沒有集體的妙作。

　　在《走進大西北之前》一文中，貫穿全文的一個思路 ，就是面對哲合忍耶 200 年來的苦難掙扎的歷史，怎樣尋找到適合的現達方式，但他遇到的是一連串的矛盾對立。"數不清的人物故事熔化著又凝固成一片岩石的森林", 他只想拼命加入進去, 然而他的使命卻是描述。他所要描述的心情、氣質、決意和犧牲的渴望是無形的, 既無法用典型來概括, 也不適宜於詩歌的個人抒情, 這種強烈的表達衝動和表達方式的尋找定奪使他十分痛苦。正如作家王安憶所說: "他寫下的每一個字都是從心靈裏來, 因此他最不堪忍受文字最終社會化而被大眾消費的命運, 他覺得他最寶貴的東西受到了踐踏。可是要求表達心靈的渴望又是那樣強烈, 使他不得不忍受遭遇謬誤的痛苦。"[3]

這樣, 對於張承志來說, 尋找表達方式的過程就是完成其個人的人生選擇和轉換的過程, 兩者是相互統一的。他放棄了職位薪俸, 在以寧夏西海固爲中心的荒山高原間流浪, 他以自己的人生實踐, 完成了自己的"表達", 他把這樣的抉擇稱爲自己的"終旅", 比作回民帶有宗教意味決定的"舉意"。他在回民社會中六七年時間的生活、調查、採訪、體驗, 使他從西海固的回民身上, 看到了 60 萬哲合忍耶對精神的堅守和信仰的堅持, 從 700 萬回民那裏發現了"有信仰的中國人"的生存面貌和精神狀態, 他所竭盡全力歌頌的沙溝農民馬志民就是其中的一個。作家認同了這個拒絕權力和遠離中心文化的宗教派別, 將自己融入進去, "我的抉擇, 我的極致, 我的限界, 都僅僅在這一件事情之中。1989 年, 我寧靜下來, 開始了我的人生'爾麥裏'(即回民們一般的宗教功課, 指的是'幹')", 不僅如此, 張承志還把自己視爲他們的代言者, "他們中的每一個, 都因爲身在這個幾十萬人的集體裏, 才強悍有力並神采照人。他們幾十萬人都因爲堅持著一種精神, 才可能活得震撼人心", 因此, 他願意"以這種精

---

3 王安憶《孤旅的形式》, 同上。

神作爲我這部畢生之作的主人公＂，他要＂寫一本他們會不顧死活保護的書＂，現在他終於意識到：個人作爲一支筆的形式，已經決定了《心靈史》的形式。

　　張承志深刻地體驗到：在這個喧囂浮躁的時代裏，真誠需要掩飾，人無法直接表達真誠而又能保護他不受傷害，他只能逼尖了嗓子才能喊出心中的情感，只能以自己的偏激來對抗現實，所以他的小說永遠無法達到完整、圓滿和純淨的境地。他的創作文體從早年的小說創作到後來的散文寫作，經歷了一個文體的選擇過程，而這種文體的選擇，是與他所要表達的思想、情感和信仰聯繫在一起的，是＂自我表達＂形式選擇的一個具體體現。自《心靈史》的寫作之後，張承志更明確地選擇了散文這一文體，而作爲前言的《走進大西北之前》就是一例，與《心靈史》的內在緊張相比，這裏的思想和情感表述儘管仍然偏激，但明顯順暢得多。張承志認爲，在傳達思想的意義上，散文形式要高於小說，於是＂人有了一種不願再回到低級形式的心情。短暫地瞬間地達到過詩、深沉地宿命地達到過心靈的歷史 —— 這使我覺得小說索然無味；生活本身比文學生動得多，但我的生存又只能依存於文學——那麼剩下的路只有隨筆散文，好像沒有別的什麼了＂（《歲末總結》）。因此，這篇散文，既是對《心靈史》寫作緣由的交代，更是張承志寫作的一個轉折和新的開始。

面對苦難的現身說法

—— 論張煒的三部長篇小說

引　言

　　這個題目也許會引起別人的誤解。“面對”苦難，似乎對張
煒而言，苦難是外在的東西，而事實卻恰恰相反，在他的一系列
作品中，苦難早已被主體內在化了，即便是他者的苦難，也被敘
述者以具有切膚之痛、令人靈魂震顫的方式加以敘述。苦難的景
象彌漫了他的幾乎所有作品，它已成爲張煒創作的一貫主題。而
這些苦難在具體的情景裏又可以具有不同的形態與內涵，從具體
的個人經歷，到家族、階級、歷史乃至整個人類在自然與社會的
現代進程中的種種遭際，處處都充滿了苦難和不幸。這些苦難現
實的敘述在張煒的作品中，又都指向一個中心：即面對苦難，在
苦難的重壓下，現代人的當下選擇如何？人的合目的性的取向又
應怎樣？能不能找到一種真正的解決？

　　對於自己的發問，張煒在苦苦的思索，並在一系列的敘述中
做出了種種努力。他在短短的十來年裏令人矚目地發表了三個長

篇小說[1]，即《古船》（1986）、《九月寓言》（1992）和《柏慧》（1995）。雖然這種對苦難的提問本身已具備了相當深厚的意義，但我對張煒的期待顯然遠遠不止這些。記得《古船》剛剛問世的時候，曾被認爲是體現了作者至此爲止的最高創作水準；而《九月寓言》又使人覺得"簡直不可思議"，這對張煒來說，應該是一種極高的評價了，而現在又有了《柏慧》。如果說我讀《古船》的感受是一種喘不過氣來的沉重與苦澀；《九月寓言》給予我的是一種不可言喻的驚喜，那麼，在《柏慧》裏我首先感受到的是一股逼人的憤怒與仇恨之氣。而我所進一步關心的是，在《柏慧》的世界裏，張煒是如何積聚起這股怒氣的？他又想通過對它的展示爲我們提供些什麼？

對我來說，要想理清這些問題，不能囿於《柏慧》本身，而只有回到前面的思路上，即從張煒對生存苦難的呈現及其應對方式的角度，考察這股怒氣的來龍去脈，才可以理解得盡可能貼切一些。這當然也不可能完美地顯現《柏慧》及之前的《古船》和《九月寓言》的全部蘊含，我也不抱這種宏願，我只想提供一種理解張煒的角度或者方式。

漂泊、固守與無奈的撤離

出自同一位作家手筆的一系列作品，不論看似怎樣變幻莫測，總是以這樣那樣的方式呈現出種種關聯。正像一位哲人所說，一個作家一輩子只能寫一部作品。這話聽起來不免令人沮喪，但細想又確有它的道理。張煒作品間的相互關聯當然是多種多樣

---

1 在 1991 年，張煒還發表了題爲《我的田園》的長篇小說，但因某種具體原因，本文不擬論及。《柏慧》載 1995 年《收穫》雜誌第 2 期。

的，作爲一個讀者或批評者，我只能領悟這種關聯的某些側面。

在我看來，漂泊與固守、流浪與棲居，是張煒這幾部長篇小說中反覆呈現的主題，只是在不同的敍述中，他給這兩種生存狀態注入了不同的情感態度和評價，而所有這些變化，又都和展示與體認生存所面臨的苦難結合在一起。

《古船》是一個十分擁擠混濁的世界，窪狸鎮充滿了七情六欲，冤怨相爭，隋、李、趙三家的爭鬥，使窪狸鎮的歷史佈滿了重重疊疊的罪惡與不幸。隋抱樸在幽暗的磨房裏一坐就是好幾年，在極其沉重的氣息裏，他苦讀《共產黨宣言》，又在心裏一遍遍翻檢著窪狸鎮的歷史，並企求超越這些苦難的可能。而其叔父隋不召卻正相反，他半輩子在海上飄蕩，最後不得不敗退小小的窪狸鎮，但鎮上的紛雜人事，始終不曾放在他的眼裏，他終日醉眼矇矓，不是捧讀《海道針經》，就是絮叨他的海上生涯。叔侄兩人，一個是緊緊盯住現實世界，竭力將罪惡與不幸化作苦難承受下來，並企圖從現實與歷史的糾葛中梳理出一個清明的世界，張煒最後讓他走出磨坊，化冥思與懺悔爲豪邁的行動，透露出一種悲壯崇高之氣。而另一個則在表面的輕狂和瘋癲的背後，流露出一股對遠方生活的神往之情。儘管這位老人最後被象徵現代文明的大機器絞成血肉模糊的一團，但在與窪狸鎮現實之污濁的對照中，他對漂泊生活的嚮往還是顯示出一股誘人的魅力，窪狸鎮這艘古船，正因爲水源枯絕，才被迫擱淺在此，而正因棲居太久，污濁之氣才如此瀰漫。

在《九月寓言》裏，張煒從另一種角度展示了小村人的生活。傳說他們的祖先被稱爲“鮁”，這是一種劇毒的魚類。祖先們原是一群四處爲家的流浪人，只是厭倦了漂泊才在這裏駐留下來，因爲他們終於聽從了內心發出的“停吧、停吧”的籲求（這正與

"魰"同音），開始在這裏生存並繁衍後代。到今天，因為人們與土地及其生活於其上的其他生命相處得太久而有了深厚的感情。《九月寓言》中雖然也寫了小村居民的生存苦難，但更令人心馳神往的卻恰恰是這片土地上所凝聚著的歡樂。從其中流露的情感傾向判斷，張煒已明顯地表達出他對土地的留戀之情，他把人比作大地的一種器官，是大地的一部分，只不過這是一種特殊的器官，他既像樹那樣依賴大地的供養，又不是一棵樹，而是以運動、奔跑的方式來依戀大地的，"咚咚奔跑的腳步把滴水成冰的天氣磨得滾燙，黑漆漆的夜色裏摻了蜜糖。跑啊跑啊，莊稼娃捨得下金銀財寶，捨不下一個個長夜哩"。

不過，對土地的依戀之情，並不完全和流浪的逍遙相對立。小村外不時就有一群快樂的流浪人，他們像候鳥一樣，每年在這裏盤桓多時後，便又遠行了，而第二章的金祥尋"寶"一段，更把漂泊經歷作了盡情的渲染。所以，儘管與《古船》相比，《九月寓言》的基調再也不是沉重與苦澀，而是一種神采飛揚的歡樂，但在漂泊與棲居的主題上，兩者還是存在著某種方式的關聯。最後，先人的"停吧"之聲似乎依然迴響著，而小村人卻不得不在頻頻回首之中再次漂泊遠遊了。

那麼，我能不能這樣提問：即在漂泊與棲居之間，到底哪一種生存狀態更出自人類的本性呢？當生活被沉重污濁的空氣窒息時，人們真恨不得決絕地告別土地，遠走他鄉，放浪雲遊。而當離別終至來臨，尤其是出於無奈而再次漂泊時，那片曾居留過的土地，又變得使人千般留戀了。於是漂泊就不再是一種甘願的選擇，而只是一種不得不實施的撤離。更進一步，如果那片土地留給漂泊者很少的歡樂甜蜜，更多的倒是冤屈和恥辱時，撤離也便不再僅僅是一種無奈，而難免會懷有深深的恨意。

《柏慧》裏的敍述人同樣是一個流浪者。他的流浪者的命運，似乎是與身俱來的。從他的外祖父和父親那裏，他承繼了這份痛苦的遺產，自幼就有了與荒山野狐相伴的記憶，而之後他所遇見的一連串親近的人，幾乎又都是孤獨的流浪者，他們都有著善良正直的品性，都蒙受著偌大的冤屈，一個個命運多舛，是現實的惡勢力在他們充滿愛善的心靈裏逼出了恨意。他作爲善良族類的代表，不得不從原本和美的棲居之所作一次次退卻，從 20 世紀終點的理想中退卻，從 "O 三所"，從雜誌社，從葡萄園，最後甚至從這片賴以生存的平原上撤離，就像齊人祖先徐芾在秦始皇時代的那場著名的撤離一樣。

這樣，從《古船》到《九月寓言》，再到《柏慧》，流浪漂泊的主題其實一直不曾中斷，但對流浪的敍述語調卻發生了重大的轉化：從對雲遊的嚮往，到不得不重新上路的留戀，再到被逼迫著漂泊天涯時的仇恨，敍述中的氣氛終於又趨於沉重，戀家之情亦越發濃厚起來。漂泊流浪與棲居家園，人類的生存總是在這兩者間無休止的轉換著，而且它們往往既互相對立，又互相統一，其間的微妙關係常常以互爲理想的方式在不同的時空情景裏反反復復地呈現出來。命運之神似乎總是那麼殘忍，它不斷地扼殺人們好不容易從生存境遇中努力獲得的歡樂，強迫他們一次次體味刻骨銘心的苦難。而張煒的這一系列敍述，也正是在漂泊與棲居的轉換之中，呈示著人類生存的苦難境遇。看來，和生存苦難相比，漂泊和棲居只不過是生存的一種形式。

昭示罪孽與體認苦難

罪孽與苦難共同構成了張煒這三部長篇小說的主要敍述內

容。但在我看來，罪孽[2]與苦難是兩個不同的概念，在某種意義上，它們分別體現了人對自身生存狀態的兩種不同的認識境界。罪孽不論深淺輕重，總是指向某種具體的物件，作爲一種人類行爲，它總有一種指向性，即是誰對誰犯下了罪孽；作爲一種後果，它同樣會在具體物件身上體現出來。在罪孽這個詞裏，包含了一種刨根問柢，緣果索因，追究肇事者的傾向性，正如通常所理解的那樣，好人受難總是由壞人作惡所致。而苦難的意義則不同，苦難沒有緣由，至少並沒有具體的起因，它是對人類生存狀態的一種體認方式，即是一種對生存處境的概括，同時又表明對這一處境的態度。雖然，在引起生存痛苦這一點上，苦難與罪孽有著相似之處，而且，罪孽通常是導致苦難的直接原因，但苦難並不以追究痛苦的具體原因爲目的的，確切地說，對苦難的追問並不是爲了尋求免去苦難的具體途徑，甚至認爲不存在這種可靠的現實途徑，追問的目的恰恰是在承認並接受這種生存處境的前提下，從苦難中尋求生存的意義，也正是在這個意義上，苦難是對罪孽的一種超越。

現在再來看看張煒的小說。其實自《古船》起，他就已經顯示了這種超越的努力。隋抱樸的長期苦苦冥思，正是爲實現這種超越所做的艱苦的力量積聚。如果沒有這種努力，窪狸鎮的世界將始終陷於一片冤冤相報，以惡抗惡，罪孽迭生的混亂之中，這種對於個體、家族、階級和歷史恩怨的超越，正是《古船》區別於當時其他所謂"反思文學"和"文化尋根文學"作品，而格外引人注目的原因。同時，《古船》中瀰漫著的令人窒息的沉悶之

2　"罪孽"通"罪業"，本是佛教用語，指身、口、意三者的犯罪活動。現指人所犯的罪過。又，佛教稱過去作惡所造成的不良後果爲"孽障"，可見罪孽一詞本來就含有緣果索因的意思。

氣，也可以從這種超越方式中尋求解釋。

　　相對於具體的罪孽而言，隋抱朴是以寬容的態度化解了仇恨，而將所有的罪孽作為一種生存苦難承受下來，不是一味地自譴自責（如他的父親隋迎之那樣），更不是冤冤相報（如趙多多、見素）。寬容與仇恨作為兩種評判態度，正是對生存狀態的兩種認識方式（即苦難與罪孽）的情感延伸。但僅僅在人倫範圍內承受苦難，做出超越，其程度必然會有某種限制，除非再次落入現代文學的創造現代"卡里斯瑪典型"的傳統之中。而張煒的寫作理想，顯然不是要再造一個"時代英雄"，以作為現代人的理想楷模而高懸於新文學的人物畫廊。因此，要使這樣的超越成為可信，就必須拋棄廉價的樂觀主義，這樣，沉悶壓抑之氣也就在所難免了。這也同樣可以解釋，為什麼恰恰是打破這一沉悶空氣的隋抱樸的"出山"之舉，倒使讀者感到有幾分突兀。

　　而《九月寓言》正是在這樣的意義上實現了一次振奮人心的超越。它至少表明，一種全新的完美的寫作理想已清晰地呈現在張煒的眼前[3]。按張煒的說法，只要把四周的"地氣"找准，"就會做得很完整"。為使自己對苦難的探索趨於完整，他將小村人的生存活動置於宇宙天地之間，把人看作天地間的一種生命方式，認為人實際上不過是一棵會移動的樹，是大地的一個器官，這就使超越苦難、追尋生存價值的背景從人倫層面一下子擴大至人與自然的關係層面上，在如此廣闊的時空裏，苦難才不至於像烏雲一樣罩住我們的雙眼，對苦難的體認才變得富於意義。在某種意義上，苦難才不再是一味的痛苦，它甚至可以轉化成一種對生命的歡樂體驗。在小村生活的世界裏，甚至不再有明確的對罪

---

3 關於《九月寓言》及張煒的寫作理想，參見張新穎的《大地守夜人 — 張煒論》一文，收入《棲居與遊牧之地》，張新穎著，學林出版社 1994 年版。

孽與仇恨的敍述，人間的惡濁之氣都被天地所吸納消融，一方面
儘管有饑餓、騷動和痛苦，但另一方面，夜幕與大地間蘊藏著的
歡樂卻好像淹沒了這一切，這就是真正超越的實現。

　　當然，要是細細追究，《九月寓言》裏也有對罪孽的敍述，
那就是一批"工人揀雞兒"來到了這個自然村，他們的盲目採礦
終於使小村陷落了，荒蕪了。這是一種象徵，那個曾經充滿歡樂
的世界終於不復存在，人們又開始了無奈的漂泊。這也是一種罪
孽，它只是與《古船》裏所描述的罪孽有所區別，在《古船》裏，
罪孽滋生於人對人的掠奪，是一群人對另一群人所犯下的。而在
《九月寓言》裏，人與人之間的對立幾乎被敍述人的超然之手抹
平，而人與自然的對峙成爲決定敍述展開的主要契機，饑餓的現
實、苦難的回憶，都來自人類的自然生存處境，即便是人際衝突
（如圍繞首領之家的一系列衝突）也都帶上明顯的自然與原始色
彩，從而區別於《古船》中的那種層層疊疊的家族之爭。最後，
小村的陷落也是以人與自然相對立的方式出現，這是人對大地所
犯的罪孽，不過追根究柢，又是人對自己所犯的罪孽：小村雖然
不再能成爲人之居所，但草木卻依然瘋長，鼯鼠們依然快活地奔
來走去，應該可憐的只是人自己。天之罪猶可違，人之罪不可逭。
如果不作十分嚴格的意義區分與限制，在我看來，《古船》所描
述的主要是"人之罪"，而《九月寓言》則更集中於"天之罪"
的敍述。這或許也可以以某種角度解釋了爲什麼《古船》使人感
到沉悶壓抑，而《九月寓言》則令人盪氣迴腸。對於"天之罪"
人類作爲有限的生命終究只能認下這份生存處境，只不過他還可
以在敍述中排遣心中的抑鬱，甚至將苦難轉化成美的意象，完成
一種藝術的超越。而對人自身犯下的罪孽，人又能做些什麼呢？
細數歷史與現實中的人之罪，以人類良知的身份自譴自責，自我

懺悔，並做出超越的努力，這就是張煒在《古船》中所努力想做到的。但張煒在那裏敍述的主要還是歷史，而面對《古船》世界之外的現實，張煒的超越是否還是那樣自信呢？充塞其間的沉悶壓抑之氣已經給了我們答案。而從《古船》的"言外之意"裏，我們是否可以獲得闡釋《柏慧》的某種啓示呢？

在《柏慧》裏，張煒又敍述了一場更大規模的漂泊和撤離，這是一場無奈的、被迫的，充滿仇恨的撤離，它不僅在時間上跨越了兩千多年（從秦始皇時代直至今天），更重要的是，作者同時在兩種意義層面上展開了對罪孽與苦難的探索，即既敍述了人倫層面上的一系列屈辱、漂泊和撤離，又在人與自然的關係層面上，敍述了兩者間的觸目驚心的對立。雖說這種對立在《九月寓言》中已見端倪，但與《柏慧》相比，後者在敍述語調上既沒有前者那樣對生存歡樂的詠歎，也沒有《古船》裏的那種寬容，相反卻充滿了愈益深重的憤怒之氣。差別也同樣體現在敍述方式上，《古船》採用的是第三人稱全知全能式的敍述，語調沉重又富於理智；《九月寓言》的題詞則昭示了敍述的另一種方式："老年人的敍說，既細膩又動聽……"同樣是第三人稱，但回憶的傷感與甜蜜使那裏的一草一木、一舉一動都顯得親切而生動，飽經滄桑的情感之潮與富於穿透力的理性之光已交融一體。而《柏慧》裏的敍述者，卻是一個剛剛年屆四十的中年人，他飽受凌辱，滿腹怒氣，而又急於向人"訴說"，語調急促，言辭率真又褒貶分明。因為說者與聽者都是當事人，整個敍述不免又透露出想要表白自己和說服對方的意圖，而小說的讀者，也只好權且以當事者的角度，設身處地地去傾聽與領會這番長長的傾訴了。

變奏：從敍說到訴說

　　對於這一從敍說到訴說的變化，當然也可以作爲張煒的敍述方式多樣的追求，但它的意義是否僅限於此呢？也許作者對苦難的領悟，對人類生存處境的認識已有了新的方式和內涵，而這些正有意無意地在其敍述方式與敍述語調中顯現出來。

　　在人倫層面上對苦難的探索使《柏慧》承繼了《古船》的努力，所不同的是，前者中的敍述者始終被惡勢力逼迫著，不得不吞下恥辱，他需要不斷地在委屈中保護自尊，舐呵心靈的傷口，接連的退卻、流浪，使他不僅沒有隋抱樸那樣的心境作超越的沉思懺悔，反而滋生了仇恨與憤怒作爲心理的自我調節和保護，現實並沒有爲他提供隋抱樸那樣的一座磨坊。當然他也曾在撤離中努力尋找現實的依託，他將在登州海角苦心經營的葡萄園作爲自己的最後歸宿，指望在這裏忘卻人世之爭，讓怒氣慢慢消退。但這最後的努力還是在惡人的逼迫下化作泡影，仇恨之氣重又聚積起來了。而在另一層面上，《柏慧》也想繼續《九月寓言》的主題，將葡萄園作爲溝通人類與自然的象徵，但這種努力同樣被逼上了撤離之路。

　　這樣，兩個層面的探索在敍述人無奈的撤離、敗退中交匯了，而越聚越重的怒氣顯然在期盼和預示著一場解決，一種結局。作爲具體的現實主體，敍述人及其少數同道（鼓額和四哥夫婦）是不幸的，惡人們不僅逼得他們在人群中難以生存，而且還擋住了他們超越人世，抵達溝通人與自然之域的去路。但作爲一種藝術象徵，敍述人又是十分幸運的，因爲雙重的逼迫使他承受了來自兩方面的苦難（儘管始終不曾超越），而使自身的品格始終保持絕對的純潔，並以之作為依據而將人分成善惡鮮明的兩群：

> 我越來越感到人類是分為不同的“家族”的，他們正是依
> 靠某種血緣的聯結才走到了一起。

這種“血緣”是指什麼呢？如果僅僅是一種象徵，至少也表
達了作者對人性善惡的一種帶有絕對傾向的判斷。於是我們發
現，兩個層面上的惡人原來出自一個“家族”，或者在《柏慧》
中已走到了一起，而且越聚越多，相反敘述者發現自己則愈益孤
單了：

> 我仿佛看到了這樣一個畫面：一個人與一群人往前走，他
> 們開始時融為一體，步伐也較為一致……繼續走下去，有
> 人頻頻回首……不斷有人停住，回返……最後剩下一
> 個……他只得一個人走了……

看來，這種對人群的善惡“家族”的不斷劃分，其最終結果
是“好人族”在現實中的消亡。《柏慧》的敘述正是這樣，就是
敘述人選擇的傾訴物件——柏慧，最後也似乎沒有與其同行，而
在“老胡師”那裏則更需要他的表白與爭辯。純潔無瑕的敘述人
承受了所有惡人加於其身的凌辱，卻依然執著獨行，那情景悲壯
得就像走向十字架的基督。

然而他畢竟不是基督。基督雖也承受人類苦難，但他走向十
字架是為了啟示人類以愛和虔信，他心中不僅沒有仇恨、甚至還
要人們愛自己的敵人。而張煒的敘述人雖然也帶著幾道光環，卻
怒氣滿面，一副決絕的神氣，嘴裏還不止地念叨著：我決不寬容，
一個也不寬容！

本來，只有以體認苦難、超越苦難的方式面對生存境遇，才
可以抵達寬容、愛和悲憫，或者程式正好相反。而揭露罪孽，只
會積聚仇恨，仇恨與不寬容絕不可能成為十字架上的基督。張煒

畢竟是一個無神論者，至多是一個自然神論者，在《柏慧》即將
終了時他一再宣稱：一場陌生的，難以言喻的什麼即將開始了！
它是什麼呢？答案就是他在小說《夢中苦辯》中用同樣的語調預
示過的："真的，我總覺得大自然與人類決戰的時刻就要到來
了！"也就是說，大自然懲罰惡行的時刻就來了。

　　如果說這就是張煒所期待的一場解決，那麼，大自然的懲罰
果真也能分辨人倫間的善惡嗎？要是不這樣，那位敘述者將再一
次蒙受不幸，他的仇恨還是無法消泯。而作品裏之所以怒氣彌漫，
正是來自於人間善惡之爭，而且是惡壓倒了善。這樣，從《九月
寓言》到《柏慧》，兩種方式的敘述結果，正好在苦難和罪孽這
兩種面對生存境遇的迥然不同的路徑上，顯現了張煒的探索努
力。只是前者所呈示的世界是完整的，而後者卻與作者的寫作理
想有著距離。如果將《柏慧》比作一部音樂作品，前面一再出現
的仇恨動機在最後不僅沒有解決，相反更得到強調，當敘述的結
局終於到來時，這一動機被拋置半空而無所著落。

　　那匹象徵著大地精靈的三歲紅馬，終於伴隨著敘述者等其他
"家庭"成員，走向一片輝煌而空靈的霞光，在這裏，敘述者與
其說有幾分像行將受難的耶穌，倒不如說更像諾亞，諾亞一家因
爲秉性虔信高尚而獲得上帝的特別恩寵，在滔天洪水到來之前，
登上了事先造就的方舟。既然好人越來越少，越來越孤獨，而仇
恨又愈益深重，那麼，除了敘述人自己得救之外，還會發生什麼
事呢？一味的仇恨和對立，怎麼能喚醒沉迷的人們，更怎能使惡
幡然悔悟，棄惡從善呢？

結　語

　　同樣是面對人類生存處境這一主題，張煒的這三個長篇小說的切入方式卻各個不同。《古船》從敍述罪孽入手，終而在人倫層面抵達對苦難的體認，並顯示出超越苦難的努力；《九月寓言》則直接從苦難切入，在人與自然的和諧狀態下臻於超越苦難的歡樂，而最終又使人類認下另一重苦難；《柏慧》則力圖在人倫和人與自然的雙重層面上面對苦難。但由於從一開始就在第一個層面上緊盯住罪孽的現實緣由不放，把體認苦難始終限制在昭示罪孽的程度上，又企求以這一對待罪孽的知性方式去消除生存苦難，進而將人類劃分為絕然對立的兩群，並賦予不同的情感與價值判斷，而且將這種二元對立的區分擴展到第二個層面，從而進一步強化了這一局限。這就給體認與超越人類生存的苦難處境帶來了雙重影響，最後既沒有達到超越罪孽的寬容，也無法實現對苦難的超越。

　　這樣的評價和概括，並不是否認《柏慧》自身的意義，更不是說《柏慧》甚至又走回到《古船》之前的境界。如前所述，我是在特定的意義上區分罪孽與苦難的意義的，根據這樣的區分來考察張煒對人類生存處境的多種探索，我認為：不論從哪一種角度切入這一主題，如果想要通過文學敍述去尋找一種擺脫生存困境的現實方略，則要麼從苦難入手，得出一個基督；要麼從罪孽入手而始終無法擺脫仇恨；或者像《柏慧》中所呈現的那樣，付諸一種諾亞方舟式的解決。正因為之前有了《古船》，有了《九月寓言》，張煒才會以這樣的方式結束對《柏慧》的敍述，而不會真正回到《古船》之前的起點了。而實際上，無論哪一種結局，都無法真正在現實中付諸一攬子的實際解決，這是由藝術的本性所決定的，也與人類生存處境的本質相聯繫。

　　看來，關鍵還是在於對待生存處境，對待苦難的方式上。現

實情景中的我們是體認它，超越它，還是以知性的方式追索其具
體的現實根源，並企圖解決它，根除它。如果說通過追根究柢可
以明辨罪孽的緣由，並力爭阻抑罪孽的進一步產生；那麼，苦難
不僅無緣無由，而且永是無法擺脫，它是人類與身俱來的宿命，
我們對之唯一可能、唯有意義的態度，是認下它，承受它，並力
圖超越它。可惜這種態度並不經常被人採用。好在西方有了加繆
的西緒弗斯那樣的典型，而在張煒的《九月寓言》中，我甚至還
瞥見了生存苦難中復活般的歡樂景象。而另外一種態度則要普遍
得多，在《柏慧》的敘述人身上，我只不過再一次看到了類似的
情景。當然，作為一個讀者或批評者，我無權要求張煒在某一部
作品中的敘述應該是這樣而不是那樣，而張煒在《柏慧》中恰恰
是有意識地選擇了這種敘述方式的。事實上，考慮到喧嘩混濁的
現實正時時包圍著我們，任何一個正直而有良知的人不可能沒有
憤怒，甚至仇恨。但如果要以藝術的方式呈現生存處境，就畢竟
有別於現實中的傾訴衷腸。

　　在這裏，我的思路再一次被逼進了現實與藝術這兩個世界的
交結地帶。在不同的作家那裏，這兩個世界的對照關係不僅千差
萬別，而且往往是相互對立的。這種差異和對立都無一例外地體
現在以下三個層面上：（1）藝術作品對現實生存處境的呈現；（2）
在藝術作品中表達的對生存處境的價值評判；（3）藝術作品所提
供的對生存困境的解決方式。對張煒而言，他的藝術創作在第
（1）、（2）層面上，仍然體現了一種最寬泛意義上的“現實主
義”，即以和現實相類似的邏輯方式，來呈現與評判其藝術形象，
尤其當我們將張煒與另外一些被稱為先鋒作家的創作相比較時，
這種區分便相當明顯，多年來對張煒的評價其實也是以這一共識
為前提的。問題是在第（3）個層面上，當我為《柏慧》中的那股

憤怒之氣尋找緣由時，我採用的是現實的邏輯，即人之罪不可逭的邏輯，同時也只有在這個意義上，才可以理解張煒的寫作理想的一貫性；但當我將《柏慧》作為一個藝術作品，面對其中所提供的對生存困境的藝術解決，我又不得不更換一種邏輯，因為他的“諾亞式”的解決，顯然是以藝術的方式對現實所做出的一種警告或提醒。由於這兩種邏輯分別來自於兩個世界，因而問題不在於兩者之間的矛盾和對立，而在於張煒有沒有在兩者間提供一種有效的藝術聯繫方式，也就是說，作為藝術創作，作家在作品中其實只能提供一種藝術的解決方式。正是在這一意義上，我認為相對於《九月寓言》，《柏慧》的探索甚至反而遠離了張煒的寫作理想，這大概是張煒始料未及的。

　　現在再回到我此文的題目上。“現身說法”一詞的詞典意義有兩種：（1）本是佛家用語，原指佛力廣大，能現出種種人形，向人說法。（2）今比喻用自己的經歷、遭遇為例證，對人進行講解或勸導。在某種程度上，這兩種釋義正表明我對像張煒這樣的當代成功作家的兩種理解角度，而事實上一個作家是不可能在他的藝術世界中達到兩者的圓滿結合的。作為一個當代知識份子，張煒對不寬容的選擇本身是無可指責的，正像有的人選擇了寬容一樣。在某種意義上，他的選擇是對一種現代傳統的繼承和發揚。但作為一個小說家的張煒，他怎樣才不至於使具體的個人經驗影響自己的“現身”之“佛力”呢？何況，即使在前一種意義上，對這種現代傳統的選擇到底是一種創造性轉化的努力，還是一種簡單的群體歸屬行為，或者竟又是一次落入窠臼的不幸呢？這些思考就不只緣於張煒及其《柏慧》而來，也就是說，這種疑惑也並不是張煒一人所面臨的，因而也就啟發我將目光轉向張煒同時代的其他作家。

憂傷的雞尾酒（代跋）

　　編完此書的稿子，總覺得該說點什麼。待寫下了這個題目以後，才發覺如果不做一點解釋就往下寫的話，對於有心讀這篇文字的諸君而言，一定覺得有點兒突兀。

　　憂傷總是難免的。年少時沒心沒肺，其實是傻乎乎喜顛顛的時候居多，用文雅一點的說法，叫做少年不知愁滋味，但又何妨為賦新詩強說愁呢。如今轉眼已過不惑之年，白髮已經在原本烏亮硬氣的黑髮間埋下伏筆，只待一點點地鋪陳展開了，因此反過來倒常常要以工作的投入和生活的樂趣來排遣生命的憂傷了。至於酒呢，也是少年時不知不覺間就學會喝了，就像抽煙一樣。本來總是對此心存愧意，覺得這並不是什麼好習慣，但自從入了賈植芳先生門下，他老人家可是煙酒不拒的豪爽和寬容的長者，論學笑談之餘，甚至給我們晚輩遞煙，又像朋友一般邀我們吃飯喝酒，還不時重申他的"三不主義"，即不戒煙、不戒酒、不鍛煉。有這樣的鼓勵和縱容，又有一套理論綱領，我也因此慢慢變得理直氣壯起來。雖然我對那兩樣東西的癮都不大，不是一沒有就沒命的那種，但也有十幾、二十多年的"酒齡"了，差不多與我學習中國現代文學的歷史一樣長吧。借著賈老的光，倒是喝過不少種類的酒，但其實從未喝過雞尾酒，只是聽說過而已，知道這是多種酒品飲料的混合物 ── 把幾種東西按照一定的方法摻合在一起，想來不僅好看而且好喝，有五味雜存的意思在內呢。

其實，這裏提及雞尾酒，與我喝沒喝過那種酒倒沒甚關係，我不是在這裏畫酒充渴，而是因爲想起了德國現代戲劇家布萊西特的一句話："混合各種不同的酒，這可能是一種錯誤，而新舊智慧作了令人欽佩的混合"。在通讀整理這些中國現代文學論文的時候，就有類似品嘗雞尾酒的感覺，這可不是自許這些文字充滿了新舊智慧，其實，在這些文章裏，要是還夾雜著那麼一點智慧的話，也多半來自於論述物件的智慧啓發和其他人智慧的薰陶濡染。我要說的是，我在這些寫作於不同年代的文字之間，真切地看到了自己在從學之路上走過的蹣跚腳步，如沙灘上的足跡，歪歪斜斜，深深淺淺，我看到了不同時期的學術思潮、理論派別在這些文字中隱隱約約的顯現，看到自己生命歷程的不同階段的困惑、體驗、情感傾向在其中的折射。同時，我似乎看到了自己於這個學科乃至整個學術歷史的某種關聯。這決不是放膽說我有什麼樣的學術地位 —— 我知道自己是幾斤幾兩，而是想表達我這個出身清貧，上溯三代以上不知文學爲何物的農家子弟的個體生命於中國現代文學的血肉牽連，儘管事到如今，我還只能說剛剛摸到一些學術的門道。因此，如果說這二十多年來，在中國現代文學這個熱熱鬧鬧，各種文化權力在其間角逐的場域裏，的確令人欽佩地混合了各種新舊智慧的話，我的身心正是在這些智慧的激發中成長、成熟，我的生命很大程度上正是在這裏延續、展開。因此，這個在變化中不斷發展的學科，這批也許並不完美無缺但與現代歷史有著鮮活生動聯繫的文本，這些紛繁複雜並充斥著或悲壯動人或平庸煩瑣或扼腕遺憾的人事糾葛，於我都有一種特別的親近感。

記得在十多年以前出版第一本著作時，我在封面勒口的自我介紹中曾有這麼一句話："在那文化荒漠的年代裏，度過了整個童年時代"，就爲這麼一句乾巴巴的話，我曾激動了好一陣子，現在想來，我當時想要表達的正是上面所說的這個意思吧！而這第一本書，正是由陳思和先生擔任《世紀回眸·人物系列》叢書的策劃，並由賈植芳先生作序的，好比蹣跚學步，一開始就有兩位令人敬仰的學者導師合力攙扶著，這一點是我每每想起都倍感幸運的。十多年過去了，儘管自知才疏學淺，加以懶散，但總算記住了賈植芳先生的入門教誨：你既是一個教師（1990 年入門讀碩士研究生時，我已經在一所學院任教四年），就要盡責教好書，這是你的本分，但職業不等於事業，你還得有比這更高的追求。作爲一個開放時代的人文知識份子，你還要著書、編書、譯書，當然，所有這些首先都離不開讀書，讀各種各樣的書，專業內和專業外的書，包括現實社會這部大書。他就是以如此簡明形象的方式，啓蒙和激發青年學子的文化使命感。現在掐指算來，從《新月下的夜鶯：徐志摩傳》開始到這一本文集，除去參與部分工作的著作不算，由我獨立完成的或主編的書，居然勉強可以湊成 10本之數。按中國人的習俗，10 應是一個習慣的數位集合，中國現代文學自從趙家璧先生主編《中國新文學大系》以來，不是反覆地以 10 年來做階段劃分嗎？因此，10 可以作爲總結過去謀劃未來的慣用數位。而不惑之年應是人生的中點和新路程的開始，儘管嚴格說來，我的不惑已一年又半了，因此，這勉強湊成的數字也算是一份遲交的課堂作業吧。不過在這 10 本書當中，專著和編著各四，譯著有二，恰好包括了賈先生所說的著、編、譯三類，僅就這一點而言，也算是不辱師命吧。值得一提的是，我第一本著作十多年前在海峽兩岸出版時，臺灣繁體字版的《新月下的夜鶯：徐志摩傳》比大陸簡體字版本早兩個月問世，而這次我的第十本書正好又在臺灣出版，這在我也許是一種巧合，但也算是與臺灣讀者有某種緣分吧。

回顧我的從學經歷，其實我第一篇發表的文章也是中國當代作家的有關評論。20 多年來，中國與世界的格局發生了偌大的變化，文學和學術也是如此。中國現代文學從“文革”後的學科反思開始，經歷了“20 世紀中國文學”概念的提出、“重寫文學史”和文學的文化研究等多次重大的學術轉型和演進。它曾經是一個英雄輩出、眾目睽睽的學科，如今則已感到日益濃重的危機與挑戰，但同時也在新的時代語境、理論啓示和材料發掘中迎來許多新的發展機遇，已經形成了對中外文學關係的開放多元，對傳統文化的辨正闡釋，對學科建構的歷史還原等多元豐富的學術格局。我本人只不過是一個超級票友和熱心的見證人，而這些長長短短的文字，正是我時時客串所留下的記錄。當然，我從比較文學的角度切入中國現代文學，給我這幾年的思考和以後探索帶來許多幫助，也使我的工作重心逐漸轉向中外文學關係研究，它啓發我更多地從民族文學的交往和關係的對照研究中，逐步祛除原有的中國現代文學認知的“自然而然”的迷障，從歷史的還原努力中辨析出這一學科在具體文化情境中的建構方式。記得《舊約·傳道書》裏有這麼一句話：“加增知識的，就加增憂傷”，我在自己一路走過來的足跡中，在這回憶與冥想的誘惑中，難抑一種憂傷之情，它不僅因爲歲月的蹉跎而自責自愧，也因爲 20 年來我所目睹這個學科“城頭變幻大王旗”的情形而萌生的滄桑之感。

寫到這裏，我要感謝 20 多年來所有給我教誨和獎掖的師長。除賈植芳和陳思和兩位業師外，還有徐俊西先生和李振聲先生，先後有他們指導的學年論文和畢業論文，是我最早發表的文學批評文字。此外還有潘旭瀾、王曉明、孫正荃、謝天振、夏康達、梁永安諸位先生，他們在我的從學經歷中都以不同的方式給予我極大的啓發、獎掖和關愛。我還要感謝郜元寶、王宏圖、嚴鋒、張新穎、王光東、宋明煒、孫晶、喬向東、劉志榮等等摯友，恕不一一列舉，他們的友誼和智慧從來是我最重要的精神資源。另外，我特別感謝學兄欒梅健教授爲我提供了出版這一文選的機會，並向本書未曾謀面的編輯先生表示深深的謝意。

作者 2006 年 4 月 30 日於滬上

國家圖書館出版品預行編目資料

追憶與冥想的誘惑－中國現代文學論集 /

宋炳輝著. -- 初版. --臺北市：文史哲，

民 96

頁： 公分. -- (現代文學研究叢刊; 25)

含參考書目

ISBN 978-957-549-713-2 (平裝)

820.9708

現代文學研究叢刊　　25

追憶與冥想的誘惑
── 中國現代文學論集

著　　者：宋　　炳　　輝
出 版 者：文　史　哲　出　版　社
http://www.lapen.com.tw
登記證字號：行政院新聞局版臺業字五三三七號
發 行 人：彭　　正　　雄
發 行 所：文　史　哲　出　版　社
印 刷 者：文　史　哲　出　版　社
臺北市羅斯福路一段七十二巷四號
郵政劃撥帳號：一六一八○一七五
電話886-2-23511028 ‧ 傳真886-2-23965656

實價新臺幣三二○元

中 華 民 國 九 十 六 年 (2007) 四 月 初 版